社会语境中的
公众科学素养
测评研究

陈发俊　著

中国科学技术大学出版社

内 容 简 介

本书是一部专注于科学素养测评与社会语境关系研究的著作。作者立足于科学社会学视角，运用社会语境分析方法，构建了公众科学素养测评的社会语境分析模型，阐释了社会语境变迁对公众科学素养测评宗旨、指标体系、问卷及问项等多方面的影响；立足于公众科学素养测评的社会语境分析模型，分析了我国公众科学素养测评存在的问题，并提出了改进我国公众科学素养测评的相关对策与建议；基于社会语境系统性视角，探讨了不同社会语境中公众科学素养的比较问题，指出公众科学素养水平国际比较或群体间比较的价值局限性；通过综合分析公众科学素养测评的历史数据，指出科学素养养成与公众个性特征之间存在关联性。本书对当前我国全民科学素养工程建设具有借鉴意义。

图书在版编目(CIP)数据

社会语境中的公众科学素养测评研究/陈发俊著. —合肥：中国科学技术大学出版社，2023.1

ISBN 978-7-312-05544-7

Ⅰ. 社⋯ Ⅱ. 陈⋯ Ⅲ. 科学知识—普及读物 Ⅳ. Z228

中国版本图书馆 CIP 数据核字(2022)第 235526 号

社会语境中的公众科学素养测评研究
SHEHUI YUJING ZHONG DE GONGZHONG KEXUE SUYANG CEPING YANJIU

出版	中国科学技术大学出版社 安徽省合肥市金寨路 96 号，230026 http://press.ustc.edu.cn https://zgkxjsdxcbs.tmall.com
印刷	安徽国文彩印有限公司
发行	中国科学技术大学出版社
开本	710 mm×1000 mm 1/16
印张	12
字数	253 千
版次	2023 年 1 月第 1 版
印次	2023 年 1 月第 1 次印刷
定价	59.00 元

前　言

2016年5月30日，习近平总书记在全国科技创新大会、两院院士大会、中国科协第九次全国代表大会上的讲话中指出："科技创新、科学普及是实现创新发展的两翼，要把科学普及放在与科技创新同等重要的位置。没有全民科学素质普遍提高，就难以建立起宏大的高素质创新大军，难以实现科技成果快速转化。"在2006年颁布了《全民科学素质行动计划纲要（2006—2010—2020年）》及我国公民科学素质提升目标实现之后，为贯彻落实党中央、国务院关于科普和科学素质建设的重要部署，依据《中华人民共和国科学技术进步法》《中华人民共和国科学技术普及法》，落实国家有关科技战略规划，2021年4月，国务院又颁布了升级版的《全民科学素质行动规划纲要（2021—2035年）》，进一步精准界定了科学素质概念，设定了新的两步走公民科学素质提升目标：到2025年我国公民具备科学素质的比例超过15%；到2035年我国公民具备科学素质的比例达到25%。在下一阶段的新纲要实施过程中，既要确保五大工程的顺利实践，也要加强理论研究，及时发现问题，提出相关建议，以促进公民科学素质建设工程顺利实施。

2006年3月，国务院颁布实施了《全民科学素质行动计划纲要（2006—2010—2020年）》后，我选择了公民科学素质测评作为博士学位论文选题，参与我国公民科学素质建设工程研究，探讨我国公民科学素质建设中存在的问题及其解决对策，顺利完成博士论文《社会语境与公众科学素养测评研究》。值此新的《全民科学素质行动规划纲要（2021—2035年）》启动之际，将我在攻读博士学位期间的研究成果和博士毕业后所撰写的、与博士论文所研究的公众科学素养相关的7篇学术论文一并结集出版，将我这些年来在公众理解科学领域的全面而连贯性的思考与体悟呈现给读者，以期能为新阶段的《全民科学素质行动规划纲要

(2021—2035年)》实施实践研究提供一些理论参考。

科学素养问题在当今世界受到广泛关注,公众科学素养测评已在多国开展。然而,学术界对公众科学素养测评问题始终意见不一。尤其是近年来,国内外关于公众科学素养测评的讨论愈益激烈。概括起来,主要集中于四个方面:公众科学素养能否测评;如何进行公众科学素养测评;对美国乔恩·D.米勒(Jon D. Miller)公民科学素养测评指标体系的批评与修正;公众科学素养测评新模式研究。本书主要基于科学社会学视角,运用社会语境分析方法,论述二战后,科学素养概念产生、演变及公众科学素养测评实践活动与世界范围内的社会语境变化之间的联系,考察不同社会语境中的公众科学素养测评实践,分析我国当代社会语境中公众科学素养测评存在的问题。在此基础上,提出改进我国公众科学素养测评的对策与建议。本书具体从四个方面展开论述:

第一,纵向考察二战后社会语境的变迁历程与科学素养理论研究及测评实践。综合运用文献研究法、历史比较法,详细考察二战后与科学素养概念演变及测评实践相关联的社会语境变迁历程。分析各阶段的主流政治、经济、文化和历史因素与公众科学素养测评实践及理论研究之间的关联状况。

第二,横向比较分析社会语境中的公众科学素养测评实践。通过文本考察,运用数据统计与比较分析方法,论述不同社会语境中科学素养测评的宗旨,解析不同语境下科学素养概念的类型,探讨社会语境差异如何通过公众科学素养测评中的问卷设计、问项表达、测评模式等加以体现。选取基于培养有效公民的美国公民科学素养测评、立足决策需求的英国公众理解科学调查和旨在检测科学教育成效的OECD/PISA学生科学素养评估三种模式,深入讨论社会语境对公众科学素养测评的具体影响。

第三,探讨我国公众科学素养测评存在的问题与对策。综合考察我国20世纪中叶以来的社会语境变迁以及影响公众科学素养养成的经济与政治因素,分析我国公众科学素养测评实践,深入探讨我国现行公众科学素养测评存在的问题。阐述了我国创新型社会建设语境中公众科学素养理论研究与测评实践的新转向,论述了《全民科学素质行动计划纲要(2006—2010—2020年)》颁布后,我国学术界在公民科学素养测评指标体系及实证研究方面的最新成果,提出了我国当代社会语境中公众科学素养测评的相关建议。

第四,简要论述不同社会语境中的公众科学素养比较问题,以及公众科学素养水平与公众的个性特征关联度问题。世界各国社会语境存在很大差异,各国公众科学素养在水平与结构上也不同。因此,科学素养的国际比较,是为了了解各个国家和地区在国际上所处的大致地位,虽然是必要的,但不能作为具体社会语境下重要决策的参考依据。不同群体间的科学素养比较,通常用来了解高科技社会语境中公众科学素养横向比较的大致状态,并不能真正体现公众实际工作效率与生活能力的实际差异。

总之,本书既基于纵向性历史考察,又立足横向性国际比较,全面而综合地探讨不同社会语境中的公众科学素养测评问题,从具体的感性认知上升为一般的理论概括,进而审视和反思我国具体社会语境中的公众科学素养测评实践和理论研究,以期有效助推我国全民科学素养行动计划纲要的实践进程。

此外,本书还发现,基于世界范围的科学素养测评可以看出,科学素养水准总体上与公众的年龄成反比,年龄越大,科学素养水平总体趋势越低,但科学素养组成成分中那些偏记忆的东西被公众掌握的概率基本恒定。这说明科学素养可能与公众个体的某些生理或心理特征关联,有待于进一步探讨。

目　　录

前言 ·· (i)

第1章　绪论 ··· (1)
1.1　研究对象与意义 ··· (1)
1.1.1　研究对象概述 ·· (1)
1.1.2　研究背景与意义 ·· (4)
1.2　国内外研究概况和发展趋势分析 ··· (5)
1.2.1　公众理解科学运动与科学素养测评缘起 ································ (5)
1.2.2　科学素养：由测评走向理论研究 ·· (6)
1.2.3　英国公众理解科学研究与测评 ··· (7)
1.2.4　发展中国家公众科学素养测评研究简述 ································ (8)
1.2.5　中国公众理解科学与科学素养相关研究 ································ (8)
1.2.6　评价 ·· (9)
1.3　研究方法、内容与创新点 ··· (10)
1.3.1　研究方法 ··· (10)
1.3.2　研究内容与结构 ·· (11)
1.3.3　创新点 ·· (11)

第2章　二战后社会语境变迁与公众科学素养测评 ································· (15)
2.1　引言 ·· (15)
2.2　公众笃信科技功用时期的科学素养测评 ······································ (16)
2.2.1　公众科学素养备受关注的社会语境 ····································· (17)
2.2.2　政治主导下的公众科学素养议题 ··· (18)
2.3　公众质疑科技问题时期的科学素养测评 ······································ (21)
2.3.1　科技发展与社会语境变迁 ·· (22)
2.3.2　科学素养研究与测评 ··· (24)
2.4　公众参与科技决策时期的科学素养测评 ······································ (33)
2.4.1　机遇与挑战并存的社会语境 ··· (34)
2.4.2　公众科学素养测评研究进一步深化 ····································· (36)

第3章 当代社会语境中的公众科学素养测评 （53）
3.1 公众科学素养测评宗旨 （53）
3.1.1 以收集基本数据为宗旨的公众科学素养测评 （53）
3.1.2 以满足特定决策需求为宗旨的公众科学素养测评 （57）
3.1.3 以检测科学教育成效为宗旨的公众科学素养测评 （58）
3.2 科学素养概念解析 （59）
3.2.1 约定型定义 （59）
3.2.2 解释型定义 （61）
3.2.3 创造型定义 （62）
3.2.4 纲领型定义 （64）
3.3 基于动态社会语境的公众科学素养测评 （65）
3.3.1 社会语境变化对测评问卷设计的影响 （65）
3.3.2 不同社会语境对公众科学素养测评模式的影响 （72）
3.3.3 不同社会语境对公众科学素养测评维度的影响 （87）

第4章 我国社会语境变迁与公众科学素养测评 （93）
4.1 我国公众科学素养测评的社会语境研究 （93）
4.1.1 科学救国与现代科学技术传播 （93）
4.1.2 向科学进军与中国科学技术协会建立 （94）
4.1.3 科学技术与科教兴国 （96）
4.1.4 创新型国家建设与公众科学素养 （98）
4.2 我国公众科学素养测评实践分析 （99）
4.2.1 我国公众科学素养测评初次实践与理论研究 （99）
4.2.2 政府对公众科学素养测评的重视与实践 （100）
4.2.3 公众科学素养测评的常规化与理论研究的深化 （100）
4.2.4 我国公众科学素养测评实践存在的问题 （101）
4.3 创新型社会语境中我国公众科学素养测评指标体系研究 （104）
4.3.1 基于《科学素质纲要》宗旨的公众科学素养定义 （104）
4.3.2 我国公众科学素养测评指标体系内容 （105）
4.3.3 有待完善之处 （108）
4.4 改进我国公众科学素养测评的相关建议 （108）
4.4.1 确立公众科学素养测评基准框架 （108）
4.4.2 重新定位我国公众科学素养测评 （110）
4.4.3 拓展我国公众科学素养测评模式 （112）

第5章 结语 （117）
5.1 研究总结 （117）
5.2 值得探讨的问题 （118）

5.2.1　公众科学素养比较研究问题 ………………………………(118)
　　5.2.2　公众科学素养与公众个性特征关联性探讨 ………………(120)
　5.3　未来研究展望 …………………………………………………(124)
附录 ……………………………………………………………………(126)
　附录A　米勒公民科学素养理论体系研究 …………………………(126)
　附录B　公众科学素养测度的困难——以科学素养的三维度理论模型
　　　　　为例 ……………………………………………………………(136)
　附录C　农民科学素养与社会和谐发展 ……………………………(143)
　附录D　从文本视角解读公众科学素养测评与社会语境变迁的关联性
　　　　　…………………………………………………………………(148)
　附录E　莫里斯·夏莫斯的科学通识教育思想及启示 ………………(156)
　附录F　科学共同体在科学传播中的伦理责任 ……………………(164)
　附录G　西方科学传播的三种立场 …………………………………(173)
后记 ……………………………………………………………………(180)

第1章 绪　　论

本章旨在从概念阐释入手，说明本书的理论模型、研究对象、社会背景、理论价值与现实意义；从科学社会学的视角阐述和评价国内外公众科学素养相关研究历史与现状；介绍本书的研究方法、拟解决的问题、创新点，以及总体架构。

1.1　研究对象与意义

科学素养是当今社会公众走向现代化、实现自我提升与提高生活质量等不可缺失的要素。国家实现经济腾飞、政治民主不能没有具备科学素养的公众。自1957年人类首次开展公众科学素养测评以来，公众科学素养理论研究与测评越来越受关注。

1.1.1　研究对象概述

1. 概念使用问题

科学素养这一概念，通常在不同国家有不同表述。"科学素养"(scientific literacy)最先由美国学者提出，后逐渐为别的国家所引用。不过，英国学者总是习惯于使用"公众理解科学"(public understanding of science)或"科学理解力"(scientific understanding)一词[1]。约翰·R. 杜兰特(John R. Durant)认为，"科学素养"指一般社会大众对与科学相关的事物所应了解的部分或"一般大众对科学相关事物所须了解的程度"。他指出，"科学素养"一词通常用于美国，而英国则以"公众理解科学"称之。杜兰特称这两者是同义语词。[2]国际上，与此"科学素养"和"公众理解科学"含义相当的术语还有"科学技术文化"(scientific and technological culture)或"公众了解科学技术"(public awareness of science and technology)，后两个术语多见于欧盟国家或加拿大[3]。葡萄牙则经常使用"科学文化"和"科学素养"，来表示"关于科学的兴趣和知识，以及使用科学知识、科学推理和科学工具的能力"。[4]事实上，公众理解科学必须具备一定的科学素养基础，而公众科学素养体现了公众理解科学的能力,在这个意义上,"公众理解科学"与"科学素养"意义相当。为了研究需要,本书中将"公众理解科学"与"科学素养"作为相同概念使用。

我国于20世纪80年代末引进西方scientific literacy这一术语,翻译为"科学素养"。2006年3月,国务院颁布并实施了《全民科学素质行动计划纲要(2006—2010—2020年)》,提出"科学素质"概念。[5]我国学术界目前存在"科学素养"与"科学素质"并行使用的现象。有些学者甚至直接将原来的"科学素养"概念全部改为"科学素质",当前政策性文献中则多使用"科学素质"称谓。也有学者从词源学上考察过"科学素养"与"科学素质"的含义,认为二者可以互换。[6]

鉴于以上讨论,本书中将"科学素养""公众理解科学""公众科学理解力"与"科学素质"视作同一个概念,将"公众理解科学调查"与"科学素养测评"作同义语词使用,并将"科学素养测评"界定为"公众关于科学知识及与科学相关问题的理解能力及做出反应状况的评估"。不过,当涉及美国以外的国家时,一方面,为了遵从该国的术语使用习惯,文中会出现"公众理解科学"与"科学素养"并行使用的现象,另一方面,为了保持文风一致,在必要的地方将"公众理解科学调查"一律用"公众科学素养测评"替代。

2. 科学素养测评与社会语境

"语境"(context)是规定一个语词、语句或文本意义所必需的各种因素的关联综合体。据有关文献考证,德国学者戈特洛布·弗雷格(Gottlob Frege)最早将语境作为一大原则确立起来,并主张询问一个语词或语句的意义必须在其特定的上下文中理解,即在特定的语境中理解。[7]此后,语境概念在语言哲学、科学哲学和科学史学中得到广泛使用,成为一种语境分析方法。这种方法是将某一研究对象作为"文本",在其特定的"语境"中探寻它的意义和本质,主张在多因素的相互关联中理解该对象。

科学素养与科学技术的发展进程及科学技术在社会中的地位相联系。公众必备科学素养是科学技术社会化和社会科学技术化的产物,科学素养测评与科学技术进步、社会发展以及人类对科学技术的高度需求紧密关联。因此,可以在特定的社会语境中理解科学素养测评。从发生学的角度考察,科学素养概念的演变历程及科学素养测评的出现与一定的政治、经济、历史和文化因素相关联,这些因素影响着科学素养的概念界定、测评内容及测评宗旨,因而这些因素构成了科学素养测评的社会语境。科学素养概念、科学素养测评受一定社会语境的影响,同时也体现了社会语境的变迁。社会语境变迁会影响公众科学素养测评宗旨的变化、测评指标的调整、测评问题的选取,以及测评模式的改变。社会语境对科学素养测评的影响,既是单一的,也是综合的。社会语境会决定是否进行科学素养测评,以及怎样测评。社会语境的变化对测评宗旨、测评模式以及测评问项(item)等产生影响,有时表现为某一方面,有时表现为多个方面。同时,测评宗旨本身的变化也可能引起测评指标、测评问项的变化,测评指标与测评模式的变化又可能引起测评问题及选项的变化等。而且,构成社会语境的政治、经济、历史和文化等任一因素的变化,都可能引起公众科学素养测评的变化。

因此,公众科学素养测评取决于一系列社会语境因素,而不是孤立存在的,它是社会系统中的一个子系统。因此,对于一个国家来说,考察公众科学素养水平,尤其是进行国际比较,切不可忽视其相关联的社会语境。

本书意在考察近半个世纪以来,社会语境变迁如何影响科学素养的概念界定及测评,公众科学素养测评中如何体现社会语境变迁,不同的社会语境产生了哪些不同的科学素养测评模式,并提出了公众科学素养测评的社会语境分析模型(如图1.1所示)。

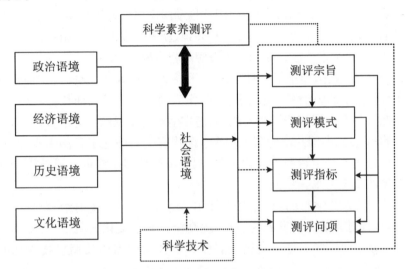

图 1.1　社会语境对公众科学素养测评影响的理论模型

图 1.1 的社会语境模型说明,在整体上,社会语境决定公众科学素养测评,公众科学素养测评受社会语境影响,并反映社会语境变化。具体而言,政治语境、经济语境、历史语境和文化语境组成了社会语境,它们中任何一个因素变化均会导致社会语境的变化。社会语境的变化会影响公众科学素养测评的变化。社会语境对公众科学素养测评的影响有直接影响和间接影响两种。其中,直接影响有四种情况:① 社会语境变化会引起测评宗旨、测评模式、测评指标和测评问题同时发生变化;② 社会语境变化只引起测评宗旨变化;③ 社会语境变化只引起测评模式变化;④ 社会语境变化只引起测评问题变化。间接影响也有四种情况:① 测评宗旨变化引起测评模式变化;② 测评宗旨变化直接引起测评问题变化;③ 测评模式变化引起测评指标和问项的变化;④ 测评模式变化直接引起测评问项的变化。然而,社会语境变化归根结底是由科学技术发展引起的,因此,科学技术社会化与社会的科学技术化是科学素养测评的根本原因。不过,需要强调的是,科学技术社会化与社

会科学技术化是科学技术在社会方方面面的渗透,它不能作为构成社会语境的一个独立因素。因此,科学技术不是本书所讨论社会语境模型的一个主体因子,在图1.1中则以虚线表示。

本书拟在这个社会语境分析模型框架下对公众科学素养及测评进行系统论述。

1.1.2 研究背景与意义

英国经济学家弗雷德里克·H.哈比森(Frederick H. Harbison)说:"人力资源是国民财富的最终基础。资本和自然资源是被动的生产要素;人是积累资本,开发自然资源,建立社会、经济和政治组织并推动国家向前发展的主导力量。显而易见,一个国家如果不能发展人民的技能和知识,就不能发展任何别的东西。"[8]随着科学技术进步,科学素养已经成为人力资源的根本要素之一。

2002年6月,我国颁布了《中华人民共和国科学技术普及法》,把"加强科学技术普及工作,提高公民的科学文化素质"[9]作为国家的一项长期任务,以确保科教兴国战略与可持续发展战略顺利实施,最终推动经济发展和社会进步。

2002年11月,中国共产党第十六次全国代表大会确立了我国未来20年经济建设主要任务之一是走新型工业化道路,把经济建设转移到依靠科技进步和提高劳动者素质的轨道上来。[10]

2005年,国务院颁布的《国家中长期科学和技术发展规划纲要(2006—2020年)》提出,以促进人的全面发展为目标,提高全民科学文化素质,营造有利于科技创新的社会环境[11],首次将提高公民科学素养作为国家中长期科技规划的重要内容。

2006年3月,《中华人民共和国国民经济和社会发展第十一个五年规划纲要》第27章中明确提出,建设科技支撑体系,全面提升科技自主创新能力,加强科普能力建设,实施全民科学素质行动计划,建设创新型国家。[12]

2006年3月,国务院根据党的十六大及十六届三中、四中、五中全会精神,依照《中华人民共和国科学技术普及法》和《国家中长期科学和技术发展规划纲要(2006—2020年)》,颁布并实施了《全民科学素质行动计划纲要(2006—2010—2020年)》(以下简称《科学素质纲要》)。《科学素质纲要》指出,科学素质是公民素质的重要组成部分。提高公民科学素质,对于增强公民获取和运用科技知识的能力、改善生活质量、实现全面发展,对于提高国家自主创新能力,建设创新型国家,实现经济社会全面协调可持续发展,构建社会主义和谐社会,都具有十分重要的意义。[5]

然而,我国在科学素养及公众科学素养测评方面的研究却相对薄弱。自1990年进行第一次公众科学素养测评[13]以来,一直沿用美国乔恩·D.米勒(Jon D.

Miller)的公民科学素养测评指标体系。作为发展中国家,我国的社会语境与美国的社会语境存在很大差异。因此,运用美国社会语境下产生的公众科学素养测评指标体系,测评我国公众科学素养水平,并进行国际比较,在学术界引起了争议。[14]随着《科学素质纲要》的颁布实施,重新探讨我国公众科学素养测评问题已经成为学术界亟待解决的重要课题。

因此,本书从社会语境变迁的视角对世界主要国家科学素养研究与测评进行历史性考察,旨在为推进我国公众科学素养测评实践与理论研究提供新的视角,拓展新的思路。

1.2 国内外研究概况和发展趋势分析

1.2.1 公众理解科学运动与科学素养测评缘起

人类社会进入 20 世纪后,科学技术已经渗透到社会的方方面面,科学与政治、经济、体育等一样成了媒体上语汇频度极高的主题之一,科学家在政治、经济领域的公共政策制定与修正过程中发挥着日益重要的作用。同时,人们在日常生活中也需要掌握不同程度的基本科学技术知识。因此,科学成为现代社会备受关注的焦点问题,科学素养成为现代社会公众的基本素养。

美国是 20 世纪世界上最早开展公众科学素养测评与理论研究的国家。二战前,美国的公众理解科学基本沿袭了 19 世纪科学普及的模式。二战后,来自官方和民间两个方面的需求催生了真正意义上的公众理解科学运动。[15]政府是二战后公众理解科学运动的发起者。1944 年 11 月,富兰克林·D. 罗斯福(Franklin D. Roosevelt)总统致信时任科学研究发展局主任的范尼瓦尔·布什(Vannevar Bush),要求他就以下问题提出有效方案:将战时科学知识的贡献公布于众,让美国的战时科学研究成果和研究经验能在和平时期继续发挥作用,用以增进国民健康,创办新企业增加新的就业机会,提高国民的生活水准;发现和培养美国青年的科学才能,确保美国未来科学研究能够保持战争时期的发展水平。[16]范尼瓦尔·布什向罗斯福总统提交了科学报告《科学——没有止境的前沿》,阐述了科学研究,特别是基础研究的重要性,向公众传播科学知识的途径与方式,以及科学人才的培养等问题。可以说,《科学——没有止境的前沿》是二战后公众理解科学理论研究的奠基作。

1957 年,苏联成功发射了首颗人造地球卫星(Sputnik Ⅰ),再次激起美国政府对公众理解科学运动的重视。在苏联人造地球卫星发射两周前,美国基于二战后开展公众理解科学的实际需要,在美国国家科学记者协会(National Association of Science Writers,NASW)和洛克菲勒基金会(Rockefeller Foundation)的共同资助下,美国密歇根大学调查研究中心进行了科学新闻消费需求意向调查,其中包括科学知识和公众对科学技术的态度测量,这是美国首次进行的全国规模公众理解科学调查。这次调查使用的是开放性问卷,尽管调查内容涉及科学技术知识的问项很少,但仍被学术界称为人类科学素养测评的雏形。1958年,美国学者保罗·赫德(Paul Hurd)提出了"科学素养"概念。[17]1972年,美国在全国范围内进行第二次公众对科学技术的态度调查,调查结果刊发于由美国国家科学委员会(National Science Board,NSB)发布的两年一度系列报告《科学指标》①,并被作为惯例沿袭至今。

1.2.2 科学素养:由测评走向理论研究

随着公众科学素养测评不断进行,美国学术界开始了科学素养的一系列理论探讨。美国宾夕法尼亚大学的天文学与天体物理学教授本杰明·S.P.沈(Benjamin S P Shen)在《美国科学家》(American Scientist)上发表《科学素养:公众理解科学在发展中国家和工业化国家越来越至关重要》一文,提出科学素养的三种形式理论。[18]美国国家科学基金会(National Science Foundation,NSF)也开始向社会公开征集公众理解科学的最佳测评方案,最终于1979年采纳了时任芝加哥科学院国际科学素养促进中心主任乔恩·D.米勒的建议,从三个方面进行了较为全面的公民科学素养测评:① 科学术语和科学概念;② 对科学过程的理解;③ 了解科学技术对个人生活和社会造成的影响。[19]这三个方面的内容成为米勒科学素养三维度模型的雏形。

1983年,乔恩·D.米勒在《代达罗斯》(Daedalus)上发表了《科学素养:概念与经验研究》一文[20],正式提出了科学素养的三个维度:理解科学的规范和方法;理解基本科学概念;理解科学对个人及社会的影响以及具体政策对科学技术问题的影响。与米勒该篇文章同刊同卷期还发表了其他学者关于科学素养的文章,如:《国际视野下的科学素养与经济生产力》[21]、《进一步提高科学素养》[22]、《科盲和民主理论》[23]等,从不同侧面对公众具备科学素养的意义进行了讨论。1998年,乔恩·D.米勒在《科学素养的测量》[24]一文中,详细论述了美国和英国学者在1986年至1990年期间为进一步修正米勒指标体系所进行的合作研究,以及相对稳定的公众科学素养测评指标体系的逐步确立。

1988年,英国仿照米勒科学素养模型,首次在国内进行了公民科学素养测

---

① 《科学指标》(Science Indicator)从1987年始更名为《科学工程指标》(Science and Engineering Indicator)。

评。[25]1989年,欧共体国家在英国学者约翰·R.杜兰特博士带领下,在欧洲15国开展公民科学素养调查,取得了有价值的数据和研究结果。1990年,新西兰也进行了类似公众科学素养测评。

日本、印度、泰国、马来西亚、韩国、中国等亚洲国家也相继在20世纪80年代末90年代初,进行了公众科学素养测评。

2000年,国际经济合作与发展组织(Organisation for Economic Co-operation and Development,OECD)启动了专门面向15岁学生的著名的"国际学生科学素养评估项目"(Programme for International Students Assessment,PISA)(简称OECD/PISA),对32个国家(其中28个是OECD成员国)中的25万学生进行了测评,测评范围包括阅读素养、数学素养和自然科学素养。PISA项目同时也是对被测评国家义务教育阶段科学教育效果的测评。[25]

1.2.3 英国公众理解科学研究与测评

相应于美国的"科学素养"概念,英国人更倾向于使用术语"科学理解力"或"公众理解科学"。二战后不久,英国科学工作者协会就曾提出,公众有必要对科学有所理解,但没有得到及时响应。20世纪80年代,在美国的影响下,英国也开始关注公众理解科学问题。1982年11月,英国皇家学会(the Royal Society,RS)发布了一份题为《英格兰和威尔士11～18岁少年的科学教育》的报告,建议成立特别小组,调查如何使公众的科学理解能力取得进步。皇家学会理事会于1983年4月成立特别小组,指定沃尔特·F.博德默(Walter F. Bodmer)博士担任主席,进行相关调查研究,其直接结果形成《公众理解科学》报告。这份报告强调了公众理解科学的重要意义:公众更好地理解科学,是国家得以繁荣昌盛,公共及个人决策质量得以提高,个人生活得以丰富的主要因素。[26]

1989年,英国伦敦科学博物馆(London Science Museum)主任约翰·R.杜兰特博士在《自然》(Nature)杂志上发表《公众理解科学》一文,论述了英国公众理解科学调查状况及英国公众科学素养测评指标的相关情况。[1]

1995年,英国贸易与工业部(Department of Trade and Industry)科学技术办公室的科学家和工程师对公众理解科学、工程与技术的贡献评价委员会提交了沃尔芬达尔报告,就"公众理解科学"的具体操作提出了一些建议。[27]该报告将"公众理解科学"中的"科学"概念从隐含"工程"与"技术"改变为明确提出"公众理解科学、工程与技术"(Public Understanding of Science, Engineering and Technology, PUSET)。这表明"公众理解科学"内涵已进一步具体化。

1996年,"疯牛病"等一系列事件发生后,英国公众开始对政府发布的信息与科学家的建议产生怀疑。对于生物技术和信息技术等科学领域出现的新兴事物,大多数人表现出惶恐不安。公众对科学产生了信任危机,"信任危机带来了科学与公众及科学与社会对话的需要"[28],公众对待科学技术的信任危机也引起了科学技术工作者们极度担忧。于是,公众对科学的信任程度成为英国政府和科学界关注的重要问题,也成为英国公众科学素养测评中不可或缺的内容。

2000年,英国皇家学会资助了一项研究,旨在促进公众及其他非科学家参与科学。该项目执行期限达三年半,于2004年形成了《社会中的科学》报告。该报告指出,"公众参与"科学问题与相关决策讨论是必要的,因为,"在具有明确社会影响的科学议题上,公众参与乃是把握社会价值观并将其与相关的科学、经济及其他因素一同加以考虑的手段"[29]。

1.2.4 发展中国家公众科学素养测评研究简述

自20世纪90年代始,土耳其、巴西、南非和印度等发展中国家也相继进行公众科学素养研究与测评。这些国家先参考了美国米勒公民科学素养测评指标体系,进而探索适合本国国情的公众科学素养测评方式与内容,并取得了一定成就。其中,印度的成就最为显著,在国际上引起一定反响,也得到了乔恩·D.米勒教授首肯。印度没有照搬米勒体系,而是依据自己国家的具体国情,将普通民众对科学的理解与科学家和学者相区别,提出"全民基础科学"(Minimum Science for Everybody, MSE)概念[30],根据自己国家的实际发展需要,系统地进行公众科学素养建设。

1.2.5 中国公众理解科学与科学素养相关研究

早在20世纪初期,中国科学社等综合性科学技术团体和中国药学会、中国林学会等专业学术团体就开始在中国开展科学普及工作。新中国成立后,我国政府非常重视科普工作,并于1950年8月成立中华全国自然科学专门学会联合会和中华全国科学技术普及协会。[31]然而,我国传统的科普与英美等国的公众理解科学存在差异。到了20世纪80年代,一方面受西方国家公众理解科学理念的影响,另一方面,随着我国市场经济的逐步发展,人们愈发意识到,人力资源对一个国家经济发展与社会进步具有重要作用。由于科学素养是人力资源的基本要素,因此,科学素养研究开始受到关注。1990年,我国启动了首次中国公众科学技术素养测评和中国公众对科学技术的态度调查,同时,在清华大学、北京大学一批学者的带动下,我国开始了公众理解科学领域的研究。

1. 公众科学素养调查

1990年,中国科学技术协会的张正伦和张仲梁在北京进行了中国第一次区域性公众科学素养测评,并出版了《中国公众的科学技术素养》[13]和《中国公众对科学技术的态度》[32]等调查分析报告。此后,我国学术界对科学素养问题的探讨逐渐深入,并参与国际学术交流。

1992年、1994年和1996年,在原国家科委支持下,中国科学技术协会进行了三次全国范围的公众科学素养调查,这是中国学者在这个领域内探索和研究的初步工作。2001年,中国科学技术协会开始建立"中国公众科学素养观测网",并且利用该网络实施了2001年、2003年和2005年三次公民科学素养调查。此后,在对原问卷加以修订的基础上又进行了2007年、2010年、2015年和2020年四次测评。

与此同时,上海、云南、浙江、江苏、山东、广西、河北、辽宁、湖南、贵州、重庆、陕西等十多个省、市、自治区也陆续开始进行本地区的公众科学素养测评,杭州、沈阳、昆明、西安等省会城市和绵阳、常州、苏州、宁波、柳州、芜湖等非省会城市也相继开展了公众科学素养测评,公众科学素养测评日益受到全国各地的重视。

2. 国外相关文献翻译

国内学者先后翻译了一批国外公众理解科学的研究文献,如《公众理解科学》《科学与社会》《在理解与信赖之间》[33]和《优化公众理解科学:欧洲科普纵览》[4]等,为国内学者了解和研究国外公众理解科学状况提供了重要资料。

3. 代表性成果

近年来,我国学术界在公众科学素养研究及测评方面取得了一定成果,发表了一批高质量学术论文。如清华大学李正伟、刘兵的《公众理解科学的理论研究:约翰·杜兰特的缺失模型》[34]《对英国有关"公众理解科学"的三份重要报告的简要考察与分析》[27],以及《布赖恩·温的公众理解科学理论研究:内省模型》[35];原中国科普研究所李大光的《科学素养:不同的概念和内容》[36]《中国的科学素养水平数据说明了什么?》[14];厦门张海和的《OECD/PISA研究中科学素养评价的内容》[37]。这些成果体现了我国学者对国外或中国的公众科学素养理论及测评实践进行的深入考察和研究。

我国公众科学素养测评实践也引起了学术界的深入反思。北京大学的刘华杰对乔恩·D.米勒的公民科学素养测评提出了质疑,发表了《公众科学素养测试及其困难》[38]。清华大学的曾国屏突破科学素养研究的传统思维,从新的视角——公众的生活与生存需要层面,提出了"生活科学与公民科学素质建设"构想,并界定了"生活科学"这一新概念[39],为处于发展中的我国公众科学素养建设与研究拓展了新视野,开辟了新思路。

1.2.6 评价

科学素养的概念界定本质上依存于所运行的社会语境。当前,世界政治、经济体制具有多样性，社会文化传统差异也十分明显，因此，科学素养的研究与测评应该结合本国的政治、经济、社会文化及人口现状等具体国情，不能照搬其他国家或地区的模式。使用何种指标测评公众科学素养，取决于研究主体的目的。换言之，科学素养测评指标体系的建立应该与研究目的相适应。因此，一方面要增强公民在实际工作和生活中运用科学技术的能力，另一方面要培养与增强公民的科学意识，使他们能够主动参与科学技术决策以及与科学有关的公共问题讨论与决策。相对于发达国家与其他发展中国家的公众科学素养研究及测评状况，我国科学素养研究与测评的主要问题在于，缺乏结合我国社会语境因素对公众科学素养问题进行系统理论探讨。迄今为止，理论界没有相关成果对我国当代社会语境中的公众科学素养基准确立、测评宗旨与测评模式等进行深入系统研究。综观美国、英国、OECD/PISA 和印度的公众科学素养研究与测评，在进行公众科学素养测评之前，就已建构了较为系统的科学素养理论，特别是根据本国（中心）的具体语境界定了可操作的科学素养概念。本书拟从社会语境着手，系统阐述社会语境对公众科学素养概念演变、公众科学素养测评及变化等的影响，进而提出我国当代社会语境中的公众科学素养测评的相关建议。

1.3 研究方法、内容与创新点

1.3.1 研究方法

本书综合运用了文献研究法、统计法、比较研究法、语境分析法、系统论方法与理论模型等科研方法。

首先，运用比较研究法，以纵向的历史考察和横向的国际比较为基础，对科学素养概念的产生及其内涵演变进行透彻的分析，对美国、英国、日本、欧盟国家及 OECD/PISA 等在公众科学素养研究与测评方面所取得的成果进行深入研究。

其次，运用统计方法，对相关数据进行统计与比较，探讨社会语境变迁引起科学素养概念及公众科学素养测评内容与模式的变化。从社会语境及其变迁的视角，分析我国公众科学素养建设与测评存在的问题，提出我国公众科学素养建设的对策与建议。

最后，如何构建合理的理论模型，浅显易懂地说明问题也是本书的重要探索。本书运用模型建构方法，建立了公众科学素养测评的社会语境分析模型。

1.3.2 研究内容与结构

本书主要包括四个方面的内容：一是阐述公众科学素养测评的社会语境模型；二是论述二战结束以来，社会语境变迁与科学素养概念演变及公众科学素养测评活动的同步关系；三是考察不同社会语境中的公众科学素养测评模式；四是从我国社会语境的视角，对我国公众科学素养测评中存在的问题进行分析，并提出相关建议。具体包括以下五章内容：

第1章，概述了本书的研究对象、选题背景、研究方法、研究内容与创新点。简述了本书所涉及的关键概念与理论模型。在综合梳理国内外研究现状与存在问题的基础上，论述了本书的理论价值与现实意义。

第2章，综合运用文献研究法和综合比较法，详细考察二战后与公众科学素养概念演变及测评实践相关的社会语境变迁三个阶段。分析了各阶段政治、经济、文化和历史因素对公众科学素养测评与理论研究的影响状况。

第3章，通过文本考察，运用数据统计与比较研究方法，论述不同社会语境中科学素养测评的宗旨，诠释不同社会语境下科学素养概念类型，探讨社会语境差异在公众科学素养测评中的种种体现，并选取基于有效公民培养的美国公民科学素养测评、立足决策需求的英国公众理解科学调查和旨在检测科学教育成效的OECD/PISA学生科学素养评估等三种模式，具体讨论社会语境对公众科学素养测评的影响。

第4章，综合考察新中国成立以来的社会语境变迁以及影响公众科学素养建设的经济与政治因素，深入探讨我国公众科学素养测评实践中存在的问题，阐述我国创新型国家建设语境中公众科学素养建设的新转向，论述《全民科学素质行动计划纲要（2006—2010—2020年）》颁布后，我国学术界在公民科学素质建设与公民科学素养测评指标体系及实证研究方面的最新成果。提出当代社会语境中我国公众科学素养测评相关建议。

第5章，概括性总结本书内容，同时对公众科学素养比较以及科学素养水平与公众个性特征的关联度问题进行简要阐述，在此基础上展望公众科学素养测评与研究的未来走向。

1.3.3 创新点

英国人类学家布伦尼斯洛·马林诺夫斯基（Bronislaw Malinowski）曾经说过，"在没有认明一物之前而即加以解释是不合科学的。……真正的科学只有一件任务，就是在表明什么时候对于一物的知识是完全了解的：在给我们一种观察的设备及种种方法、原则、概念和词汇，使我们能用以研究实在的事物——这样才能对于事实作精细的研究及正确的描写"[40]。

本书首先清晰阐述公众科学素养测评与社会语境的关系,然后运用社会语境分析方法,论述二战后科学素养概念产生、演变及公众科学素养测评实践活动与社会语境变迁之间的联系,考察不同社会语境中公众科学素养测评的模式,分析我国社会语境变迁与公众科学素养测评存在的问题。在此基础上,提出改进我国公众科学素养测评的对策与建议,为我国公众科学素养建设相关决策提供理论依据。本书的创新点主要体现在以下方面:

第一,提出了公众科学素养测评的社会语境分析模型,阐释社会语境对公众科学素养测评的多重影响。公众必备科学素养是科学技术社会化和社会科学技术化的产物,科学素养测评与科学技术进步、社会发展以及人类对科学技术的高度需求紧密关联。因此,可以在特定的社会语境中理解科学素养测评。科学素养概念的演变历程及科学素养测评的出现与一定的政治、经济、历史和文化因素相关联,这些因素影响着科学素养的概念界定、测评内容及测评宗旨,因而这些因素构成了科学素养测评的社会语境。社会语境变迁会影响公众科学素养测评宗旨的变化、测评指标的调整、测评问题的选取,以及测评模式的改变。社会语境对科学素养测评的影响,既是单一的,也是综合的。构成社会语境的政治、经济、历史和文化等任一因素变化,都可能会引起公众科学素养测评的变化。公众科学素养测评的社会语境分析模型有望为我国公众科学素养建设开辟新的理论研究视角。

第二,立足公众科学素养测评的社会语境分析模型,探讨了我国公众科学素养测评存在的问题,并提出相关对策与建议。我国是发展中国家,科学技术事业起步较晚,地区发展不平衡,文化与教育水平区域性差异大,公众科学文化素养普遍较低。然而,过去的公众科学素养测评却从根本上忽视了我国特殊的社会语境,只是照搬产生于西方发达国家、社会语境与我国差异悬殊的科学素养测评指标与问卷。因此,我国应基于本国社会语境改进当前的公众科学素养测评,确立公众科学素养基准,在明确公众科学素养测评功能定位的基础上,拓展公众科学素养测评模式,真正发挥公众科学素养测评在我国具体语境下的社会功用。

第三,从社会语境角度,探讨不同社会语境中的公众科学素养比较问题,说明公众科学素养水平进行国际比较或群体间比较的价值局限。世界各国社会语境存在很大差异,各国公众科学素养在水平与结构上也不同。因此,开展科学素养的国际比较,是为了了解各自国家在国际上所处的大致地位。虽然这是必要的,但不能作为具体社会语境中的重要决策参考依据。不同群体间的科学素养比较,通常用来了解高科技社会语境中公众科学素养横向比较的大致状态,并不能代表公众实际工作效率与生活能力的实际差异。

第四,依据公众科学素养测评的数据,经过统计分析,揭示出公众科学素养养成与个性特征之间存在关联。世界范围的科学素养测评数据显示:公众的科学素养在总体上与公众的年龄成反比,年龄越大,科学素养水平总体趋势越低;半个世纪以来,尽管各国的科学教育在不断加强,公众科学素养也呈上升势头,但不同时期掌握科学知识与概念的公众比例基本处于恒定状态,上升的仅仅是理解科学过程与科学方法的公众比例。对统计数据进行综合分析得出的结果说明,科学素养可能与公众个体的某些生理或心理特征关联。

参 考 文 献

[1] Durant J R, Evans G A, Thomas G P. The public understanding of science[J]. Nature, 1989, 340: 11-14.

[2] 靳知勤. 效化"基本科学素养"问卷[J]. 科学教育学刊, 2002, 10(3): 287-308.

[3] Godin B, Gingras Y. What is scientific and technological culture and how is it measured? A multidimensional model[J]. Public Understanding of Science, 2000, 9(1): 43-58.

[4] 乌里克·费尔特, 等. 优化公众理解科学:欧洲科普纵览[M]. 本书编译委员会, 译. 上海: 上海科学普及出版社, 2006: 514.

[5] 中华人民共和国国务院. 全民科学素质行动计划纲要(2006—2010—2020年)[M]. 北京: 人民出版社, 2006.

[6] 程东红. 关于科学素质概念的几点讨论[J]. 科普研究, 2007(3): 5-10.

[7] 魏屹东. 社会语境中的科学[J]. 自然辩证法研究, 2000, 16(9): 16-21.

[8] Zhang Z L, Zhang J S. A survey of public scientific literacy in China[J]. Public Understanding of Science, 1993, 2(1): 21-38.

[9] 中华人民共和国全国人民代表大会常务委员会. 中华人民共和国科学技术普及法[EB/OL]. (2002-06-29)[2009-09-16]. http://www.law-lib.com/law/law_view.asp?id=40303.

[10] 江泽民. 全面建设小康社会,开创中国特色社会主义事业新局面:在中国共产党第十六次全国代表大会上的报告[M]//新华月报编辑部. 十六大以来党和国家重要文献选编(上·一). 北京: 人民出版社, 2005: 3-45.

[11] 中华人民共和国国务院. 国家中长期科学和技术发展规划纲要(2006—2020年)[EB/OL]. (2006-02-09)[2009-09-16]. http://www.gov.cn/jrzg/2006-02/09/content_183787.htm.

[12] 中华人民共和国国民经济和社会发展第十一个五年规划纲要[EB/OL]. (2006-03-16)[2009-09-16]. http://www.gov.cn/gongbao/content/2006/content_268766.htm.

[13] 张正伦. 中国公众的科学技术素养[M]. 北京: 中国科学技术出版社, 1991.

[14] 李大光. 中国的科学素养水平数据说明了什么?:对中国科学素养调查若干问题的思考[J]. 科技中国, 2006(4): 41-45.

[15] Lewenstein B V. The meaning of "public understanding of science" in the United States after World War II[J]. Public Understanding of Science, 1992, 1(1): 45-68.

[16] 范尼瓦尔·布什, 等. 科学:没有止境的前沿[M]. 范岱年, 解道华, 等译. 北京: 商务印书馆, 2004: 42-43.

[17] Hurd P D. Scientific literacy: New minds for a changing world[J]. Science Education, 1998, 82: 407-416.

[18] Shen B S P. Science literacy: Public understanding of science is becoming vitally needed in developing and industrialized countries alike[J]. American Scientist, 1975, 63: 265-268.

[19] Miller J D. Toward a scientific understanding of the public understanding of science and technology[J]. Public Understanding of Science, 1992, 1(1): 23-26.

[20] Miller J D. Scientific literacy: A conceptual and empirical review[J]. Daedalus, 1983, 112(2): 19-48.

[21] Walberg H J. Scientific literacy and economic productivity in international perspective[J]. Daedalus, 1983, 112(2): 1-28.

[22] Arons A B. Achieving wider scientific literacy[J]. Daedalus, 1983, 112(2): 91-122.

[23] Prewitt K. Scientific literacy and democratic theory[J]. Daedalus, 1983, 112(2): 49-64.

[24] Miller J D. The measurement of civic scientific literacy[J]. Public Understanding of Science, 1998, 7(3): 203-223.

[25] Organization for Economic Co-operation and Development. Measuring student knowledge and skills: The PISA 2000 assessment of reading, mathematical and scientific literacy [EB/OL]. (2005-09-10)[2009-09-16]. https://www.oecd.org/education/school/programmeforinternationalstudentassessmentpisa/33692793.pdf.

[26] 英国皇家学会. 公众理解科学[M]. 唐英英, 译. 北京: 北京理工大学出版社, 2004.

[27] 李正伟, 刘兵. 对英国有关"公众理解科学"的三份重要报告的简要考察与分析[J]. 自然辩证法研究, 2003: 19(5): 70-74.

[28] 上议院科学技术特别委员会. 科学与社会[M]. 张卜天, 张东林, 译. 北京: 北京理工大学出版社, 2004.

[29] Market & Opinion Research International. Science in Society[EB/OL]. (2005-01-01) [2022-06-23]. https://www.ipsos.com/sites/default/files/migrations/en-uk/files/Asserts/Docs/Archive/Polls/ost-top.pdf.

[30] Popli R. Scientific literacy for all citizens: Different concepts and contents[J]. Public Understanding of Science, 1999, 8(2): 123-137.

[31] 司有和. 中华人民共和国科技传播史[M]. 重庆: 重庆出版社, 2005: 360-364.

[32] 张仲梁. 中国公众对科学技术的态度[M]. 北京: 中国科学技术出版社, 1991.

[33] 迈诺尔夫·迪尔克斯, 克劳迪娅·冯·格罗特. 在理解与信赖之间: 公众、科学与技术[M]. 田松, 卢春明, 陈欢, 等译. 北京: 北京理工大学出版社, 2006.

[34] 李正伟, 刘兵. 公众理解科学的理论研究: 约翰·杜兰特的缺失模型[J]. 科学对社会的影响, 2003(3): 12-15.

[35] 刘兵, 李正伟. 布赖恩·温的公众理解科学理论研究: 内省模型[J]. 科学学研究, 2003, 21(6): 581-585.

[36] 李大光. 科学素养: 不同的概念和内容[J]. 科学对社会的影响, 2001(1): 45-49.

[37] 张海和. OECD/PISA研究中科学素养评价的内容[J]. 生物学通报, 2005, 40(7): 41-42.

[38] 刘华杰. 公众科学素养测试及其困难[J]. 北京理工大学学报(社会科学版), 2006, 8(2): 12-18.

[39] 曾国屏, 李红林. 生活科学与公民科学素质建设[J]. 科普研究, 2007(5): 5-13.

[40] 马林诺夫斯基. 文化论[M]. 费孝通, 译. 北京: 华夏出版社, 2002: 25.

第 2 章 二战后社会语境变迁与公众科学素养测评

2.1 引　　言

自文艺复兴后期始,人们逐渐有了科学素养理念。到了 17 世纪,弗朗西斯·培根(Francis Bacon)提出,科学的真正目的是"改变人的命运"[1],向大众传播科学是重要的。赫尔伯特·斯宾塞(Herbert Spencer)在《什么知识最有价值》一文中提出,在所有学科中,科学知识是为人类存在而准备的最有用的东西,"对于直接的自我生存——生命与健康来说,最重要的知识是科学;对于我们所称之为获得生计的间接自我生存来说,价值最大的知识也是科学"[1]。因此,他倡导对大众进行科学教育。

赫尔伯特·斯宾塞的主张很快得到响应,一些有识之士开始着手于科学素养教育活动。为了在美国传播科学知识,1751 年,本杰明·富兰克林(Benjamin Franklin)创建了费城科学院(Philadelphia Academy of Science),面向社会开展科学教育,拉开了美国科学教育的序幕。富兰克林认为,通过合理的科学教育,农民可能会生产出更好的农作物;商人可能会更好地理解他们将要销售的商品;工匠可能会学会使用新材料;接受过科学教育的牧师,应该能更好地理解上帝存在的证据。[1]

1779 年,托马斯·杰弗逊(Thomas Jefferson)引入一项法案,规定在基础教育阶段、专科院校和综合性大学的各年级进行科学教育。

1799 年,英国皇家研究院(Royal Institute)成立,1831 年 9 月,英国科学促进会(British Association for the Advancement of Science)成立。它们共同的理念是科学会影响和改善我们的生活,科学与工程应该享有重要的社会地位。

19 世纪伊始,英美等国创立了多种机构,采取多种形式向正规教育体系外的普通大众传播科学信息,如城市中的公众演讲,各种名目的短期课程培训班,吕克昂学园①讲演等。随着公众科学素养的提高,有关科学的书籍和活页文选相继出现,并吸引了众多读者。杂志、报纸纷纷以刊载科学信息的方式来吸引、扩大读者群。科学家也及时向公众报告最新科学信息,把普及科学、提高公众科学素养当作分内之事。

到了20世纪,科学在人类社会发展中愈发举足轻重,著名化学家埃米尔·费歇尔(Emil Fischer)曾在1911年1月举行的德国威廉皇帝学会成立大会上宣称,未来并不依赖于对殖民地的征服,而在于"化学及其应用,或者更广义地说,所有的自然科学才是我们未来的无限机遇所在"。[2]科学的应用在人们"日常生活中发挥着如此重要的作用,公共政策实质上深受技术性很强的科学因素影响。不仅是决策者,那些掌管权力和行使职能的人在一定程度上理解科学,对增进国家福利具有重要意义"。[3]也就是说,公众科学素养在现代社会中越来越重要。事实上,公众理解科学运动与科学素养研究在20世纪的发达国家中空前兴盛,尤其在二战后,随着社会语境的变迁呈现多样化和差异性。

为了阐述不同的社会语境对公众理解科学运动与科学素养研究产生的影响,本章依据科学发展的实际社会需求和科学在不同社会时期的不同效用,以科学素养理论研究和测评为主线,将二战后以来的历史时期划分为三个阶段:公众笃信科技功用时期,公众质疑科技问题时期,公众参与科技决策时期。对每个时期的社会语境变迁与科学素养研究及测评问题进行较为系统的论述。

2.2 公众笃信科技功用时期的科学素养测评

这一时期大致从二战结束到20世纪50年代末,其间,美国等发达国家政府力主向公众宣扬科学技术的功用,倡导公众欣赏科学、理解与学习科学、支持科学研究。这一时期科学教育的主要目标是培养青少年的科学兴趣,吸引他们积极参与科学研究、开发新技术,造就科学精英。相关的科学素养测评也围绕科学的功用与公众的科学兴趣来进行。公众对科学技术知之甚少,笃信政府和各种媒体发布的有关颂扬科学技术的信息。美国学术界开始提出"科学素养"概念。

尽管有人认为,1934年约翰·杜威(John Deway)在一篇论文[4]中提出的"科学态度"引发了学术界的科学素养研究。[1]然而,积极追求普遍科学素养主要还是二战后逐渐兴起的一种社会现象。

---

① 亚里士多德于公元前335年仿效其老师柏拉图创办的柏拉图学园,在雅典创办哲学学校吕克昂(Lykeion),或称逍遥派学校(Peripatetic School)。该校的宗旨是,要想进行正确的学科研究,不仅要对基本哲学问题进行理论思考,还要进行直接的实验。这种亲身的实验和经验既包括自然现象方面的,也包括社会结构方面的。

2.2.1 公众科学素养备受关注的社会语境

1. 二战时科技向民用科技转化

二战中原子弹的成功研制使美国人相信,"曼哈顿工程"不仅可以制造出威力无比的武器,而且可以用来解决贫穷、健康、住房、教育、运输和通信等方面的物质缺乏问题。[4]为了让二战时科学研究的良好势头能够在二战后得以继续保持,也为了让二战时的科学技术成就能在二战后继续发挥作用,造福于美国人民,时任美国总统罗斯福向美国科学研究发展局提出了四点要求:一是向全社会公众传播战时的科学技术知识;二是设法在战后继续战时的医学与科学工作;三是确立对公私科学研究组织的管理与资助;四是努力发展与培养青年科学精英。[5]

要想切实保证罗斯福总统提出的科学发展战略在二战后顺利实施,首先需要广大美国公众理解科学。事实上,在二战后初期,除了那些已经发挥出显著社会功效的科学外,公众几乎不太了解科学。同时,美国政府相关决策者认识到,"基础研究是技术进步的领跑者",发展基础科学是至关重要的[5]。然而,人们实际上往往因过于强调科学研究的早期显见利益而忽视基础研究的价值。于是,为了防止类似现象发生,美国政府及美国国家科学基金会等相关科学管理组织与研究机构大力开展科学宣传活动,促使公众能够理解基础科学的本质,理解基础研究和科学教育在促进工程技术进步方面的作用。希望公众能欣赏科学,积极支持和参与科学教育,支持基础研究。

正如科学史学家 I. 伯纳德·科恩(I. Bernard Cohen)所说,一名公众需要"完全综合的"科学知识,"首先,他的知识必须使他深切认识到,只有从事旨在增加知识的基础研究工程——即使是明显地为研究而研究,人类才能最终获得对疾病的治疗,科学成果才会使我们的生活更加安逸,更加美好"。[6]

2. 政治对抗与军备竞赛

1957年,苏联成功发射了第一颗人造地球卫星(Sputnik Ⅰ),这使得美国公众既对科学产生浓厚兴趣,也对美国的科技竞争力表现出担忧,甚至出现政治恐慌。这也使得美国社会开始关注本国的科学教育与公众科学素养问题,公众的科学素养逐渐成为美国社会关注的焦点。为此,美国国家科学基金会和美国教育办公室(the U. S. Office of Education)制定了后人造卫星时代科学素养计划(Post-Sputnik scientific literacy programs)。同时,为了在二战后世界两大阵营"冷战"对峙中保持优势地位,美国政府频繁进行核试验。1954年3月1日,美国和苏联同时进行了核武器试验。美国在太平洋的比基尼岛上进行超级炸弹试验,导致严重的太平洋核污染事件爆发。此后,人们对核武器试验所产生的放射性物质对人体及人类前途的影响的关注日益高涨[7],甚至出现呼吁政府停止核试验、抗议核研究的公众运动。

与此同时,为了使本国的科学研究能够持续强劲地发展,满足"冷战"对抗需要,美国政府一方面鼓动更多学生进入科学领域,另一方面借苏联成功发射人造地球卫星之机,极力宣传科学的功用,期望公众对科学在"冷战"方面付出的代价和带来的风险给予理解,并能继续支持政府的科技发展战略。

3. 经济发展高度工业化

20世纪50年代,英美等资本主义国家已经进入高度工业化发展时期。建设工业化国家需要大量科技与工程人才。然而,事实上,它们不仅科技人才比较缺乏,而且普通公众严重缺乏科学技术知识。尤其是美国,尽管早在18世纪下半叶就引进了教育法案,规定从基础教育到大专院校各年级都必须进行科学教育,但事实上几乎很少有学生在完成基础教育后继续升学。因此,到了20世纪50年代,科学家和工程师的人数还不到一百万。[1] 为了提高劳动者科学素养,满足工业化国家建设需要,美国开始注重科学教育,培养年轻学生学习科学和从事科学事业的兴趣,吸引他们加入科学研究队伍,使之成为符合工业化社会发展需要的劳动力资源。

2.2.2 政治主导下的公众科学素养议题

1. 政府机构与政策调整

为了适应社会发展的需求,促进公众理解科学运动,并使这场社会运动能取得切实有效的成就,美国政府对政府机构作了若干调整,并出台了相应政策。表2.1展现了美国政府在这一时期为公众理解科学运动和科学素养建设创建的相应机构及政策调整情况。

表2.1 二战后至1959年美国政府在公众理解科学运动中创建的有关机构及政策调整情况

时间	政府机构及政策调整
1947年8月	科学研究与开发部门设立联络委员会
1950年5月	成立国家科学基金会(NSF)
1951年3月	国防动员局(ODM)设立科学咨询委员会
1953年	成立农业研究局
1957年5月	总统设立科技特别助理
1957年6月	改组科学咨询委员会

续表

时间	政府机构及政策调整
1958年5月	制定国防教育法(包括国家对科技教育的投资)
	制定航空宇宙法,设立国家航空宇宙局(NASA)
1958年10月	设立联邦科技会议
	成立高级研究计划厅(ARPA)
1959年	设立联邦科学技术委员会

2. "科学素养"术语的出现

二战后美国公众理解科学与公众科学素养的相关理论研究相继展开,"科学素养"术语开始在美国理论界出现。根据美国学者罗杰·W. 巴比(Rodger W. Bybee)的研究,最早涉及科学素养话题的是詹姆斯·B. 柯南特(James B. Conant)[8]。1946年,柯南特在《外行人的科学教育》一文中谈及了科学素养的一般话题,并给出了"理解科学"的理由,但是他还没有使用"科学素养"(scientific literacy)一词。1952年,在 I. 伯纳德·科恩和弗莱彻·沃森(Fletcher Watson)编辑的《科学的通识教育》(*General Education in Science*)一书中,柯南特在撰文中第一次使用"科学素养"这一术语。柯南特认为,科学素养是一种明智地选择专家的能力,以及能够"聪明地与那些正在发展科学并应用科学的人交流的能力"。[9]

1957年,苏联成功发射人造地球卫星,美国政界和科技界深感震惊。美国的科技竞争力和科学教育合理性均开始遭受质疑。人们认为,二战结束以后,科学已经成为影响一个国家社会、经济、政治和人类福利等方方面面的重要因素,科学教育必须为人类生活与社会公共利益服务。以培养科学精英为根本目标的传统科学教育与课程设置应该改革,转向通识科学教育。1958年,教育家保罗·赫德首次提出以"科学素养"作为科学教育目标[10],引发了以培养科学素养为根本目标的科学教育改革讨论。

3. 第一次公众科学素养测评

在苏联第一颗人造地球卫星发射前2周,美国国家科学记者协会委托洛克菲勒基金会在全国范围内进行一次成年人调查,理论界通常称之为人类第一次公众科学素养测评。

这次调查从1957年延续到1958年,收集到了人造地球卫星发射前后的不同数据,有利于比较。调查的对象是近1900名美国成年人,调查的目的是了解公众对科技著作的需求程度与需要层次,了解美国人总的媒体消费方式与获取科学技术信息的特定媒体途径,对科学技术问题的态度,对科学信息的感兴趣程度,以及公众在有限范围内参加制定技术政策等状况。调查内容涉及以下五个方面[11]:

① 对科学的定义。考察公众对科学本质的理解以及对科学的评价。

② 科学信息的获取途径。调查发现,苏联人造地球卫星发射以后,新闻媒体中的科学报道有了显著增加。

③ 对科学知识的掌握水平。调查问卷中列举了 4 个信息问项:小儿麻痹症疫苗、氟化反应、放射性和太空人造卫星。大约 9% 的被访者对这 4 个问项一无所知,近 17% 的人能够全部回答。相比之下,前两个问项与生活及健康有关,人们对它们的了解要比后 2 个与物理学紧密相关的问项多得多。同时,调查发现,人们掌握科学信息的水平与其教育背景、经济收入、性别及职业等关联性很大。

④ 对科学的兴趣。在 1957 年的这次调查中,以对照组的形式向被访者出示了涉及科学探究某个方面的标题,以测试他们的兴趣。结果发现,50% 以上的被访者对表达直白的新闻标题兴趣大于用新闻笔调修饰过的标题。以下 3 种方式处理的科学信息能够增加读者兴趣:报道事态进展或者一种完整的事实而不是假说或未来可能发生的事物;具体的事物而不是一般的或抽象的事物;与人类行为或福利相关联的科学事件。

⑤ 对科学影响的看法和对科学家的评价。表 2.2 和表 2.3 显示了这次调查中有关公众对科学效应和科学家的评价情况。

尽管这次测评相对简单,但由于它开始于苏联人造卫星(也是世界第一颗人造卫星)发射前 2 周,因此成了唯一可获得的太空探索时代开始之前的公众科学素养测评资料。此外,这次测评中的许多问项成为后来调查中的基本问项,在随后的系列调查中被一再重复使用,为比较公众理解科学技术的变化状况提供了认识基础。

表 2.2 被访者对有关科学陈述作出的反应(%)

问题	选项	
	同意	不同意
科学不断使我们的生活更健康、更安逸、更舒适	92	4
对科学的最佳评价是它是我们快速进步的主要原因	87	6
科学带来的麻烦之一是它使我们的生活方式改变得太快	47	46
科学会解决我们的社会问题,如犯罪和精神疾病等	44	49
科学的增长意味着少数人能够控制我们的生命	40	52
科学的有害效应之一是它毁掉了人们的公正与不公正的思想	25	64

注:未回答的人数比例未在表中列出。(参考自:Withey S. Public opinion about science and scientists[J]. The Public Opinion Quarterly,1959,23(3):387.)

表 2.3 被访者对有关科学家陈述作出的反应(%)

问题	选项	
	同意	不同意
多数科学家希望为改善平民生活而工作	88	7
科学家比普通人工作更努力	68	25
科学家容易成为古怪而奇特的人	40	52
科学家不可能是真正信奉宗教的人	32	53
多数科学家主要出于知识本身的缘由而对知识感兴趣;他们不太关心它的实践价值	26	65
科学家似乎总是窥探那些他们不应该插手的事物	25	66

注:未回答的人数比例未在表中列出。(参考自:Withey S. Public opinion about science and scientists[J]. The Public Opinion Quarterly, 1959, 23(3): 387.)

2.3 公众质疑科技问题时期的科学素养测评

这一时期从 20 世纪 60 年代初期起至 80 年代中期。之所以如此分期,是因为在 1985 年发生了两项与公众科学素养问题紧密相关的重要事件:一是英国发布了关于全体公众科学素养问题的《公众理解科学》调查报告[12],二是美国制定了旨在提升全民科学素养的"2061 计划"。这两个事件标志着社会发展进入对全民科学素养需求时期。

在这一时期内,一方面,科学技术已经渗透到社会的很多方面,与科学技术问题有关的政治决策已经进入政府最高层。民主制度本身需要公众参与科技问题的讨论,需要公众理解科学技术。然而,由于公众科学素养水平较低,对国家利益有巨大影响且与科技有关的政治决策,很可能由于过多涉及科技因素的缘故而只能为少部分人所理解。这样,民主决策过程就很容易为特殊利益者或别有用心的政治家甚至是披着科学外衣的伪科学骗子所操纵。[13] 由此可见,在科技社会中,公众的科学素养水准对科学政策的决断具有重要意义。民主制度的维护也不能没有具备科学素养的公民。另一方面,科学技术对人类社会的负面影响日益凸显,人们开始质疑科技问题,甚至批评、拒斥和抗议科学研究。这就更说明公众需要具备科学素养。因为,只有具备了适当的科学素养水平,公众才能正确理解科技的功用与社会效应。

2.3.1 科技发展与社会语境变迁

1. 科技应用引发环境问题

1962年,蕾切尔·卡逊(Rachel Carson)的调查报告《寂静的春天》出版,该书对人类过度使用农药DDT杀死了大量生物,使环境黯然失色的行为进行了严厉批评。该书的问世使人们开始关注科技产品的效用问题。同年,生物学家巴里·康芒纳(Barry Commoner)组建了科学家公共情报研究院(Scientists' Institute for Public Information, SIPI),向科学记者发布科学技术信息,公然批评美国人追求科学的方式。科学新闻也不再紧跟主流科学机构颂扬科学,而是转向关注环境问题。环境保护运动与绿色运动分别在美国与欧洲发起。

随后,公众越来越清醒地认识到,许多民用技术和军用技术的迅速进步都是由新的科学或科学革命引起的。在大萧条期间,他们又把失业归咎为科学发展,于是要求"暂停科学"。公众也从古巴导弹危机(the Cuban Missile Crisis)和越南战争中生化武器带来的巨大危害中认识到,科学对人类社会存在着严重的负面效应,而且这些效应可能不为人类所控制。于是,关于科学技术和科技产品的公众讨论越来越频繁,越来越热烈。公众对科学与科学研究的批评越来越尖锐,他们甚至对科学产生了敌意。作为纳税人,他们宁愿自己的钱花在改善城市条件或从事其他的社会慈善事业上,也不愿让这些钱用于科学研究。他们认为,科学发展、技术革新既非乐善好施之举,也不意味着"人类状况"的真正改善。核试验、动物试验都遭到了公众的强烈抗议。甚至可以说,公众情绪已成为支持或反对科学的一个重要因素。[14]

法国的左翼运动者则认为科学发现已经背离了正义的事业,人们只选择有利可图的科学技术。到20世纪60年代末期,科学的主流地位、运作方式和科学中的等级制度等均受到公众质疑。科学遭遇了前所未有的批评。生态学家和左翼运动者都认为科学和科学家应当为科学研究的社会、文化和环境后果负责。人们不再认为科学一定是正当的。[15]

对待科学的极端观念既严重影响着科学的发展,也不利于科学社会功能的正常发挥。在民主社会中,政治决策人不可能长期忽视大部分社会群体的态度和反应。政治精英们一致认为,质疑新技术,或者是对技术持敌视态度,会削弱一个国家的经济竞争力。[16]因为一个国家的经济繁荣和国际竞争力总是与它的技术水平及科学发展状况有着紧密联系。

因此,必须提高科学素养,理解科学事业和科学家的工作,才能使公众正确评价科学的社会效应,理性地看待科学研究和科学技术的作用,最终才能正确对待与科学技术有关的重要决策。

2. 科技问题公开讨论日益频繁

在欧美发达国家,涉及诸如公路系统的发展,自来水和空气质量的保护和改进,矿物或海洋资源的开采,森林、河流和海岸的保护与商业用途等决策,都要求公众参与。尤其在美国,到 20 世纪 70 年代中期,国会的立法议案有一半以上都与科学技术有关,公众需要对健康、能源、自然资源、环境、食品与农业、产品安全、外太空、通信、运输等与科学技术相关的公共问题进行决策评议。在科技发达国家,对试管婴儿及 DNA 重组研究试验等新兴科学技术问题的讨论也司空见惯。然而,由于科学知识的缺乏,立法者无法判断应该如何采纳专家们的建议,普通公众更是觉得这些问题已经超越了他们的知识能力范围,他们无法表达自己的见解。[17]

因此,随着科学技术的社会应用日益广泛,社会对公众科学素养水平的要求也越来越高。参与国家政治生活和公共决策的公众,必须具备一定的科学素养,才能做出明智的决策。由此可见,如果不提高工业化国家中具备科学素养水平的公众比例,使他们足以理解对立团体提出的观点,民主政治本身的健康状态就会受到损害。[18]

3. 科学研究与技术开发耗资巨大

随着科学研究成本的不断提高,科研管理难度的增加,科学研究与普通公众态度之间的关系变得更加重要。科学的发展需要纳税人的支持。因而,20 世纪 70 年代,无论是政府部门还是私人机构,其中的科学家、社会学家和科研管理者都开始关心普通公众与科学界的关系。事实上,这种关系的好坏很大程度上取决于公众的科学素养水平。

美国经济学家肯尼思·鲍尔丁(Kenneth Baulding)认为,科学在社会中的地位"主要是由非科学家特别是政府部门、教育部门或工业部门的预算决策者心目中的科学形象确定的。如果这种科学形象变坏了,则科学的地位也将开始消失……因此,科学界必须十分在意科学在科学界内外的形象,因为这种形象逆变化的可能性是相当大的,不了解这种变化也是不明智的"。[19] 政府为科学研究提供的基金来自于税收,大学为科学研究提供的基金来自于学费和捐赠,工业为科学研究提供的资金则来自于产品销售获得的利润。那些为政府、大学和工业支付美元的公众心目中的科学形象和资金提供者本身的形象同样重要,前者甚至更重要。[20]

资助人若想资助科学研究,或研究者要想得到资助,就必须保证公众能够正确地理解被资助的研究项目的作用和意图,否则,将难以如愿。正如负责科学研究与教育的欧委会成员杰尔德·布伦纳(Gerd Brunner)博士指出的那样:"如果欧洲人民和公民个体不理解科学政策在他们未来生活创造中的重要作用,我们就不能在欧洲贯彻这样的科学政策。"[21]

"如果时代精神要有利于科学事业,包括学术和产业活动,那么,公众就必须具备一定程度的科学素养,至少应足以欣赏科学研究的一般本质及其对改善生活方式的潜在贡献。"[8]没有科学素养的人不太可能支持科学投资,相反,他们有可能会采取措施限制科学研究。

4. 科技实力成为衡量综合国力重要指标

20世纪60年代始,以原子能、电子计算机和航天技术的发展为主的第三次科技革命标志着现代化社会的到来。科技革命使人们清楚地认识到科学技术在提升国家经济与政治实力中的地位和作用,国与国的竞争归根到底是科学技术的竞争、科技人才的竞争。由此,发展科学教育,提高公众科学素养成为时代的主流和重点。

20世纪70年代末至80年代初,随着日本在经济上的崛起,亚洲"四小龙"的相继繁荣,美国越来越感到自身的经济竞争力受到了挑战,其在世界范围的产业领导能力也在衰减。科学技术是促进经济发展的关键性因素,因此,科学政策日益成为美国人关注的焦点。与此同时,美国科学和工程研究基础也显示下降迹象,美国在国际科学成就比较中甚至处于较差的地位[22]。人们普遍认为,这表明美国当时的科学教育存在危机,[23]特别是国家优秀教育委员会(National Commission on Excellence in Education,NCEE)的报告《在危险中的国家》(*A Nation at Risk*),更是引起很大反响。

2.3.2 科学素养研究与测评

1. 政府机构与相关政策进一步调整

随着科技进步以及社会对公众科学素养需求的不断增强,为了进一步促进公众理解科学,迅速提高公众科学素养,一些国家不断对政府机构及相关政策进行调整。美国在这些方面的调整最为显著(见表2.4)。

表2.4　1960—1984年美国政府创建的与促进公众科学素养有关的机构和政策调整情况

时间	政府机构和政策调整
1962年	设立总统科学技术办公室(OST)
1964年4月	设立美国工程院(NAE)
1966年7月	制定海洋技术资源开发法
1968年2月	改组NSF(扩大对应用研究领域的资助)
1969年2月	制定国家环境保护法(NEPA)
1970年4月	确立全美地球日

续表

时间	政府机构和政策调整
1970年5月	设立海洋气象厅(NOAA)
1970年5月	设立全国医学科学院
1970年5月	成立环境保护局
1972年6月	尼克松总统提出科技特别咨文(提高生活质量)
1972年6月	设立OECD科技政策委员会(CSTD)
1972年6月	国会设立技术评价局(OTA)
1975年1月	改组AEC设立原子能管制委员会(NRC)
1975年	限制遗传基因重组研究
1976年3月	设立总统府科技政策办公室(OSTP)
1976年3月	NIH制定遗传基因重组实验方针
1976年4月	通过《国家科技政策、组织和优先法》
1976年6月	废止原子能统一委员会
1978年8月	制定禁止核扩散法
1980年3月	制定代用能源开发法
1980年3月	NIH大幅度缓和遗传基因重组限制

2. 主要发达国家的科学教育改革

在大力倡导公众科学素养培育的时代背景下，科学教育正面临着改革，科学教育的目标由原来的精英教育逐步转变为大众科学教育及普遍提高公众科学素养。

20世纪50年代，科学教育改革已经进入美国政府工作议程。在1954年至1975年期间，以国家自然科学基金会为代表的美国政府机构共投资了11.7亿美元，资助了53个独立的科学课程改革项目，系统改革了从幼儿园到12年级的科学教育课程。[24]此外，还采取多种方式改革大学科学教育，加强科学教师培训，美国的学校科学教育目标逐步向着培养青少年科学素养的方向转移。

英国于20世纪60年代初，推出了科学教育改革的"纳菲尔德计划"(Nuffield Plan)，传统的培养科学精英的教育开始向三个方向转变：一是"为所有人的科学"，意在通过科学教育使所有公众都能正确理解和评价科学；二是初等科学教育要让学生认识科学对人类发展的重要性，培养学生的观察能力和基本的逻辑思维能力，初步理解自然界事物的基本机理及其相互关系，具备一定解释问题的能力；三是中等科学教育将培养科学技术精英的教育转变为把普通公众的科学素养提高到现代科学的最高水平。[25]

20世纪70年代,德国对小学理科课程进行了重大改革,将原来的国情课改为自然科学教育,包含了生物、物理、化学、气象、技术、地理、交通安全、社会学习等多个学习领域。这些学习领域涉及的事实都是儿童日常生活中所能接触到的。科学课程教学遵循"直观原理""自由活动原理""一切从儿童出发"和"整体性原理",结合儿童的实际生活经验与活动体验引导儿童理解和掌握科学方法和有关的技能,使科学教育更加适应现代工业社会的需要。[26]加拿大从1978年至20世纪末都致力于科学教育改革,旨在培养学生:理解科学技术基本概念;科学调查和技术设计所需要的能力、方法和思维习惯;理解科学与技术间的相互联系及与社会的联系。[27]

日本在二战后一直在探索适应科学技术发展进程和满足国家建设目标需求的科学教育模式。该国曾于20世纪60年代晚期、70年代中后期、80年代中期多次进行了科学教育改革,最终确立了"科技立国"战略方针,[28]将公众科学素养培养作为科学教育的基本目标。

3. 不同类型的科学素养概念

经历了20世纪50年代的酝酿与探索,自60年代始,科学素养作为科学教育的主要目标的观点逐步被认同。学者们对科学素养这一术语的概念内涵展开广泛讨论与深入研究,依据不同的标准,从不同的角度提出了不同的科学素养概念。概括说来,这些概念主要以四种方式产生:第一,研究者独自给出全新的科学素养定义;第二,通过专家讨论产生新定义;第三,通过文献考察与梳理归纳出科学素养定义;第四,运用语义学原理,对词义进行引申与转化来解释科学素养的含义。这四种科学素养的概念具体分析如下:

第一,研究者独自创新的科学素养定义,即定义主体没有给定义对象设置等效语,而是给出了新的界定,这种界定"不能归溯到先已存在的同义性"[29]。第一个给出科学素养定义内涵的是美国教育家保罗·赫德。赫德认为:"有科学素养的人对一些关键的科学概念、定律和理论有精确的理解。他们能够有逻辑性且有条理地叙述这些概念、定律和理论,并且能识别它们的重要性。"[30]在1964年出版的极具影响力的《理论转化为行动》一书中,美国国家科学教师协会(National Science Teachers Association,NSTA)课程委员会建议,"科学教学必须培养出有科学素养的公民"(scientifically literate citizens)。他们进一步解释说,"scientifically literate"指"一个人知道一些关于科学在社会中的作用,了解科学生存的文化条件,知道科学概念的创造过程和调查研究程序"。[8]迈克尔·亚琴(Michael Agin)提出,"人们应该在具体的社会环境中而不是完全脱离社会去认识科学事业的产品与过程。起初,他们也许把科学看作由'产品''过程'和'社会'等不相关的方面组成。然而,当他们变得更加成熟时,他们应该更加清楚这些领域之间的关联性。最后,这些对科学认识成熟的——真正有科学素养的人应该把科学看作是一种社会活动,科学概念、方法与科学的应用相互关联、相互依赖、相互影响"。他描述了科学素养的概念架构:科学与社会、科学的规范、科学的本质、科学的概念、科学和技术以及科学与人文学科。[31]乔治·奥赫恩(George O'Hearn)认为科学素养包括对4个基本要素:① 基础科学知识;② 科学的本质;③ 科学的过程;④ 科学的社会与文化含义等的了解。[32]

本杰明·S.P.沈的三种类型科学素养内涵[33]则影响深远。他认为,可以将科学素养定义为人们熟悉科学、技术和医学的程度,这些科学、技术与医学知识通过大众媒体信息和学校内外的教育在不同程度上向普通大众和特殊部门人群普及。同时,他认为科学素养定义可以划分为三种类型,即实践的科学素养(practical scientific literacy)、公民的科学素养(civic scientific literacy)和文化的科学素养(cultural scientific literacy)。[33]实践的科学素养,指"拥有的科学技术知识类型可直接用于提高生活水平",它与饮食、居住及卫生保健紧密相关。沈认为,这类素养在发展中国家里特别重要,"几条必要的科学信息就意味着健康与患病、生与死的差别"。公民的科学素养是制定卓有远见的公共政策的基础。提高公民科学素养的出发点是为了使公众也能参与卫生、能源、自然资源、食物、环境等相关问题的决策过程,使他们能够充分理解科学和相关公共问题。也就是说,一项技术工程如何实施主要是专家的事,但是,这项工程是否需要实施这样较为基本的决策则是由公民及其代表决定的。[33]沈还表明,这样的参与是技术社会中民主程序运行所不可缺少的。文化的科学素养是由人们渴望了解科学作为人类的一项重大成就的愿望所激发的。尽管能够获得这类科学素养的人只是极少一部分,通常只局限于知识分子内部,但是,它能主导舆论,影响当前和未来的决策。因此,文化的科学素养具有非常重要的潜在影响力。[33]他创造性地提出科学素养类型理论,开辟了科学素养功能分层研究的先河,对后来的科学素养研究产生了重要影响,可以说对米勒的公民科学素养测评与研究产生了直接影响。

第二,通过专家集体讨论确定科学素养定义。20世纪70年代中期,维克多·M.舒瓦特(Victor Showalter)和他的同事们提出了一个较为全面的科学素养内涵:"科学素养以多种方式表现了科学的自由教育和通识教育。在理想状态下,每个公民已持续向着这个目标迈进,并取得令人满意的进步。"他们在研究多年文献的基础上,邀请科学家和科学教育家一起讨论,最后开发了"统一标准的科学",提出包含7个"维度"的科学素养定义。他们认为,一个有科学素养的人应该:① 理解科学知识的本质;② 与自然互动时能准确应用合适的科学概念、原理、定律和理论;③ 使用科学方法解决问题、进行决策、增进对自然的理解;④ 用与科学的根本价值相一致的方式与自然的各个方面发生作用;⑤ 理解和欣赏科技一体化的事业以及科学与技术之间、科学技术与社会其他方面之间的相互关系;⑥ 因科学教育而形成了更丰富的、更加令人满意的宇宙观,并将这种科学教育终身延续下去;⑦ 已经形成了许多与科学技术相联系的操作技能。[34]维克托·肖瓦尔特的科学素养定义提示，人们可以在不同维度中理解科学素养。或者说，一个具有科学素养的人一定具备多种能力与多方面意识。

第三，从文献中概括出科学素养定义。典型的是米尔顿·佩拉（Milton Pella）在20世纪60年代提出的科学素养定义。米尔顿·佩拉与他的同事们[34]考察了1946—1964年间以科学素养为主题的所有论文，从中精选出100篇，进行概括总结，提炼出科学素养定义，即有科学素养的人应该能理解：① 科学与社会之间的相互关系；② 科学家工作的伦理规范；③ 科学的本质；④ 科学中的基本概念；⑤ 科学与技术的差别；⑥ 科学与人文学科间的相互关系。

第四，运用语义学原理，对词义进行引申与转化来解释科学素养的含义。1982年，安妮·W. 布朗斯科姆（Anne W. Branscomb）提出了新的科学素养概念，将科学素养概念定义为"读、写以及理解系统化人类知识的能力"，并把科学素养分为8个不同的类别：① 方法科学素养（methodological science literacy），指理解科学假说与实验以验证可观察现象的能力；② 职业科学素养（professional science literacy），指人类群体中的一部分人既能理解方法又能参与人类知识的系统化过程，并能传播知识为后人所学习和利用的能力；③ 通用科学素养（universal science literacy），指普通公众理解和解释日常生活中自然科学现象的能力；④ 技术素养（technological literacy）指对丰富多样的技术的理解，并能根据自身需要进行技术工具选择的能力；⑤ 业余爱好者科学素养（amateur science literacy），包括两类人——"星球大战"的狂热支持者与喜欢订阅《通俗力学》《科学美国人》和《今日心理学》的业余科技爱好者；⑥ 新闻记者科学素养（journalistic science literacy），为职业科学记者所拥有，他们在印刷品和电子媒体上用外行人能够理解的语言表达不同学科领域知识的能力；⑦ 科学政策素养（science policy literacy），被选举或委派参加公共决策的政治代表所需要的理解科学数据和科学预测结果的能力；⑧公共科学政策素养（public science policy literacy），表示普通公众明智地表达意愿并在决策中影响官员所需要的技术知识和关于科学事实的技术判断的能力。[35]虽然安妮·W. 布朗斯科姆的归纳比较全面，但是，这些分类纷繁复杂，缺乏内在逻辑依据。

尽管以上已经出现了多种类型的科学素养概念，但总体而言，这一时期学者们对于科学素养的理论探讨绝大多数还只是停留在概念内涵界定上，很少涉及科学素养测评与科学素养测评指标设计问题。

4. 公众科学素养测评指标初步形成

1972年，美国开始了第二次公众科学素养测评。同年，法国进行了公众科学素养测评。加拿大（1973）[36]、英国（1975）和日本（1976）[37]也相继开始公众科学素养相关测评,欧洲晴雨表(Eurobarometer)①也在欧共同体成员国中开展了主题为"科学技术与欧洲人"的相关调查[38](见表2.5)。

表2.5 1972—1985年世界各国公众科学素养测评

国家或调查机构	测评时间	测评主题
美 国	1972年,1974年,1976年	公众的科学态度及对科学技术人员的印象
	1979年,1981年,1983年	公众理解科学与公众的科学态度
法 国	1972年	公众对科学的态度
加拿大	1973年	公众对科学新闻报道与科学的态度
英 国	1975年	科学家在公众中的形象
	1984—1985年	公众对科学的评价
日 本	1976年	公众对科学技术与原子能知识的了解
	1981年	公众对科学技术的兴趣与预期
欧洲晴雨表	1977年,1978年	公众对科学及科学研究活动的态度与意见

特别值得一提的是,美国从1972年开始,将公众科学素养调查相关数据当作科学发展的一个数据库,每两年进行一次调查,一直延续至今。美国当时的社会语境是面临着两个方面的严重挑战。第一是美国在世界范围的工业主导地位开始衰落,科学技术被看作经济发展的根本基础,因而美国的科技政策成为关注焦点。第二个挑战是美国科学和工程研究基础的下降以及美国学生在国际科学竞赛中的成绩处于较次地位、美国经济竞争力的威胁和美国教育出现的危机,使美国人开始定期关注公众的科学素养问题。米勒公民科学素养测评指标体系正是在这一社会语境下形成的。1972年,美国国家科学委员会颁布了《科学指标》调查报告。该报告成为大致两年一期的科学实际状况调查系列报告,并由总统作美国科学技术现状的报告呈交国会。根据规定,《科学指标》每期都要专辟一章,集中表述公众对科学技术的态度,而且要提供一定范围的全国普查中使用的问项。这些问项主要集中于普通公众对科学技术的一般态度,公众在政府财政支出方面的政策偏好等方面。

1972—1983年,美国共进行了六次公众科学素养测评(1972年、1974年、1976年、1979年、1981年、1983年)。1972年、1974年、1976年的调查重点与1957年大体相同,主要内容见表2.6、表2.7和表2.8[39]。此外,1972年、1974年和1976年的公众科学素养测评还包括一些与美国社会科学家和工程师相应地位等有关问题。学术界通常将这三份指标看作美国公众科学素养测评的第一阶段。这个阶段的测评主要包括以下三个方面:

---

① 欧洲晴雨表是从事民意调查的专门机构,其调查分为"标准调查"(Standard Eurobarometer Surveys)和"特别调查"(Special Eurobarometer Surveys)。

① 公众对科学技术的总体评价(见表2.6)。由表2.6可以看出,20世纪70年代,公众对科学技术的肯定评价比50年代有所降低,其中认为"科学技术使世界或生活变得更好"的被访者比例降低了近10%,对科学技术的评价趋于中立态度或认为"更坏"的被访者比例均有所提高。这样的测评结果充分体现了公众质疑科学技术问题的社会语境。

表2.6 公众对科学总体评价问项的回答(1957—1976年)

测评时间	问题	回答情况			
		更好	既不好也不坏;相互矛盾	更坏	没有看法
1957—1958年	综合考虑,你认为世界因为有了科学而境况更好还是更坏?*	83%	8%	2%	7%
1972年	你认为科学技术已经将生活变得更好还是更坏?	70%	13%	8%	9%
1974年	你认为科学技术已经将生活变得更好还是更坏?	75%	14%	5%	6%
1976年	科学技术已经将生活变得更好还是更坏?	71%	15%	7%	7%

* 在这个调查中,向被访者提出的"science"包括科学和技术。

(参考自:Pion G M, Lipsey M W. Public attitudes toward science and technology: What have the surveys told us? [J]. The Public Opinion Quarterly, 1981,45:304.)

② 对科学技术的态度(见表2.7)。表中体现了公众对科学积极影响的肯定程度在降低。表2.7从两个方面反映了这一时期社会语境对公众科学素养测评的影响。一是测评问项的设计方式,在公众笃信科技功用的20世纪50年代,关于科学技术社会影响的问题从正面提出,选项也比较简单。如"科学正使我们的生活更健康、更安逸、更舒适吗——同意/不同意"。70年代的测评问项提及了"科学技术危害问题",同时选项也不仅是简单的肯定与否定了。因为此时的社会语境是科技问题已经受到了公众质疑,如果测评问项一如既往地只强调科技的正面影响,必然会遭到被访者的反感,甚至会影响测评的顺利进行。二是从被访者的回答中反映出社会语境的变迁引起公众对科学技术影响的看法变化。在50年代,90%以上的被访者赞同科技对社会及人们生活的正面影响,但在70年代,被访者认为科技给人类带来的益处大于危害的人数比例大大降低。这是因为70年代科技对社会的负面影响日益明显的社会语境在公众科学素养测评结果中的体现。

表 2.7　公众对科学技术影响的态度

测评时间	问项			
1957—1958 年	科学正使我们的生活更健康、更安逸、更舒适			
	同意	92%		
	不同意	4%		
1972 年	你认为,当多数科学发现影响了你的生活时,它们给你个人生活带来的是益处多于危害,还是危害多于益处?			
	益处多于危害	78%		
	危害多于益处	9%		
	既有益处也有危害;没有看法	13%		
1972 年	现代生活比过去富裕得多应归功于科技进步带来的奇迹			
	同意	81%		
	不同意	10%		
	不确定	9%		
1972 年	如果没有科技的进步,美国人的生活水平不会这么高			
	同意	89%		
	不同意	6%		
	不确定	5%		
1972—1976 年	总的说来,科学技术的益处多于危害,危害多于益处,还是两者大致相当?			
		1972 年	1974 年	1976 年
	益处更多	54%	57%	52%
	危害更多	4%	2%	4%
	大致相当	31%	31%	37%
	没有看法	11%	10%	7%
1972—1976 年	我们今天面临的问题大多数是由科学技术引起的,有些是由科学技术引起的,极少是由科学技术引起的,还是都不是由科学技术引起的?			
		1972 年	1974 年	1976 年
	大多数	7%	6%	6%
	有些	48%	50%	45%
	极少	27%	29%	28%
	都不是	9%	9%	14%
	没有看法	9%	6%	7%

(参考自:Pion G M, Lipsey M W. Public attitudes toward science and technology: What have the surveys told us? [J]. The Public Opinion Quarterly, 1981,45:306.)

③ 科学技术优先支持的变化。与对科学技术的总体理解相比，公众更加明确他们想从科学技术成果得到什么。公众认为科学可以改进卫生保健、减少犯罪与吸毒、控制污染，因此诸如此类的科研领域对于人类的贡献相对较大，也就应该优先获得财政支持。表 2.8 显示了公众愿意优先资助的科研领域次序。

表 2.8 优先资助的科学技术领域与能够为人类作出贡献的科学技术领域比较

领域	资助		贡献	
	最愿意	最不愿意	贡献大	贡献小
改进卫生保健	57%	1%	65%	3%
减少犯罪	37%	3%	51%	19%
减少并控制污染	33%	2%	56%	4%
改进教育	33%	4%	42%	12%
发现新方法预防和治疗吸毒	24%	4%	48%	7%
开发/改进食品生产的方法	20%	5%	44%	5%
提高汽车安全性	15%	7%	39%	6%
发展更快更安全的公共运输	13%	14%	34%	9%
发现更好的节育方法	10%	24%	28%	12%
发展/改进国防武器	10%	24%	28%	12%
发现关于人与自然的新的基础知识	9%	16%	30%	11%
太空探索	7%	35%	26%	13%
气象控制与预报	5%	18%	23%	17%
以上都不是	1%	6%	0	25%
没有看法	6%	11%	5%	14%

（参考自：Pion G M, Lipsey M W. Public attitudes toward science and technology: What have the surveys told us? [J]. The Public Opinion Quarterly, 1981, 45: 308.）

表 2.8 同时显示出，公众虽然支持卫生、减少犯罪、污染控制等领域的科学技术，也承认科学技术在这些方面的贡献，但是，支持者在被访者中所占比重不是很高，40%左右的被访者还是对科学技术问题持怀疑态度。从中可反映出社会语境对公众科学素养测评结果的明显影响。

1979 年开始，美国科学委员会采用了乔恩·D. 米勒和肯尼思·普雷威特(Kenneth Prewitt)设计的科学素养测评指标，用他们设计的问卷进行测评。坦普尔大学调查研究院承担这次测评的访谈任务。

乔恩·D. 米勒提出了包含三个维度的公民科学素养：① 公众掌握的科学术语和科学概念词汇信息量；② 公众对科学过程的理解；③ 公众关于科学技术对个人和社会造成影响的知晓情况。后来，经过1986年、1988年和1990年三次实际测评，此三个维度内涵与实际测评指标得到不断改进，逐步完善并形成了现在的米勒公民科学素养三维度理论模型。正是在这种意义上，美国1979年的公民科学素养测评被认为是"第一次完成了人类真正意义的公众科学素养测评"。[40]

至于公众科学素养为何包括这三个维度，乔恩·D. 米勒也给出了理论依据。关于第一维度——科学概念和术语词汇量，他认为，一个人对科学研究的理解，部分依赖于他对一组基本概念的理解。一个不理解原子、分子、细胞、重力或辐射等基本科学术语的人，要想理解科学的结果或与科学技术相关的公共政策争议几乎是不可能的。而当前的媒体却很少详细解释这些基本科学概念，因此大多数人必须依赖于先前从正式和非正式教育中获得的基本科学概念储备。

第二维度的设计立足于卡尔·波普尔（Karl Popper）和托马斯·库恩（Thomas Kuhn）的科学哲学理论。[41]根据他们的想法，人们应该理解科学探索的经验基础，在观念上把科学理解为对所创立理论的检验，至少应将之看作是对命题的经验检验。而且，科学思想有可能是错误的，必须经受经验的严格检验，这些思想是理解科学探索本质的重要成分。公众理解科学过程或科学探索本质这个维度的意图，就在于测量公众对科学家的科学探索过程及使用的科学方法的理解程度。

第三维度的设计则基于民主决策的社会现实。乔恩·D. 米勒认为，当科学越来越依赖于公众支持，当公共管理进一步深入到科学系统的时候，科学政策在国家政治议程中的频繁性和重要性也将不断增加。实际上，提交给美国国会的法案，半数以上都涉及科学或技术，美国众议院科学技术常委会的建立，就足以证明科学技术问题在美国国家政治系统中的重要性。[4]

2.4 公众参与科技决策时期的科学素养测评

这一时期始于20世纪80年代中期。在这一时期，信息技术、生物技术、新材料技术、新能源技术、空间技术、海洋开发技术和航天技术等在内的新兴技术群，带来了生产力和生产方式乃至社会生活方式的深刻而重大变革。与此同时，高新技术的应用使人口、资源和环境问题更加严重。社会领域内多种疾病蔓延，社会冲突迭起，世界两大阵营"冷战"对峙也上升为高科技优势竞赛。1985年，美国提出了"星球大战计划"（Star Wars Program）。同年，西欧18国共同制定了高技术发展的"尤里卡计划"（Eureca Program）。面对来自自然与社会两方面的生存与发展威胁,普通公众需要掌握必要的科学知识,提升科技与文化素养,增强人口、资源与环境可持续发展意识与行动自觉性,缓解人类发展面临的危机。同时,公众可以利用掌握的科学技术知识,在民主决策过程中,有效行使民主权利,明智选择有利于维护世界和平的战略决策。

2.4.1 机遇与挑战并存的社会语境

1. 全球性生态环境恶化

随着科学技术的不断进步,到了 20 世纪下半叶,人类开发和利用自然资源的能力空前增强。社会生产力飞速发展对自然资源的需求越来越大,加之科技成果的不当使用,使得生态环境全球性恶化。"深入而广泛的环境危机,对国家的安全,甚至生存造成威胁……在拉丁美洲、亚洲、中东和非洲的部分地区,环境退化正在成为政治动乱和国际局势紧张的根源。"[42]于是,世界各国的有识之士发出了"只有一个地球",爱护地球、保护环境、珍惜资源,就是保护人类自己及人类家园的呼吁。

人类如何掌握未来命运,很大程度上依赖于人们利用科学和技术的智慧。"积极地追求科学可以为人类提供生物物理环境和社会行为的知识,人们需要运用这些知识找出解决全球问题和地方问题的方法。"[43]正如世界环境与发展委员会(World Commission on Environment and Development,WCED)1987 年在《东京宣言》中所提出的,提高个人、志愿者组织、企业界、研究机构和各国政府对问题的认识水平,促使他们为采取行动承担责任。[42]公众广泛参与,协同解决,实现可持续发展是人类明智的选择,也是拯救人类命运的唯一出路。然而,公众的参与程度与发挥的作用大小,与公众的科学素养水平有很大关联性。

2. 经济全球化与高科技化

20 世纪七八十年代,以信息技术为标志的科学技术革命从美国发轫,逐步扩展到西欧、日本和苏联。它不仅深刻改变了人们的生活方式,而且也为各个学科和技术领域带来了深刻变化,高新技术产业尤其是信息技术及相关产业成为世界新的经济增长点。科技实力决定着各国综合国力的强弱,高科技领域的竞争因而成为综合国力竞争的核心。然而,科技优势的决定因素是科技人才,科技与经济实力的竞争归根到底是高技术人才的竞争,以及高素质人力资源的竞争。

1994 年,美国副总统艾伯特·阿诺德·戈尔(Albert Arnold Gore)在"变化的时代"演讲中指出,"欧洲和亚洲出现了高度竞争性的经济,对我们的私营部门和就业产生了新的压力。正在进行中的信息革命,使得新型的商业成为可能,也使得新型的商业成为所需"。在这个时代,"国家的安全取决于经济和技术的整体实力"。

加强全体公民的科学和数学教育",提高全体美国人的科学技术素养,则是这种整体实力所迫切需要的。[44]戈尔的话说明了公众科学素养对于一个国家在科学时代的国际竞争力提升的重要性。

高新科技特别是信息技术的发展影响着人们的生产方式、工作方式、生活方式、人际交流方式乃至思维方式。社会经济形态逐步转向知识经济形态,智力资本、知识、科学技术素养成为劳动力资源不可或缺的重要因素。知识在不断改变着个人命运,也改变着民族和国家的经济实力和命运。[45]

3. 科学分科日益细化

使公众理解科学、提高公众科学素养的另一个需求来自于科学本身。进入20世纪下半叶,学科分类越来越细,科技专家除了自己所在的研究领域以外都可以说是科学的门外汉,生物学家可能不懂物理学知识,凝聚态物理学专家可能完全不懂现代天文学。因此,科学家也需要理解科学。科学中的每一场伟大革命都会在一些科学家中引起反对意见;其反对的程度和范围,甚至会被看作反映革命性变化深度的一种尺度[46]。然而,这种反对意见并非人们通常认为的保守。保罗·西尔斯(Paul Sears)曾记录下一段他与一位人文学者的对话。这位学者说:"我想,你会把我看作是一个守旧的人,但我认为,细菌与疾病没有什么联系。"西尔斯回答说:"不!我并不认为你是一个守旧的人;我认为,你只不过是无知而已。"[46]

学科高度分化,致使"最聪明的局外人或非理科学生,也很难对现代科学正在做什么感兴趣"。[47]更何况是普通公众呢?如果没有适当的科学素养,面对眼花缭乱的高科技,他们会不知所措。

4. 工作生活智能化

对科学有一定程度的理解,具备一定的科学素养对于提高一个人在科技社会中的生存与生活质量极为重要。

首先,日常生活需要科学素养。实际生活中的饮食起居、卫生保健、家庭安全、职业工作操作规范等,都需要人们对隐含其中的科学有一定程度的理解。人们对于相关科学的理解程度将影响着他们关于个人事务的决策水平。

其次,工作与就业需要科学素养。20世纪80年代,自动化与信息化在各行各业得到不同程度的普及。没有科学素养或科学素养水平较低,直接影响个人竞争高品质工作的机会,甚至是生存能力。

最后,适应未来社会变化与发展需要科学素养。具备科学素养的人,通常具有较强的自我学习能力,使其适应性强,在未来社会竞争中会处于优势地位。1994年,美国总统威廉·克林顿宣布了美国未来五大目标,其中之一是"提高全体美国人的科学和技术素养"。他说:"我们必须改进美国的教育制度,给孩子们以科学的理解力和鉴赏力,使他们有机会成功地竞争高品质的工作,过一种丰富充实的生活。……下一世纪以技术为基础的全球经济将高度倚重科学和数学教育、外国语言和文化知识,倚重技术设施……"[44]

总而言之,在电气化、自动化和信息化充斥的现代社会中,缺乏科学素养或科学素养水平极低的人会处于竞争劣势。

2.4.2 公众科学素养测评研究进一步深化

由于科学技术在社会中的地位不断提高,因此,科学研究与技术开发及应用、科学教育和人力资源科学素养水平的重要性在世界范围得到普遍认同。无论是发达国家还是发展中国家,均纷纷采取措施,加强公众的科学素养培养。

1. 新型科学教育战略逐步实施

教育体制是提高公众科学素养的基础。20世纪80年代中后期,主要发达国家均提出系统的科学教育发展战略:制定科学教育改革政策,改变课程理念,培养与培训科学教师,保障科学教育资源等[48]。总体看来,这个阶段的科学教育主要具备两个特征:一是强调全民教育,二是面向未来世界科技经济发展。

最具代表性的是美国"2061计划"。20世纪80年代初,有两份报告引起了美国政府对科学素养问题的关注。1983年4月,"国家优秀教育委员会"的报告《国家在危机中:教育改革势在必行》[49]指出了令美国人民不容乐观的状况——国民经济和国防面临危机,学生学习成绩差,缺少功用素养(functional illiterate),考试成绩下降。国家培养的是一代没有科学技术素养的美国人。在与科学有关的问题上,"一小部分科学技术精英与孤陋寡闻、甚至一无所知的(uninformed)平民"之间的意见分歧越来越大。该报告将科学素养作为国家应优先考虑的问题凸显出来。另一份报告是国家科学委员会发布的《教育美国人,迎接21世纪》[50]。该报告直接专注科学技术,并告知了20世纪80年代间的一些政策和项目。在总结科学技术教育目标时,国家科学委员会声明,"通过国家学校系统取得进步的学生应该能够在思考问题时、在生活和工作中运用科学、数学和技术知识和产品。涉及他们自身的健康和生活方式方面,他们应该能够在权衡不同选择的短期与长期风险与利益后,基于一定的证据和合理的个人偏好,做出有远见的抉择。他们也应准备好在社会和政治舞台上同样能够做出有远见的决策"。[8]

根据乔恩·D.米勒1983年公布的研究成果,美国公民中只有7%的人具备科学素养资格。米勒指出,20世纪80年代美国公众的科学素养水平比70年代有所下降。[4]

在以上两份重要报告与相关学术研究影响下,美国政府把重新思考公众科学素养提升问题看成是美国社会公民行使职责和权利与民主参与公共事物决策的基础。

1985年,美国科学促进会(American Association for the Advancement of Science,AAAS)联合美国国家科学院(National Academy of Sciences,NAS)、联邦教育部等12个机构,启动了一项致力于科学教育、提高公众科学素养的课程改革工程——"2061计划"(Project 2061),旨在改革从幼儿园到十二年级的自然科学、社会科学、数学和技术教育。"2061计划"的根本宗旨是培养有较高科学素养的美国公民,共分成三个阶段进行。

1985年到1989年期间为第一阶段。在美国科学促进会领导下,800多位科学家、企业家、大中小学教师和教育工作者对这项宏大工程进行规划,完成了阶段性成果《普及科学——美国2061计划》报告。该报告明确指出,美国的下一代必将面临巨大的变革,而科学、数学和技术位居变革的核心,它们既引起和决定着变革,又受变革推动而不断发展。掌握科学技术,对于当今儿童适应未来世界十分重要。该报告确立了未来儿童和青少年从小学到高中毕业应掌握的科学、数学和技术领域的基础知识框架,包括各学科的基本内容、基本概念、基本技能,学科间的有机联系,以及掌握这些内容、概念和联系的基本态度、方法和手段。

"2061计划"的第二阶段则是在1989年至1993年期间完成的。根据第一阶段提出的理论和指导思想,研究实施"2061计划"所需要的条件、手段及战略,并设计出不同的课程模式。1993年完成了《普及科学的阶段指标》报告。该报告阐述了数学、科学、技术以及社会科学的性质、特点,确定了各年级学生应达到的知识水平及发展程度。

第三阶段始于1993年。计划在完成前两阶段任务的基础上,用10年或更长的时间,在一些州和学区进行科学、数学和技术领域教育改革实验。依据《普及科学的阶段指标》,制定实验学校的科学教育大纲,组织编写新教材,进行教师培训,开展大学、中学、科学家、企业家甚至包括家长和社区之间的多向交流,开展国际教育合作。

1996年,"2061计划"绘制了进一步的改革蓝图:编制丰富多彩的参考材料,并进行电子化普及;制定关于课程改革和工程推行情况的评价标准;促使各级教育一体化,特别提倡大学要继续支持基础教育;加强教师培训和对科技教育的科学研究工作;筹集和落实改革所需资金。目前,该计划已经出版了《科学教育改革的蓝本》(Blueprints for Reform: Science, Mathematics, and Technology Education)、《科学素养的设计》(Designs for Science Literacy)和《面向全体美国人的科学》(Science for All American)等著作。

"2061计划"是公众理解科学运动的治本工程,它旨在从根本上解决公众科学素养问题,具有极强的前瞻性。"2061计划"旨在"提供能达到21世纪水平的智力工具",要给予美国孩子们"以科学的理解力和鉴赏力,使他们有机会成功地竞争高品质的工作,过一种丰富充实的生活"。它指出,"公民伴随终身的履行责任的能力,越来越依靠他们进行自主选择所凭借的科技素养";美国的"经济实力将比以往任何时候都更加依赖美国人民应付新挑战和社会迅速变化的能力"。[44]"2061计划"的诞生标志着全面提升美国公众科学素养真正成为美国政府努力的目标。

英国也提出了应该面向全体国民进行适当科学教育的设想。1985年,英国政府提出了中小学科学教育发展的几个方面:① 内容上传授整个科学体系的主要概念,介绍技术的应用和科学对社会的影响,传授一系列科学技能和掌握这些技能的过程;② 科学课程设置既要注意科学知识的获取,又要关注科学方法的实践;③ 科学教育既要立足于学生的日常生活经验,又要着眼于学生成年后的生活与就业,同时注重培养学生的调查与解决实际问题的能力。[51]

1985年,日本进行了近代以来具有划时代意义的面向21世纪的第三次教育改革,立足日本走向国际化的进展、科学技术信息化的进展、经济社会的成熟化进展[52]。共提出教育改革八原则:重视个性;重视基础知识和基本技能;培养创造能力、思维能力与表达能力;增加升学选择的机会;改善教育环境;向终身教育体系过渡;适应国际化;适应信息化。[52]

为了面向21世纪,培养具有适应世界、适应未来社会、经济和文化需要的新一代人才,1993年澳大利亚提出青少年教育改革构想。澳大利亚教育委员会提出课程改革,确立八个学习关键领域:艺术、英语、体育、外语、数学、科学、社会和环境学、现代技术;培养七种关键能力:收集、分析和组织信息的能力,交流思想和信息的能力,计划和组织活动的能力,在团体中与人合作的能力,运用数学思想和技巧的能力,解决问题的能力以及运用现代科技手段的能力。[53]澳大利亚的教育改革虽然没有明确提出科学素养教育,然而,其实质内容已经将科学素养培养作为重要组成部分。

我国1995年实施了"科教兴国"战略,"把教育摆在优先发展的战略地位,努力提高全民族的思想道德和科学文化水平"。[54]

2. 公众理解科学社会活动广泛开展

各种科学技术普及活动,如科学节(美国)、科学周(英国)、科技活动周(中国)以及科学中心活动等得到空前发展。其中规模最大、影响最广的是美国科学促进会1989年发起的"公众科学节"(Public Science Day)[55]。

"公众科学节"始创于1989年。美国科学促进会是该活动的组织者,为计划的实施和活动的顺利开展提供相关保障。至2000年止,先后参加过科学节活动的美国科学机构或组织主要有:地方观测站、劳恩斯科学会堂、加利福尼亚科学院、旧金山动物园、塞尔南地球空间中心、谢德水族馆、科学和工业博物馆、自然历史博物馆、ADLER天文馆、费米国家加速器实验室、阿贡国家实验室、芝加哥科学院、IBM公司、美国航空航天局艾姆斯研究中心、加利福尼亚大学旧金山分校等。公众科学节为公众理解科学提出了一系列值得关注的焦点问题,其中包括科学和科学家的形象,科学对每个人生活的影响,科学作为评价和批评性思考工具的价值,以及诸如克隆对身体健康的影响、能源政策等热点问题。

第一次公众科学节在1989年1月16日举行。在这一天中,美国科学促进会年会主办地区科学中心与学术团体合作,将该地区的所有科学资源集中在一起,让幼儿园至十二年级的孩子们参与不同的科学实验,然后同伴间相互介绍,并对他们开展一些激发科学学习兴趣的活动,目的是向他们宣传科学在日常生活中的重要性。此项活动充分发挥了水族馆、植物园、科技馆、动物园及大学的科学技术设备等地方科学资源在公众理解科学中的作用。尽管科学节本质上是一种非正规的科学学习方式,却大大增强了公众对科学的理解,激发了孩子们学习科学的兴趣。

1998年,美国科学促进会成立150周年之际,科学促进会扩大了公众科学节的规模,时间由原来的一天改为一学期,地点从美国的一个地方扩展至多个州,甚至扩展到英国的英格兰区。参加者人数也大大增加,多所学校的学生及其家长、老师都参加了此次活动。1998年的"公众科学节"标志着美国公众科学节的历史性转折。参加的中小学校整个学期都在准备和参与活动。更重要的是,这次公众科学节期间建立起了UINSYS资助的"科学学习网络",参加活动学校的学生能够通过这个网络进行相互交流。自此,公众科学节已经发展成为超大规模的大型活动,不仅涉及当地组织者,而且涵盖了国内及国际合作伙伴。同时,它也成了对科学成就进行庆贺的一个象征性活动。

在欧洲,从1993年开始,每年10月份的第一周成为欧洲人的科学周。这一周科学家、教师和学生扮成演员、科学新闻记者甚至诗人,以激发欧洲人对科学的兴趣。科学周通过电影剧本创作竞赛、教学奖励活动、展览、辩论、编制新闻报、戏剧表演、时装秀以及导游等一系列活动向欧洲年轻人展现科学技术是如何真实有效地影响人们日常生活的,使人们体会和认识到科学与社会之间的联系以及新技术的强大影响力,也使人们认识到科学不只是严谨和计算,还包括怀疑、错误、争论和梦想等。欧洲委员会的"科学与社会"项目则向世人展示来自于不同国家的众多领域合作项目。欧洲科学周活动旨在强调体现欧洲精神和国际协作。[56]

2000年5月19日至28日,奥地利举办了第一个全国科学周,向公众普及科学知识,尤其是宣传年轻人接受科技知识的重要性。科学周期间,奥地利各地大学、研究机构、科技企业和学校会向公众敞开实验室大门。科研工作者走上街头,向公众宣传科技知识。他们在公园、车站、大型商场和咖啡馆等地举行展览、演示、报告会和座谈等各种形式的活动,向公众介绍天文、考古、卫星通信网络等科学知识和加速器、机器人、太阳能驱动自行车、人造肝脏等科技成果。此举得到了奥地利社会各界的热烈响应,428家单位参加了此次科学周活动。[57]

我国自2001年5月开始在全国设立"科技活动周"[58]。以后每年5月的第三周为"科技活动周"。活动的宗旨是"弘扬科学精神,传播科学思想,普及科技知识,提倡科学方法",在全社会形成和发扬爱科学、讲科学、学科学、用科学的浓厚风气,使科教兴国战略的实施真正成为全民的自觉行动。[59]

此外,有些国家还开展专门激发公众科学兴趣的社会活动。如韩国从1983年以来,经常举办"全国青年科学竞赛"(National Youth Science Contest)活动。同时,为了提高公众理解科学技术水平和鼓励科学家与工程师进行公众理解科学技术的相关研究活动,韩国政府从1987年始设立"韩国科学奖",两年颁发一次,奖励在这方面作出杰出成就的科学家或工程师。[60]

3. 专有学术理论交流平台创立

20世纪八九十年代,公众理解科学研究在西方国家学术界全面展开,但面对这一新兴的研究领域,种类繁多的学术期刊中却没有这一领域学术交流的专有平台。为改变这种局面,也为了让英国公众理解科学的相关调查研究成果能及时发表,引起公众关注,更为了让社会科学和自然科学能突破传统障碍进行建设性对话成为可能[61],时任伦敦科学馆副主任的约翰·R. 杜兰特博士和他的同事们创办了《公众理解科学》(Public Understanding of Science)期刊,由英国物理学会(Institute of Physics)和伦敦科学博物馆联合出版,2003年起该刊出版权转让给美国加利福尼亚州的权威出版集团SAGE。《公众理解科学》为那些对科学普及和科学的大众传播问题感兴趣的自然科学家、社会科学家、科技政策制定者、产业家、媒体分析家、博物馆学家、教育学家和历史学家提供了思想交流平台,促进人们对该领域一些关键性问题的理解。为保证期刊有适当传播范围,该刊不仅由国际知名人士组成编辑委员会,而且还组建了一个来自不同国度的副主编队伍,负责在各自国家组稿[61]。

在内容上,《公众理解科学》致力于发表那些揭示公众与科学互动本质的理论研究成果。它既为了发表研究成果,也意在吸引对"公众理解科学"研究感兴趣的读者[62]。《公众理解科学》是世界上唯一一种涵盖科学技术(包括医学)与公众互动关系的方方面面研究成果的学术期刊,创刊后不久便产生了国际影响,公众理解科学研究领域的学者们乐于在此交流第一手资料。其中研究论文涉及:公众理解科学技术的状况与公众对待科学技术态度的调查,科学概念,科学的通俗描述,科学和类科学信仰系统,学院科学,科学教育史和科学普及史,科学与媒体,科幻作品,科学宣传,对科学展览和科学中心的互动进行评价性研究,为公众提供科学信息服务,刊登大众的反科学思潮和活动,以及对于发展中国家的科学与技术研究。

如果将《公众理解科学》上发表的研究论文按内容分类,可分为公众科学态度研究、科学解释与通俗描述、科学家的形象(科学家在公众心目中的形象)及作用(科学家在公众理解科学中的作用)、公众理解科学的历程研究、科学效应研究、科学传播研究、公众理解科学活动效果评价、科学素养研究、增进公众理解科学的方式研究、公众理解科学的元理论研究、科学与社会研究(包括科学的政治和文化作用与科学对政策制定的影响)、科学教育、个案研究(包括调查及具体领域探讨)和其他(包括主编论坛、书评及其他不能明确划归以上各类的论文)(见表2.9)。从表2.9中的论文量排序不难看出,目前关于公众理解科学的研究成果主要集中于科学传播、公众科学态度、增进公众理解科学的方式、科学解释与通俗描述研究等方面。其中,科学传播研究专题中涉及科学新闻报道适当性的研究内容占很大比重,这是由于科学报道的方式和内容真实性严重影响着公众对科学的理解程度。

表2.9 《公众理解科学》研究论文分类统计(篇)

年份	公众科学态度研究	科学解释与通俗描述	科学家的形象及作用	公众理解科学的历程研究	科学效应研究	科学传播研究	公众理解科学活动效果评价	科学素养研究	增进公众理解科学的方式研究	公众理解科学的元理论研究	科学与社会研究	科学教育	个案研究	其他	小计
1992	4	3	—	2	3	6	2	—	1	3	—	—	1	2	27
1993	2	4	2	—	1	7	—	1	1	2	2	1	2	—	25
1994	1	3	3	—	2	6	—	—	4	—	2	2	—	—	23
1995	4	5	—	1	1	3	—	—	4	1	1	1	2	2	24
1996	3	3	1	—	1	5	—	1	3	—	1	4	—	1	23
1997	3	—	5	1	1	2	2	—	2	2	1	2	1	—	22
1998	1	1	1	—	1	1	1	1	3	1	1	2	2	1	16
1999	2	1	1	—	3	3	—	1	5	—	1	—	—	2	19
2000	3	1	—	1	2	7	4	—	2	3	—	1	—	1	25
2001	4	2	2	—	2	5	—	—	4	1	1	3	—	2	26
2002	5	6	—	—	—	3	—	1	5	—	—	—	—	2	22
2003	2	3	3	2	—	6	1	—	3	1	1	1	2	3	28
2004	4	5	2	—	—	1	1	—	4	1	1	1	2	1	23
2005	5	4	1	3	—	1	1	—	5	—	—	1	2	1	24
2006	3	3	—	—	2	5	2	1	2	2	2	—	2	7	31
2007	1	1	2	1	—	2	1	4	3	4	—	1	7		33
合计	47	45	23	11	20	67	16	11	49	17	17	17	22	29	391
百分数(%)	12.0	11.5	5.9	2.8	5.1	17.1	4.1	2.8	12.5	4.4	4.4	4.4	5.6	7.4	100

为了能向读者提供较为完整的公众理解科学领域的前沿信息,从 1998 年起,位于美国亚特兰大市的乔治亚州立大学的威廉·埃文斯(William Evans)负责将每年发表于其他期刊上的公众理解科学领域的最新学术论文题目汇编到一起,刊登在《公众理解科学》上,以供学术界参考,同时欢迎学术界随时向该栏目编辑提出意见和补充最新的学术文献信息。这就是"文献汇编"(Bibliography)。"文献汇编"栏目的增设,更进一步体现了《公众理解科学》的创刊宗旨。表 2.10 显示了该刊的栏目信息。

表 2.10 《公众理解科学》栏目统计(篇)

年份	研究论文	文献汇编	书评	小计
1992	28	—	—	28
1993	25	—	—	25
1994	23	—	2	25
1995	24	—	4	28
1996	23	—	1	24
1997	22	—	—	22
1998	16	3	2	21
1999	19	4	3	26
2000	25	4	1	30
2001	26	4	2	32
2002	22	4	1	27
2003	28	3	10	41
2004	23	—	2	25
2005	24	—	1	25
2006	24	—	7	31
2007	27	—	6	33
合计	379	22	42	443
百分数(%)	85.6	5.0	9.5	100

《公众理解科学》创刊以来,刊登了学者们以各种方式思考公众与科学之间的方方面面。在公众理解科学的缺失模型中,先是把公众看作不可分割的整体,后来逐渐把公众看作活跃的、知识渊博的、发挥多重作用的、不仅接受科学也产生科学的个体。同时,学术界越来越多地关注科学不确定性越来越明显的社会语境中专家和公众之间的动态变化,乃至目前人们对"无知"的理解。《公众理解科学》为不

断推进公众理解科学领域的深入探究发挥了重要作用。

4. 理论研究不断深入

在 20 世纪 80 年代中期以前,学术界对科学素养的理论研究基本上处于初步架构阶段,这一时期科学素养理论研究不断趋于成熟,科学素养的相关定义也更具科学性。

1988 年,理查德·默南(Rechard Murnane)和森达·莱森(Senta Raizen)阐述了科学素养含义。[8] 他们认为,科学素养的维度包括:① 科学世界观的本质;② 科学事业的本质;③ 科学的思维习惯;④ 科学在人类事务中的作用。他们对前三个维度作了进一步解释,科学世界观是在关于自然界本质的一组融会贯通的理念基础上形成的;科学事业由伦理规范和价值标准组成,后者定义了发展和表达科学解释的规则;科学的思维习惯包括科学方法、科学过程及批判思维。

1989 年,美国"2061 计划"的重要理论成果之一《面向全体美国人的科学》从具体细节对科学素养作了界定。计划指出,科学素养涵盖数学、技术、自然科学和社会科学等诸多方面,这些方面具体包括:熟悉自然界,尊重自然界的统一性;懂得科学、数学和技术相互依赖的一些重要方法;了解科学的一些重大概念和原理;有科学思维的能力;认识到科学、数学和技术是人类共同的事业,认识它们的长处和局限性;能够运用科学知识和思维方法处理个人和社会问题。[43] 这一科学素养定义既涉及科学知识、科学思维与方法,又包括科学意识和科学能力,内含极为丰富,是科学教育史上最全面且最有创新性的科学素养界定。[8]

1994 年,美国国家研究理事会(National Research Council)在第三次国际科学与数学成就测量研究基础上,针对美国科学教育中存在的问题,发布了美国《国家科学教育标准》(National Science Education Standards)。《国家科学教育标准》首先阐述了科学素养的重要性:① 理解科学能够使人从共享的资源中获益;② 美国人遇到的越来越多问题需要科学信息和科学思维方式来作出成熟的决策;③ 公众的集体判断将决定国家如何管理空气、水和国家森林等公共资源。[63]《国家科学教育标准》对科学素养作了界定,科学素养是人们在关于个人事务决策、参与公民事务和文化事务以及经济生产活动中所需要的关于科学概念和科学过程的知识与理解。具体而言,科学素养包括四层含义:① 科学素养意味着一个人能够从日常体验的好奇心中提出问题并找出答案,有能力描述、解释和预言自然现象,能够阅读并理解大众出版物中关于科学的文章,并能够参与相关结论有效性的社会讨论;② 科学素养是科学问题决策的基础,意味着一个人能够在国家或地方科学技术决策中充分表达自己的见解;③ 有科学素养的人应该能够根据科学信息的来源与科学信息产生的方法评价科学信息的质量;④ 科学素养意味着一个人能够依据一定的证据形成自己的观点或评价别人的观点,并适当地运用由这些观点得出的结论。[63]《国家科学教育标准》同时指出,科学素养有不同的程度和形式,它的养成与提升不仅仅局限于学校教育时期,而是贯穿于人的一生。上学期间形成的对科学的态度和评价将决定一个人在成人时期科学素养的发展。

《国家科学教育标准》是在进一步改进《面向全体美国人的科学》的基础上形成的。1991年春,美国国家科学教师协会会长致信请求美国国家科学院院长兼国家研究理事会主席弗兰克·普赖斯(Frank Press)配合开发国家科学教育标准。在美国国家研究理事会领导下,成立了美国国家科学教育标准和评估委员会(National Committee on Science Education Standards and Assessment,NCSESA),由美国国家科学教师协会、美国科学促进会的美国化学学会(American Chemical Society,ACS)、美国国家科学资源中心(National Science Resources Center,NSRC)和美国物理教师协会(American Association of Physics Teachers)等多个单位共同参与,从内容、教学和评估三个方面着手开发美国国家科学教育标准。美国国家科学教育标准和评估委员会召开了150多次会议,公开讨论科学教育改革和科学教育标准的本质与内容问题。1993年底,科学教育标准初稿产生,后来经过多次讨论与修改,《国家科学教育标准》最终于1994年12月正式发布。参与开发《国家科学教育标准》"标准内容"部分的编委们采用和诠释了《面向全体美国人的科学》和《科学素养的基准》(Benchmarks for Science Literacy)中规定所有学生应该知道并能够做到的内容。[63]可见,《面向全体美国人的科学》为《国家科学教育标准》完成了初创工作,并且后者是对前者的进一步完善。因此,《国家科学教育标准》界定的科学素养定义比后者的定义更开放、民主、宽泛。它突破了具体规定,也没有明确指出科学素养的具体维度,而是更注重方向引导。这不仅体现着美国科学教育改革的新进展,而且也预示着科学素养概念研究的新突破:深度探讨,广度发散,抽象概括,贴近本质。从莫里斯·夏莫斯(Morris Shamos)与罗杰·W.巴比的科学素养界定中,也可以反映出20世纪90年代西方理论界的科学素养理论研究新方向。

1995年,莫里斯·夏莫斯创新性地提出了三个层次的科学素养:文化的科学素养(Cultural Scientific Literacy),功用的科学素养(Functional Scientific Literacy)和"真实的"科学素养("True" Scientific Literacy)。文化的科学素养是素养的最简单形式,是大多数受过教育的人(他们相信自己具有合情合理的科学素养)都具有的基本素养层次。功用的科学素养是在文化的科学素养的空洞架构中加入实质性东西,即公众不仅掌握科学专门术语,而且能在非专业却有意义的语境下正确地使用这样的术语,连贯地交谈、阅读和写作。莫里斯·夏莫斯认为,乔恩·D.米勒测量的科学素养只是术语层次。"真实的"科学素养是素养的最高层次,是将文化科学素养、功用的科学素养与科学的过程、理论在科学中的基础作用等综合在一起形成的。在这个素养层次上公众对科学事业在总体上有所了解,他们知道构成科学基础的一些主要概念框架或理论,知道它们是如何获得的以及为何能被广泛接受,知道科学为何能够从随机的宇宙现象中获取事物规律,以及实验在科学中的作用。这类公众既欣赏科学研究的要素,也具备"批判性思维"。实际上,普通公众几乎达不到这个层次,可能只有科学家和工程师才能达到科学素养的这个层次。[1]

1997年,罗杰·W.巴比创造性地提出了科学素养框架的阈值模型(threshold model)[8]。该模型假定科学素养在人群内是连续分布的。人群的一个极端是少数根本没有科学素养的个体,另一个极端是少数科学素养水平极高的人,这两极之间,成员较多,个人的科学素养分布从低端向高端显示出梯度递增趋势:科学技术盲(illiteracy)—名义科学素养(nominal literacy)—功用的科技素养(functional scientific and technological literacy)—概念上和程序上的科学素养(conceptual and procedural literacy)—多维度的科学素养(multidimensional literacy)。任何个体在任何时期内所表现的科学素养水平是某些因素——年龄、成长阶段、生活体验、科学教育(包括正规的、非正规的和偶然的学习经历)的质量——构成的一种函数关系。罗杰·W.巴比的科学素养模型将科学素养描述成一种连续统一体,突破了以乔恩·D.米勒为代表的传统科学素养二值模型——"有"或"没有"科学素养。在罗杰·W.巴比的科学素养模型中,只有那些智力障碍人士和刚刚出生的婴儿才没有科学素养,除此以外,任何正常人都或多或少具备一定的科学素养,只是程度或侧重点不同而已。这种界定更加贴近自然事实真相,符合人类科学素养的真实状况。

2000年,OECD/PISA提出了一种全新的科学素养定义,即"应用科学知识和科学方法理解自然界并参与会影响自然界的决策的能力"。[64]科学素养的测评包括科学知识或概念(scientific knowledge or concepts),科学方法(scientific processes)和科学情境(scientific situations or context)三个维度。科学知识或概念形成纽带,可帮助理解有关现象。在OECD/PISA中,尽管那些概念都是人们熟悉的物理学、化学、生物科学及地球与空间科学方面的概念,但却不仅需要被访者回顾,而是需要在问项内容中应用它们。科学方法主要关注学生获取证据、说明证据并依据证据行动的能力,具体包括:描述、解释和预言科学现象;理解科学研究;解释科学证据和结论。科学情境是科学知识和科学方法得以运用的情境,主要包括三个主要领域:生命与健康方面的科学,地球与环境方面的科学,技术方面的科学。

2006年3月,我国国务院颁布实施的《全民科学素质行动计划纲要(2006—2010—2020年)》提出:公民具备基本科学素养是指"了解必要的科学技术知识,掌握基本的科学方法,树立科学思想,崇尚科学精神,并具有一定的应用它们处理实际问题、参与公共事务的能力"。[65]该定义指明了我国公民科学素养建设的任务与目标,为我国科学素养研究与测评实践确立了新方向。

《全民科学素质行动计划纲要》把增强公民获取和运用科技知识的能力、改善生活质量、实现全面发展作为未来发展的重要目标,体现了公民科学素养对于提高国家自主创新能力,建设创新型国家,最终实现社会全面协调与可持续发展的重要作用。

5. 科学素养测评在世界范围内普遍开展

随着公众科学素养重要性的日益凸显,世界各国及组织纷纷效仿美国进行公众科学素养测评。英国(1989)、加拿大(1989)、欧共体(1989)、印度(1989)、西班牙(1989)、中国(1990)、新西兰(1990)、日本(1991)、马来西亚(1994)、南非(1995)、OECD/PISA(2001)都开始了类似的科学素养测评。迄今为止,全世界有32个国家和地区开展过公众科学素养测评。其中,加拿大、印度、中国、新西兰、日本、马来西亚和南非等均使用美国米勒公民科学素养测评指标进行公众科学素养测评。英国、欧盟国家与OECD/PISA则有所不同。西班牙使用的是英国1989年的测评问项。[66]1989年,英国采用乔恩·D.米勒公民科学素养测评指标体系,与美国合作进行公众科学素养测评。[67]其后,英国的公众科学素养测评均是根据特定时期特定的社会需求进行的,测评的指标与问项也不是米勒体系的内容,而是依据具体问题有针对性地设计指标与问项。相对而言,英国的公众科学素养测评基本上依据其社会语境需求进行。例如,2000年英国公众科学素养测评的主题是公众对于科学传播的评价与态度。测评目的是收集数据,帮助政府进一步改进国家的传播政策与实践。需要调查的问题包括:① 人们关于科学的态度的成分与要素;② 人们对科学的态度有哪些不同的态度类群(attitudinal groups);③ 人们对科学的态度是否因所讨论的科学问题不同而变化;④ 英国的现行科学传播活动存在的问题。[68]2004年的测评主要集中于测评公众参与科学、工程和技术情况,目的是为了研究如何能够改进科学共同体、政策制定者与公众进行对话,促进相互理解。[69]

欧洲晴雨表的调查工作开始于1970年,自1973年秋以来,标准调查每年春秋各进行一次。特别调查从1970年开始,通常针对一些时下社会热点问题进行专门调查,如科学技术问题、能源问题、工作环境问题、健康问题等。从2001年秋天开始,欧洲晴雨表代表欧盟委员会的新闻与传播总理事(the Directorate-General Press and Communication)的民意调查部(Opinion Polls)在欧洲共同体成员国中进行民意调查。关于公众科学素养的相关测评属于"欧洲晴雨表特别调查"。

表2.11列举了1977—2006年"欧洲晴雨表特别调查"的75次公众理解科学技术的相关调查。其中有6次是一般意义的公众科学素养测评(1977,1978,1989,1992,2001,2005),其余均为有关公众理解科学技术专题调查。[38]

欧洲晴雨表的这些调查只选用了美国乔恩·D.米勒与英国约翰·R.杜兰特调查问卷中的一些问项[70],在维度方面完全自成体系,有许多内容不同于乔恩·D.米勒的调查问卷。[71]

表 2.11 欧洲晴雨表关于欧洲公众理解科学技术与科学态度的特别调查(1977—2006 年)

调查主题	调查时间	调查次数
公众对科学的理解与评价	1977/4-5,1978/10,1989/3-4,1992/11,2001/5-6, 2005/1-2	6
对能源的态度	1982/3-4,1984/10,1986/10-11,1987/10-11, 1989/6-7,1991/3,1996/11,2002/2-4,2005/10-11,2006/3-4,2006/5-6	11
对环境的认识	1982/10,1986/3-4,1992/3-4,1995/5-6,1999/4-5,2002/9-10,2004/11,2007/11-12	8
对预防癌症的态度	1987/3-4,1988/3-4,1988/10-11,1998/4-5	4
欧洲的农业与共同的农业政策	1987/3-4,2001/5-6,2002/2-4,2004/11,2005/10-11,2006/11-12	6
对生物技术的态度	1991/3-4,1993/4,1996/10-11,1999/11-12,2002/9-10,2005/11-12	6
对健康和保健的态度	1991/4-5,1993/3-4,1998/4-5,2002/9-10,2002/10-12,2003/1-3,2005/10-11,2006/6-7,2006/10-11,2007/5-6	10
对药物及药物滥用的态度	1992/3-4,2002/4-6	2
对吸烟与烟草的态度	1992/9-10,2002/10-12,2005/9-12,2006/10-11	4
对放射性废物(及核安全)的认识	1998/10-11,2001/10-11,2005/2-3,2006/10-11	4
对电子通信的看法	2005/12,2006/11-12	2
其他 *		12

注:调查次数只有 1 次的均包括在其他项内。它们分别是:"信息技术和数据隐私"(1996/10-11),"转基因食物的标签"(2000/4-5),"因特网上违法和有害的内容"(2003/12),"艾滋病预防"(2005/9-12),"医学过失"(2005/9-10),"禽流感"(2006/3-4),"交通工具中的智能系统"(2006/6-7),"电磁领域"(2006/10-11),"对酒精的态度"(2006/10-11),"器官捐赠"(2006/10-11),"媒体中的科学研究"(2007/4-5)。(参考自:https://europa.eu/eurobarometer/surveys/detail/66.)

2000 年,OECD/PISA 项目启动,目前已完成三次学生素养测评。测评对象不仅仅局限在 OECD 成员国内,也包括非成员国。测评的内容包括阅读素养、数学素养、科学素养三个模块。虽然每次测评都包括三个模块内容,但是每次只集中于一个特定模块。在第一次测评(PISA 2000)中,阅读素养是主要焦点,大约占用了三分之二的测评时间。PISA 2003 测评的重点是数学素养,PISA 2006 则侧重于科学素养。每三次测评为一个循环周期,每三年进行一次。第一轮循环周期是 2000

年、2003年、2006年。第二轮循环周期从2009年开始,依次为2009年、2012年、2015年。第四轮循环周期则从2018年开始,原定于2021年的PISA测评推迟到2022年进行,测评主题为"数学",并增加了"创新性思维"(creative thinking)测评,2024年的PISA测评推迟到2025年进行,重点关注科学,同时还将增加新兴领域"数字世界的学习"(Learning in the Digital World)测试项,旨在测评学生在使用数字工具时的自主学习能力。如图2.1所示。

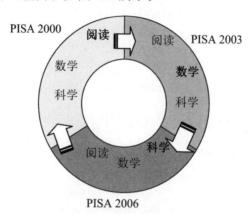

图2.1 PISA学生素养测评循环周期图

注:每轮测评分三次,每次关注的主要模块不同,黑体字表示的是该次测评的主要关注领域。(参考自:OECD/PISA 2000,转引自 http://www.ed.gov/pubs/edpubs.html.)

2000年,OECD/PISA在43个国家第一次进行科学素养测评,其中有14个非成员国,2003年在41个国家中进行,其中有9个非成员国。2006年在57个国家进行,其中有27个非成员国或地区。第四次测评于2009年进行,范围进一步扩大到包括中国大陆在内的62个国家和地区。[72]

OECD/PISA科学素养测评的目的是检测义务教育阶段科学教育的最终成效以及青少年进入社会前的知识与能力储备状态,主要测评学生如何识别科学问题、如何科学地解释现象、如何运用科学证据。[73]

本 章 小 结

科学素养的理论研究与公众科学素养测评均产生于一定的社会语境,并受社会语境变迁的影响。这种社会语境包括两个方面,一方面指与科学技术发展及人类社会进步相联系的政治、经济、历史状况,另一方面指与各国具体的社会发展需求、经济发达状况、历史文化传承及科学技术水平等。这些语境决定着科学素养建设与公众科学素养测评的宗旨,进而影响科学素养测评指标的设计与测评问项的内容选择。二战后,与公众科学素养测评紧密相关的社会语境变迁可划分为三个阶段。

第一阶段是20世纪40年代至50年代末。两大因素促使公众科学素养备受关注:一是美国"曼哈顿工程",二是苏联人造地球卫星的发射。"曼哈顿工程"让人们看到了科学的威力,因此,科学技术在二战后一度受到极力推崇;苏联人造地球卫星的成功发射,引起了以美国为代表的主要发达国家对公众科学素养与公众科学教育的关注。于是,围绕着发展科学,促进公众理解科学的一系列政策调整启动了。公众对科学的态度与兴趣调查也随之展开。

第二阶段是20世纪60年代初至80年代中期。随着科技进步和社会发展,科学技术在发达国家遭遇了尴尬局面。一方面,国家经济发展、国力强盛需要加大科技投入,发展科学技术;另一方面,科技产品应用产生的负面影响,导致公众对科技问题产生质疑,对科学活动提出批评,甚至抗议科研工作者进行科学研究。适度发展科学,需要公众的理解与支持。于是,科学素养研究与公众科学素养测评受到广泛重视,公众科学素养测评指标体系逐渐形成。

第三阶段是20世纪80年代中期至21世纪初。信息技术等高新技术的发展引发的科技革命及其成果已渗透到社会生活的方方面面,人们维护自身生存需要具有科学素养。科学技术实力成为综合国力竞争的重要组成部分,国家发展离不开具有科学素养的公民参与。科学技术发展也加速了生态环境危机与社会问题的暴露,缓解危机,实现可持续发展,需要全体公众有效参与。于是,提高公民科学素养,实现人类可持续发展,成为世界性主题。公众科学素养建设成为许多国家迎接新世纪的重要发展战略之一。

参 考 文 献

[1] Shamos M H. The myth of scientific literacy[M]. New Brunswick: Rutgers University Press, 1995: 29, 31-32, 36, 80, 41, 87-89, 86-90.

[2] 弗里茨·斯特恩. 爱因斯坦恩怨史:德国科学的兴衰[M]. 方在庆,文亚,等译. 上海:上海科技教育出版社,2004:6.

[3] Lewenstein B V. The meaning of "public understanding of science" in the United States after World War Ⅱ[J]. Public Understanding of Science, 1992, 1(1): 45-68.

[4] Miller J D. Scientific literacy: A conceptual and empirical review[J]. Daedalus, 1983, 112(2): 19-48.

[5] 范尼瓦尔·布什,等. 科学:没有止境的前沿[M]. 范岱年,解道华,等译. 北京:商务印书馆,2004:42-43,63-64.

[6] Cohen I B. For the education of the layman[N]. New York Times, 1947-09-07(8).

[7] L. 鲍林. 告别战争:我们的未来设想[M]. 吴万仟,译. 长沙:湖南出版社,1992:194.

[8] Bybee R W. Achieving scientific literacy: From purposes to practices[M]. Portsmouth: Heinemann, 1997: 10,47,60,62,64,70,82-84.

[9] Hinnman R L. Scientific literacy[J]. Science (New Series), 1998, 281(5377): 647.

[10] Hurd P D. Scientific literacy: New minds for a changing world[J]. Science Education,

1998, 82: 407-416.

[11] Withey S B. Public opinion about science and scientists[J]. The Public Opinion Quarterly, 1959, 23(3): 382-388.

[12] 英国皇家学会. 公众理解科学[M]. 唐英英, 译. 北京: 北京理工大学出版社, 2004: 6.

[13] Ayala F J. Scientific literacy[J]. American Scientist, 2004, 92: 394-395.

[14] Paisley W J. Scientific literacy and the competition for public attention and understanding[J]. Science Communication, 1998, 20: 70-80.

[15] 乌里克·费尔特, 等. 优化公众理解科学: 欧洲科普纵览[M]. 本书编译委员会, 译. 上海: 上海科学普及出版社, 2006: 511.

[16] 迈诺尔夫·迪尔克斯, 克劳迪娅·冯·格罗特. 在理解与信赖之间: 公众、科学与技术[M]. 田松, 卢春明, 陈欢, 等译. 北京: 北京理工大学出版社, 2006: 前言1.

[17] Shen B S P. Science literacy and the public understanding of science[C]// Day S B. Communication of scientific information. Basel/New York: Karger, 1975: 44-52, 48.

[18] Miller J D. Theory and measurement in the public understanding of science: A rejoinder to Bauer and Schoon[J]. Public Understanding of Science, 1993, 2(3): 235-243.

[19] Baulding K E. Science, our common heritage[J]. Science, 1980, 207(4433): 832-833.

[20] 肯尼思·普雷威特. 公众和科学政策[C]// M. 乔可斯基, L. 弗莱特. 科学质量(科技政策与管理译丛). 北京: 科学技术文献出版社, 1987: 101-121.

[21] Schuster G. Science and European public opinion[R/OL]. (1977-10-01)[2022-06-15]. https://europa.eu/eurobarometer/surveys/detail/66.

[22] Maienschein J. Scientific literacy[J]. Science (New Series), 1998, 281(5379): 917.

[23] Miller J D. The five percent problem[J]. American Scientist, 1988, 76(2): iv.

[24] Hassard J. 2006. The golden age of science education: 1950—1977[DB/OL]. (2006-09-20)[2022-06-15]. https://www.jackhassard.org/mos/3.5c.html.

[25] 史朝. 战后英国的科学教育[J]. 外国教育研究, 1990(2): 56-59.

[26] 陈晓萍. 德国小学科学教育改革及启示[J]. 新课程研究(教师教育), 2007(2): 26-28.

[27] 冯清高. 加拿大科学课程的改革与发展[J]. 广东职业技术师范学院学报, 2002(2): 6-11.

[28] 李玉芳. 二战后日本中小学的科学技术教育[J]. 教育与管理, 2005(2): 78-80.

[29] 威拉德·蒯因. 从逻辑的观点看[M]. 江天骥, 宋文淦, 等译. 上海: 上海译文出版社, 1987: 24.

[30] Carlton R. On scientific literacy[J]. NEA, 1963, 52: 33-35.

[31] Agin M. Education for scientific literacy: A conceptual frame of reference and some applications[J]. Science Education, 1974, 58(3): 403-415.

[32] O'Hearn G T. Scientific literacy and alternative future[J]. Science Education, 1976, 60(1): 103-114.

[33] Shen B S P. Science literacy: Public understanding of science is becoming vitally needed in developing and industrialized countries alike[J]. American Scientist, 1975, 63: 265-268.

[34] Laugksch R. Scientific literacy: A conceptual overview[J]. Science Education, 2000, 84: 71-94.

[35] Branscomb A W. Know how to know[J]. Science, Technology, & Human Values, 1981

(6):5-9.

[36] Einsiedel E F. Mental maps of science: Knowledge and attitudes among Canadian adults [J]. International Journal of Public Opinion Research,1994,6(1):35-44.

[37] Hills P, Shallis M. Scientists and their images[J]. New Scientist,1975,67(964):471-475.

[38] Eurobarometer. Eurobarometer Special Surveys[DB/OL]. (1975-06-01)[2022-06-15]. https://europa.eu/eurobarometer/surveys/detail/66.

[39] Pion G M, Lipsey M W. Public attitudes toward science and technology: What have the surveys told us? Public Opinion Quarterly,1981,45:303-316.

[40] Miller J D. Towards a scientific understanding of the public understanding of science and technology[J]. Public Understanding of Science,1992,1(1):23-26.

[41] Miller J D. The measurement of civic scientific literacy[J]. Public Understanding of Science,1998,7(2):203-223.

[42] 世界环境与发展委员会. 我们共同的未来[M]. 王之佳,柯金良,等译. 长春:吉林人民出版社,1997:9,474.

[43] 美国科学促进会. 面向全体美国人的科学[M]. 中国科学技术协会,译. 北京:中国科学普及出版社,2001:xix,xxii.

[44] 威廉·J. 克林顿,小阿伯特·戈尔. 科学与国家利益[M]. 曾国屏,王蒲生,译. 北京:科学技术文献出版社,1999:9-10,36-38.

[45] 顾肃. 第四次科技革命[M]. 南京:江苏人民出版社,2003,20-21.

[46] I. 伯纳德·科恩. 科学中的革命[M]. 鲁旭东,赵培杰,等译. 北京:商务印书馆,1998:21,22.

[47] Tachibana T. Closing the knowledge gap between scientist and nonscientist[J]. Science,1998,281:778-779.

[48] 周琴. 二十世纪八十年代后国际基础科学教育改革[J]. 教育学报,2007,3(2):67-71.

[49] National Commission on Excellence in Education. A nation at risk: The imperative for educational reform[M]. Washington: U.S. Government Printing Office,1983.

[50] National Science Board. Educating Americans for 21st century[M]. Washington: U.S. Government Printing Office,1983.

[51] 曾铁. 英国科学教育动态述略[J]. 教学与管理,1999(11):52-53.

[52] 国家教委情报研究室. 今日日本教育改革[M]. 北京:北京工业大学出版社,1988:53-57,60.

[53] 于立平. 澳大利亚教育改革管窥[J]. 外国中小学教育,2001,(1):1-4.

[54] 中共中央、国务院关于加速科学技术进步的决定(中发〔1995〕8号)[Z]. 中华人民共和国国务院公报,1995-13:470-482.

[55] Daley S M. Public science day and the public understanding of science in America[J]. Public Understanding of Science,2000,9(2):175-181.

[56] 许谷渊. 欧洲科学周[J]. 世界科学,2006(1):11-12.

[57] 新华社. 奥地利举办科学周[N/OL]. (2000-05-19)[2007-08-08]. http://www.people.com.cn/GB/channel2/702/20000520/71036.html.

[58] 国务院关于同意设立"科技活动周"的批复[J]. 中华人民共和国国务院公报，2001 (14)：1.

[59] 中国将办"科技活动周"江泽民作出重要批语［EB/OL］.（2001-05-14）[2022-06-23]. https://news.sina.com.cn/c/251438.html.

[60] Public Awareness of Science and Technology in Republic of Korea[EB/OL].（2003-01-01）[2008-02-06］. https://www.msit.go.kr/index.do.

[61] Durant J R. Editorial[J]. Public Understanding of Science，1992,1(1)：1-5.

[62] Lewenstein B V. Editorial：A decade of public understanding[J]. Public Understanding of Science，2002,11(1)：1-4.

[63] National Research Council. National Science Education Standards[M]. Washington：National Academy Press，1996：11，22，15.

[64] Organization for Economic Co-operation and Development. The PISA 2003 assessment framework：Mathematics，reading，science and problem solving knowledge and skills. [J]. Organisation for Economic Co-operation and Development，2003,16.

[65] 中华人民共和国国务院.全民科学素质行动计划纲要（2006—2010—2020 年）[M]. 北京：人民出版社，2006.

[66] Ribas C,Cáceres J. Perceptions of science in Catalan society[J]. Public Understanding of Science，1997,6(2)：143-166.

[67] Durant J R，Evans G A，Thomas G P. Public understanding of science[J]. Nature，1989，340：11-14.

[68] Office of Science and Technology and the Wellcome Trust. Science and the public：A review of science communication and public attitudes toward science in Britain[J]. Public Understanding of Science，2001，10(3)：315-330.

[69] Market & Opinion Research International. Science in society［EB/OL］（2005-01-01）[2022-06-23]. https://www.ipsos.com/sites/default/files/migrations/en-uk/files/Asserts/Docs/Archive/Polls/ost-top.pdf.

[70] INRA（Europe）and Report International. Europeans，science and technology：Public understanding and attitudes[R/OL]. (1993-06-01) [2022-06-23]. https://europa.eu/eurobarometer/api/deliverable/download/file? deliverableId=37329.

[71] Socijalna Ekologija. Eurobarometer 55.2：Europeans，science and technology[J]. Journal for Environmental Thought and Sociological Research，2001,10(4)：384-389.

[72] Organization for Economic Co-operation and Development. Measuring student knowledge and skills：The PISA 2000 assessment of reading，mathematical and scientific literacy [J]. Oecd Education & Skills，2000：1-103.

[73] Organisation for Economic Co-operation and Development. PISA assessing scientific，reading and mathematical literacy：A framework for PISA 2006[J]. OECD Education & Skills，2006(11)：1-192.

第 3 章 当代社会语境中的公众科学素养测评

3.1 公众科学素养测评宗旨

如上一章所述,公众理解科学运动与公众科学素养测评的发起是由科学技术发展到一定阶段的社会历史语境决定的,即现代科学技术的广泛应用,科技产品、科学信息与科学决策贯穿在公共事务和个人生活之中,每个现代公民必须具备一定的科学素养,这样才能在现代社会中生存与发展。进行公众科学素养测评的总体目的是:了解公众的科学素养水平与缺失状况,探讨科学素养的促成因素,获得相关数据,以便制定相关政策,采取措施,提高公众科学素养水平,培养高素质的人力资源,增强国家的国际竞争力,促进社会和谐发展。然而,具体而论,不同国家,不同时期,公众科学素养测评的宗旨有所不同。换句话说,具体国家的社会语境不同,公众科学素养测评的宗旨也有所不同。

3.1.1 以收集基本数据为宗旨的公众科学素养测评

收集基本数据,建立常规数据库,为不断调整科学与教育发展方向或检验政策与社会需求的一致性提供决策依据,是一些国家开展公众科学素养测评的宗旨之一。典型的有美国国家科学委员会资助的由乔恩·D.米勒主持的公民科学素养测评,以及欧洲晴雨表进行的六次主题为"科学技术与欧洲人"的调查[1]。

1. 收集基本数据,了解总体状况

1957 年,人类历史上第一次科学素养测评就是为了了解公众理解科学技术的状况。[2] 由于这次问卷调查是在苏联人造地球卫星发射 2 周前进行的,因此,这次调查取得的数据是人类唯一在太空探索时代开始之前收集的公众科学素养基本数据。这次研究也为日后的公众科学素养测评提供了可供比较的数据基准。

时隔 15 年,美国于 1972 年进行第二次公众科学素养测评。从这一年起,美国开始规范性地进行两年一度的公众科学素养测评,产生了两个方面影响:一方面,此次测评使美国人清楚地认识到,尽管美国的科学技术水平相当发达,但他们的公众科学素养水平却并不令人乐观;[3]另一方面,美国公众科学素养的这种实际状况,也引起了其他工业化国家对本国公众科学素养状况的担忧。于是,这些国家相继模仿美国,进行公众科学素养测评[4-5]。正是通过规范进行的公众科学素养测评,美国人才能够从历年的测评结果比较中及时了解他们公众科学素养水平的变化状况[6]。

2. 提供决策与资源配置参考依据

通过公众科学素养测评,可以了解公众对科学研究、科技产品应用、政府优先资助的科学领域、科学教育状况以及科普资源配置等问题的真实看法,便于政策制定者进一步改进或完善相关政策,进而优化社会资源配置。

1975年,《新科学家》(*New Scientist*)杂志刊登了一份简短问卷,对科学家和非科学家(或对科学感兴趣的人)进行调查,了解科学家在公众心目中的"形象"。[7]调查结果显示,公众对科学家存在某种成见。这一事实促使相关研究者开始探究原因,以寻求消除这种成见的对策。专家认为,如果这些成见是公众缺乏知识的结果,那么,为了避免产生偏见,通过媒体和中学及大学进行教育和信息传播是重要的,因为无知会增加偏见[8]。缺乏知识会导致个体忧虑,忧虑再引起害怕情绪的产生,"人们由开始对科学家的害怕,会发展到对科学家采取不可控制的行动"。[8]因此,只有增进公众对科学家和科学过程的更多理解,科学与局外人间的隔阂才能化除,才不会出现布洛克·奇泽姆(Brock Chisholm)预言的上述不可控制的公众行动。

可见,公众对科学家的态度与评价调查,使英国相关科学管理部门了解到公众对于科学的态度,从而采取一些改进措施,制定相关政策,以确保科学得以在社会中健康运行。

马来西亚在1994年、1996年和1998年开展的公众科学素养测评均为政策制定者提供了至关重要的信息。[9]如1998年,马来西亚开展公众科学素养测评的目的是,通过收集现有公众科学素养方面的相关数据,检验马来西亚先前相关政策的有效性。一是检验政府强化公众科学技术意识与促进公众理解科学技术的多方措施是否已经成功;二是检测过去2~4年中公众科学素养水平是否有所提高。测评的结果将有助于政府形成新的战略和行动计划,以进一步提高马来西亚公众科学素养水平,进而确保马来西亚实现2020年远景目标。[9]

2001年,日本在全国范围抽样调查了18岁以上公众3000人,测评公众科学素养,收集公众理解科学水平的相关数据,分析影响公众科学素养的因素,以寻求措施促进公众理解科学,提高公众的科学素养。[10]表3.1详细列举了日本自1960—2001年的调查,以及每次调查的主要目的。

表 3.1　日本历次公众科学素养调查基本情况(1960—2001 年)

测评时间	题目	目的	对象年龄
由内阁府开展的有关科学技术的公众舆论调查			
1960 年	关于科学技术的舆论调查	掌握公众的科技知识和态度,作为政府决策的参考依据	≥16 岁
1962 年	关于科学技术的舆论调查	调查青少年对科技的兴趣和想法,作为政府决策的参考依据	15~24 岁
1963 年	关于科学技术的舆论调查	了解公众对本国科技水平的认识及对科技振兴政策的意见	≥20 岁
1976 年	关于科学技术及原子能的调查	调查科技与原子能的公众意识,作为今后决策的参考依据	
1981 年	关于科学技术的舆论调查	调查公众对科技的兴趣和预期,把握意识动向	≥15 岁
1986 年	关于科学技术关注状况的调查	调查公众对科技的兴趣,作为政府决策的参考依据	≥20 岁
1987 年	关于科学技术与社会的舆论调查	调查公众对科技的兴趣和预期,把握意识动向,进行国际比较	
1990 年	关于科学技术与社会的舆论调查	调查公众科技意识,作为今后决策的参考依据	
1995 年	关于科学技术与社会的舆论调查	把握科技和社会的公众意识,作为今后决策的参考依据	≥18 岁
1998 年	关于科学技术的舆论调查	调查公众科技意识,作为今后决策的参考依据	
2004 年	关于科学技术与社会的舆论调查	调查公众科技意识,作为今后决策的参考依据	
由科学技术政策研究院开展的公众科学意识调查			
1991 年	关于科学技术的意识调查	增进对科学理解研究和国际比较研究	
2001 年	关于科学技术的意识调查	数据收集、国际比较、为标准问卷做准备、增进公众理解科学的研究、把握科学技术基本计划实施状况、为下期基本计划的出台提供数据	18~69 岁

(参考自:http://www.cao.go.jp/index.html.)

2005年,欧洲晴雨表进行了欧洲公众理解科学相关调查后,提出建议:"必须实施两项工程,也就是确保科学研究有更多的财政投资,国家层面和欧盟层面必须同时进行投资;加强欧洲范围内科学研究的更精深合作,欧盟将在其中起到关键作用。"[11]

3. 进行国际比较,了解国家间差距

从20世纪80年代末开始,世界性社会语境为科学技术对于经济发展的贡献率空前增长,科学技术水平逐渐成为衡量一个国家综合实力的重要指标之一,科学技术水平的较量成为新的国际竞争焦点。各国试图通过各种途径了解本国的科学技术水平的国际地位,进而采取措施促进科技发展。开展公众科学素养测评就是为了通过国际比较,探究本国的科技政策或科学教育存在的问题,从而采取改进措施。

1989年,美国、加拿大和欧洲的一些国家共同合作,进行了公众科学素养测评,了解了各自国家公众科学素养水平的国际比较状况,以及自身差距和努力方向。

1998年,马来西亚从公众科学素养测评中获得大量数据,除了前文提及的用途外,马来西亚政府还把这些数据用作科学技术发展指标,与其他国家进行国际比较,查找本国的不足之处,寻求改进措施。

2001年,日本科学技术政策研究院(National Institute of Science and Technology Policy)将公众科学素养测评获得的数据进行了国际比较,发现日本公众理解基本科学概念水平很低,与美国和欧盟的15个国家相比,日本位于17个国家中的第13位。而且,研究发现,尽管日本学生曾在1999年举办的"第三次国际数学与科学研究"(the Third International Mathematics and Science Study,TIMSS)①测评中获得世界第四名的佳绩,但是,这次调查却发现这些学生的科学喜好指数(science liking index)很低,在测评国家中排列倒数第三(如图3.1所示)。[12]也就是说,尽管这些学生在有关科学考试中得分很高,但却很不喜欢科学。在此基础上的进一步研究发现,在学校时就不喜欢科学的学生,进入社会后对科学也没兴趣,不愿去获取科学信息,对科学的理解较差,科学素养水平因此较低。这一现象引起了日本有关方面的重视,他们认为,研究如何激发学生对科学产生兴趣,对于促进

---

① TIMSS是由国际教育成就评估协会(IEA)发起的为促进科学教育与学习而进行的国际比较性研究,1995年实施的TIMSS研究集中于三个年级段:小学中段(三、四年级)、初中中段(七、八年级)和中学最后一年级(在美国为十二年级),共有41个国家和地区的50多万名学生参与其中。1999年进行了TIMSS-R(the Third International Mathematics and Science Study-Repeat)测评,共有38个国家和地区参与,研究对象为八年级学生。2003年,TIMSS更名为"国际数学与科学趋势研究"(Trends in International Mathematics and Science Study,TIMSS),测评四年级和八年级学生数学和科学学科成就的发展趋势,参与国家和地区共46个。

未来社会公众科学素养水平的提高意义重大。[10]

2003年,巴西与阿根廷、乌拉圭及西班牙等国为寻找彼此间的差距与存在的问题,开展共同合作,进行了公众科学素养测评与比较研究。[13]

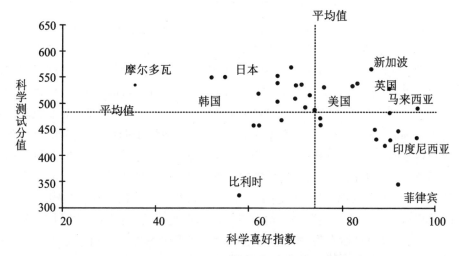

图3.1　八年级学生的科学测试分值与科学喜好指数比较

(参考自:Masamichi I. Public Understanding of Science and Technology in Japan: The influence of people's liking of science at school age on their understanding of science after grown-up [EB/OL]. (2002-06-01)[2006-08-09]. http://www.fest.gov.za.scicom.pcst7/masamichi.pdf.)

4. 探讨科学素养成因与影响因素

通常在公众科学素养测评中,研究者能够了解到与科学素养养成相关的关联因素。依据这些关联因素可以发现影响公众科学素养水平的原因,从而有针对性地寻求对策。这样,对于改进科学教育与科学技术知识普及,通常能够取得显著成效。目前,已有的公众科学素养测评揭示,公众科学素养水平的高低,与公众群体中个体的年龄、性别、教育程度、大学时完成的科学课程数目、家里有无未成年子女以及非正规科学教育资源的使用程度等有关,同时也揭示了这些因素对公民科学素养水平影响的关联度。[14]

3.1.2　以满足特定决策需求为宗旨的公众科学素养测评

随着各国民主制度的不断完善,公民民意在国家决策中发挥的作用越来越重要,基于这样的社会政治语境,发达国家通过公众科学素养测评,了解社会对拟出台某项政策的偏好或需求导向。依据所获得的相关数据,相关政府管理与决策部门就能掌握某种政策立足的底线。在此基础上,实施相关决策,才能获得良好成效。

1999年,为了满足英国科学部的决策需要,英国科学技术办公室(Office of Science and Technology,OST)和威尔康姆信托基金公司(Wellcome Trust)合作,共同完成了一次公众科学素养测评[15]。

这一年,在英国首次科学周举办会上,英国科学部长戴维·塞恩斯伯里(David Sainsbury)宣布,为了更加有效地发挥现有资源的作用,科学技术办公室要对公众理解科学、工程和技术活动进行评估。他提出,公众理解科学的"缺失模型"(deficit model)已经不能适应当时的社会需求,英国需要通过调查获取新的信息,讨论如何构建科学与社会交流的"互动模式"(engagement model)——专家和非专家间的双向对话。同时,通过这种测评,获取公众对于科学传播的看法,以进一步改进英国的科技传播政策,提高科技传播实践水平。调查的问题包括:① 人们对科学的态度包括哪些主要方面;② 人们对科学的态度有哪些不同的类群;③ 科学态度是否因所讨论的科学问题不同而变化;④ 英国的现行科学传播活动存在的问题。

这项研究意在获悉英国的科学传播政策和实践状况,以及公众的科学态度,确立基准数据,以便日后有规律地不断重复这项研究来追踪公众科学态度的变化趋势,进而根据公众态度状态及变化参数制定或调整相关政策。

3.1.3 以检测科学教育成效为宗旨的公众科学素养测评

从20世纪50年代起,鉴于科学技术功用日益显现的社会语境,科学素养逐渐被确定为科学通识教育的目标[16]。到20世纪90年代,美国《国家科学教育标准》诞生,培养科学素养已经成为以美国为代表的世界发达国家科学教育的重要目标。这一目标的实现与否,科学教育能否达到预期成效,其中的重要方式之一就是科学素养测评。

检测科学教育成效的科学素养测评通常有两种类型。第一种是对基础教育阶段科学教育成效测评,以OECD/PISA与TIMSS为典型代表。OECD/PISA专门针对完成义务教育阶段的15岁学生进行科学素养测评,检验他们在义务教育阶段掌握的科学知识与科学技能情况,以及应对成人社会生活能力的储备状况。[17] TIMSS是由国际教育成就评估协会(the International Association for the Evaluation of Educational Achievement,IEA)发起的、迄今为止规模最大的国际数学与科学教育比较研究项目。IEA曾于20世纪60年代末70年代初和80年代初分别进行了第一、第二次国际数学与科学教育研究。TIMSS第一阶段于1995—1996年完成,后来分别于1999年、2003年、2007年进行了后续研究,参加的国家不断增多。至2007年,全世界有60多个国家加入[18]。TIMSS主要测评三年级、四年级、七年级、八年级和初中阶段的最后一年。研究问题集中于三级课程,即"期望的课程""实施的课程"和"达到的课程"。对各级课程则从"课程框架"入手进行研究。

其中,"科学课程框架"包括三个方面:① 科学内容:地球科学,生命科学,物理科学,科学、技术和数学,科学和技术史,环境问题,科学的本质,科学和其他学科;② 预期的行为:理解科学,理性分析并解决问题,使用常规工具及方法参与科学过程,探索自然世界;③ 科学观点:态度,职业,参与,兴趣,安全,思维习惯。[23]

另一种类型是大学生科学素养测评。许多国家都对大学生进行过科学素养测评。大学生是国家未来的栋梁人才,他们的科学素养状况如何,会对国家的发展产生直接影响。美国等西方国家,通常要求非理科学生,在大学阶段至少要选修三门科学课程,以保证一定的科学素养。因此,对大学生科学素养进行测评,也是很多国家公众科学素养研究的重要组成部分。他们通过测评了解大学生的科学素养状况,并以此作为高等教育决策的一项辅助工作。芬兰的大学生科学素养测评揭示,学习过医学与自然科学的大学生信奉超自然信仰的人数要大大低于普通职业学校学生,而大学年级越高,相信超自然现象的人数比例就越低。[20]澳大利亚的大学生科学素养测评一方面为校方和教员反馈信息,便于学校采取必要的补救措施,提高学生的科学素养,同时,为教师提供改进教学方法的契机;另一方面也让学生了解自身科学素养存在的优势与不足,加强日后学习,扬长补短,促进科学素养结构合理化。[21]

3.2 科学素养概念解析

公众科学素养测评结果与效果,首先受到科学素养概念的影响,不同的概念决定着不同的测评内容。因此,要想科学素养测评更加科学,就必须根据具体的社会语境合理界定科学素养。根据威拉德·蒯因(Willard Quine)的观点,界定概念通常有三种:① 约定型定义;② 解释型定义;③ 创造型定义。[22]纵观半个世纪以来的科学素养定义,除了存在以上三种定义类型外,还存在第四种界定类型——纲领型定义[16]。然而,不管何种类型科学素养,其具体界定仍然会受到一定的社会语境影响。

3.2.1 约定型定义

约定型定义,一般规定一个术语与另一个术语或描述同义或等效。乔恩·D. 米勒的公民科学素养定义即为典型的约定型定义。保罗·赫德的科学素养定义[23],美国NSTA的课程委员会给出的科学素养定义[16],乔治·奥赫恩的科学素养定义[24]均属于约定型定义。最典型的要数乔恩·D. 米勒,他根据自己的研究目的,将"公民的科学素养"约定为三个维度内涵:① 公众掌握的科学术语和科学概念词汇信息量;② 公众对科学过程的理解;③ 公众关于科学技术对个人和社会造成影响的知晓情况。[25]属于约定型定义的还有,1982 年,安妮·W.布朗斯科姆提出的科学素养新概念[26],1988 年理查德·默南和森达·莱森阐述的科学素养定义①。表 3.2 集中体现了上述科学素养的约定型定义的大致情况。

表 3.2 约定型定义中科学素养的等效语词

被定义语词	定义主体	等效语词
科学素养	保罗·赫德(1963 年)	对关键科学概念、定律和理论的理解、叙述及其重要性的重视
	NSTA 的课程委员会(1964 年)	知道关于科学在社会中的作用;重视科学生存的文化条件;知道创造概念和调查研究的程序
	乔治·奥赫恩(1976 年)	基础科学知识;科学的本质;科学的过程;科学的社会与文化含义
	乔恩·D.米勒(1979 年)	掌握的科学术语和科学概念词汇信息量;对科学过程的理解;关于科学技术对个人和社会造成影响的知晓情况
	安妮·W.布朗斯科姆(1982 年)	读、写及理解系统化的人类知识的能力
	理查德·默南、森达·莱森(1988 年)	科学世界观的本质,科学事业的本质,科学的思维习惯,以及科学在人类公共事务中的作用

从表 3.2 中可以看出,不同的定义主体所给出的科学素养定义有所不同。这主要是研究者的立足点以及当时的社会历史语境影响所致。保罗·赫德与 NSTA 课程委员会的科学素养约定是在 20 世纪 60 年代早期提出的。当时,美国社会对于科学技术的态度仍然停留于战后初期那种对科学技术盲目推崇的状态。因此,这两个科学素养定义都包含着对科学技术的重视与褒奖。20 世纪 60 年代末期,科学技术的负面效应日益明显,人们越来越趋向于理性看待科学技术的社会影响。在乔治·奥赫恩与乔恩·D.米勒、理查德·默南和森达·莱森界定的科学素养定义中,对于科学的社会作用的表述已趋向中性化,而不再是一味褒奖。

如果从测评可操作的意义上来考察,最不具操作性的可能是 NSTA 课程委员会的科学素养定义。其定义中的"科学生存的文化条件"本身就是理论界一直探讨和争论的话题,用来测试普通公众非常不合适,因为他们可能根本就不熟悉这个话题。即使公众给出答案,测评者也没有办法确定评定标准,更不要说评出等级,因

---

① 具体内容参见 2.4.2 小节中的第 4 部分。

为这个问题本身就比较复杂。另一个是"知道创造概念的程序",关于"概念创造"的知识比较抽象,也比较复杂,有些概念可能是研究者从大量的科学事实中抽象概括出来的,而有些概念则是从别的学科移植过来的。关于这些知识,普通公众中很少有人会知道。同时,对于普通大众,也无需了解这些知识。

3.2.2 解释型定义

解释型定义也可称之为描述型(descriptive)定义,是从实际中归纳出的用以表达事物常见特征的定义。科学素养的第一个描述型定义源自米尔顿·佩拉、乔治·奥赫恩和盖尔(C. G. Cale)。[27]他们从1946—1964年间以科学素养为主题的论文中精选出100篇,进行概括总结,归纳出科学素养定义。1974年,维克托·肖瓦尔特进一步发展了米尔顿·佩拉的科学素养概念,从7个方面描述了科学素养定义。[28]同年,迈克尔·亚琴大致描述了科学素养的概念框架。[29]

1991年,罗伯·哈森(Rober Hazen)和詹姆斯·泰菲尔(James Trefil)出版了《科学问题:获得科学素养》一书,讨论了他们对大众新闻、各种专业杂志中的科学素养的看法,提出了他们的基本观点:"非科学家极需的是掌握和处理有关科学技术问题的背景。正是这种理解日常情境中科学的能力,我们称其为科学素养……有科学素养的非科学家需要理解少量的几个学科以处理此类问题。因此,科学素养就是对事实、词汇和原理等混合体的综合性掌握。它不依赖于专家的专业化知识,也不需要专业术语和复杂的数学表达。"[30]表3.3汇集了20世纪美国学者的科学素养定义。

从表3.3可以看出,这些解释型定义只是将人们在教育中获得的内容,以及人们的现实行为与观念表达罗列出来。它们在科学素养研究初期可能有一定的参考价值,但现在看来,已经没有多大价值了。不过,罗伯·哈森和詹姆斯·泰菲尔给出的最后一种解释型定义出现在20世纪90年代,体现了当时广为盛行的系统思想。

表3.3 解释型科学素养定义的特征

定义主体	科学素养内涵
米尔顿·佩拉(1966年)	① 科学与社会之间的相互关系 ② 控制科学家工作的伦理规范 ③ 科学的本质 ④ 科学中的基本概念 ⑤ 科学与技术的差别 ⑥ 科学与人文学科间的相互关系

续表

定义主体	科学素养内涵
维克托·肖瓦尔特(1974年)	① 理解科学知识的本质 ② 准确应用合适的科学概念、原理、定律和理论 ③ 使用科学方法解决问题、进行决策、增进对宇宙的理解 ④ 用与科学根本价值相一致的方式理解和接受自然信息、解释自然现象 ⑤ 理解和欣赏科技一体化的事业以及科学与技术之间、科学技术与社会之间的相互关系 ⑥ 因科学教育而形成了更丰富的、更加令人满意的宇宙观,并将这种科学教育终身延续 ⑦ 已经形成了许多与科学技术相联系的操作技能
迈克尔·亚琴(1974年)	科学和社会,科学的规范,科学的本质,科学的概念,科学和技术以及科学与人文学科
罗伯·哈森、詹姆斯·泰菲尔(1991年)	对事实、词汇和原理等混合体的综合性掌握

3.2.3 创造型定义

创造型定义即定义主体没有给被定义对象设置等效语,而是给出了新的界定,这种界定"不能归溯到先已存在的同义性"。本杰明·S.P.沈的三种类型科学素养界定,《面向全体美国人的科学》中的科学素养概念,美国《国家科学教育标准》中的科学素养定义[31],教育家莫里斯·夏莫斯[32]和罗杰·W.巴比[16]提出的科学素养定义均属于创造型定义。表 3.4 简略列出创造型科学素养定义的特征。

表 3.4 创造型科学素养定义的特征

理论	科学素养内涵特征
本杰明·S.P.沈的科学素养类型理论(1975年)	实践的科学素养;公民的科学素养;文化的科学素养
《面向全体美国人的科学》的科学素养定义(1989年)	熟悉自然界,尊重自然界的统一性;懂得科学、数学和技术相互依赖的一些重要方法;了解重要概念和原理;科学思维的能力;认识到科学、数学和技术是人类共同的事业,认识它们的长处和局限性;能够运用科学知识和思维方法处理个人和社会问题

续表

理论	科学素养内涵特征
莫里斯·夏莫斯科学素养层次理论(1995年)	文化的科学素养；功用的科学素养；"真实的"科学素养
《国家科学教育标准》的科学素养界定(1996年)	因日常好奇而提问题并给出答案；描述、解释和预言自然现象；理解性地阅读大众出版物中的科学文章并参与有关结论有效性的社会讨论；识别国家与地方决策赖以存在的科学问题，并表达有广泛科学技术见地的立场；基于科学信息的来源与产生科学信息的方法评价科学信息的质量；基于证据摆出论点加以评价，并适当地应用从中得出的结论
罗杰·W.巴比科学素养阈值模型(1997年)	科学素养是一个连续统一体；科学素养盲；名义科学素养；功用科学素养；概念的和过程的科学素养；多维度的科学素养

从表3.4中，我们可以看出，这组创造型科学素养定义之间差距迥异。最明显的是这5个定义可以分成两组。一组是本杰明·S.P.沈的科学素养类型理论、莫里斯·夏莫斯的科学素养层次理论和罗杰·W.巴比科学素养阈值模型，另一组是《面向全体美国人的科学》和美国《国家科学教育标准》中的科学素养界定。前一组定义的特征之间有着紧密的逻辑联系，而后一组定义的特征比较松散、繁杂。前一组定义试图在回答"科学素养是什么""具有哪些性质"，它在不同的层面对科学素养进行描述、定性，给出了科学素养的整体理念。后一组定义其实要回答的是"科学素养能做什么"，列举有科学素养的人的种种表现。

本杰明·S.P.沈的三种类型定义产生于20世纪70年代，当时的科学素养研究基本上局限于教育领域，通常被视为科学教育的一般目标，人们通常从教育的内容和教育的任务出发讨论科学素养的定义问题。本杰明·S.P.沈将科学素养的概念拓展到广泛的社会领域，并且从科学知识在社会中的功用与表现来给科学素养分类。拓展了人们研究科学素养的视域。同时，本杰明·S.P.沈不仅从科学素养的功用类型出发将科学素养划分为"实践的""公民的""文化的"三种类型，而且明确界定了这三种类型科学素养。尤其是"公民的科学素养"概念，为乔恩·D.米勒的公民科学素养测评指标体系诞生奠定了理论基础。乔恩·D.米勒仔细分析了本杰明·S.P.沈的三种类型科学素养理论。他认为，"实践的科学素养"属于功用性的，虽然看似明确但实际测量存在困难，通常很难用单一的标准将公众对科学技术全部范围的理解糅合在一起。文化的科学素养属于学术(learned)层面，需要极其漫长的累积过程，通常只有少数人才能具备。尽管它非常重要，但是，当下很难把它作为普遍性的东西在社会上推广。"公民的科学素养"却不同，在民主社会里，人们的科学素养水准对科学政策的决断具有重要意义。于是，乔恩·D.米勒更倾向于关注作为有效公民所必需的科学技术理解水平。他根据当时民主政治建设的社会语境,定义了"公民的科学素养"。[14]定义明确后,乔恩·D. 米勒即着手设计科学素养维度测评指标。

莫里斯·夏莫斯和罗杰·W. 巴比是从事科学教育与研究的专家,他们从科学素养养成的过程来探讨科学素养定义。尤其是莫里斯·夏莫斯,既是科学家,又是科学教育家,不仅教大学生科学课程,也教中学生科学知识,熟悉并始终关注各个层次的科学教育状况。他既深谙科学知识的复杂性,又熟悉人们掌握科学知识的复杂过程与学习心理。尽管到了20世纪90年代,有关科学素养的界定纷繁复杂,但是,在他看来,这些定义是极不清楚的。对于当时教育界大张旗鼓进行的科学素养培养活动,他认为自己有义务提醒世人务必对此保持清醒头脑。同时,他也是针对乔恩·D. 米勒的科学素养二值理论(要么有科学素养,要么没有科学素养)提出了科学素养的三个层次理论。莫里斯·夏莫斯认为,"设想公众要么有科学素养,要么没有科学素养过于单纯化",人们的科学素养其实可以划分出不同层次。他从科学的本质与科学知识的复杂性,以及人们学习科学的复杂心理和环境,界定了三个层次科学素养定义。[32]

罗杰·W. 巴比的科学素养定义在实质上与莫里斯·夏莫斯的科学素养定义基本相同,共同点都是否认科学素养的二值性,认为科学素养有等级层次之分。不同的是罗杰·W. 巴比的科学素养阈值模型更加详细地阐述了科学素养的等级与层次。不过这个模型有一定的缺陷,层次划分标准不一致,不同层次间相互包含。

《面向全体美国人的科学》和《国家科学教育标准》是面向科学教育,规范科学教育的任务与目标,因此,其科学素养定义应该具有具体内容,便于教育施教者与教育管理与质量监控者的实际操作。

3.2.4 纲领型定义

纲领型定义即下定义主体对某个概念内涵的约定,其中蕴含着人们关于概念所指事物的行动计划。其实质就是根据国家或地区的社会、经济、政治和文化发展的需求,确定一个目标方向,制定纲领性计划。换句话说,纲领型科学素养定义直接受政治及经济等社会语境的影响。OECD/PISA 的科学素养定义与我国的《全民科学素质行动计划纲要》中的科学素养(质)概念应该属于典型的纲领型定义。

OECD/PISA 将科学素养定义为:"拥有科学知识,并运用这些知识识别问题,获得新知识,解释科学现象,得出有关科学问题的有证据的结论的能力;理解科学的典型特征;了解科学技术如何形成物质的、智力的和文化的环境;参与科学问题讨论与决策,遵从科学思想,善于思考。"[33]这个定义立足于现代化社会中公民在科学方面应满足的基本要求,它具有前瞻性,是科学教育努力的方向。从这个定义文本可以发现,尽管 PISA 测评的对象是刚刚完成义务教育的 15 岁学生,然而,它的测评内容和目标却不仅仅是义务教育阶段书本知识的掌握成效,而是测评学生作为一个未来社会的成人对于即将生存其中的社会环境的适应能力。这就决定着它的测评内容不能只是书本概念与知识的识记与回顾能力,而是检测学生们在既定情境中综合运用知识的能力和解决实际问题的成功率。正因为如此,情境问题的设置是 PISA 测评中不可或缺的重要部分。

2006 年,我国《全民科学素质行动计划纲要》对科学素质概念的界定是,"了解必要的科学技术知识,掌握基本的科学方法,树立科学思想,崇尚科学精神,并具有一定的应用它们处理实际问题、参与公共事务的能力"[34]。此定义完全立足于高度现代化社会对公众的科学素养要求,内涵较全面,但目标也较高,同时比较抽象,体现出战略性和纲领性特征。由于是纲领,因而不具有直接操作性。尤其是"树立科学思想"与"崇尚科学精神",很难确定具体指标。如果要测评科学素质,必须先根据纲领要点的要求,界定一个可操作性定义范围,然后才能设计测评指标。

3.3 基于动态社会语境的公众科学素养测评

随着社会语境的变迁,公众科学素养测评的问卷设计及内容会有所变化,不同国家或地区的社会语境不同,其公众科学素养测评的模式也不同。

3.3.1 社会语境变化对测评问卷设计的影响

社会语境对科学素养测评问卷设计的影响主要体现在两个方面:一是不同社会发展阶段,科学问题具有不同侧重点,影响问卷问项的设计与表述;二是不同国家或地区根据不同宗旨设计的问卷结构与问题均存在差异。

二战后至 20 世纪 70 年代前期,主要发达国家在总体上是笃信科学的,科学素养测评问卷中的问题语气导向也体现着这种情态。表 3.5 是二战后美国第一次公众科学素养测评中涉及的主要问项与公众回答状况。从表中可以看出,一方面,问题大多从正面提出,从科学技术的功用发问;另一方面,被访者的回答也是非常乐观的。再比较一下表 3.6 和表 3.7,无论问题的提法与被访者的回答比例均有明显不同。

表 3.6 和表 3.7 从第二项开始的问题都是在 20 世纪 70 年代提出的。由于 20 世纪 60 年代环境运动的爆发,媒体对科学的宣传谨慎起来,相关政府部门开始重视公众出现的抗议科学研究与科技产品的情绪。公众科学素养与公众理解科学的相关测评明显受到这种社会语境影响。一方面,测评者在提问时注意措辞,以避免引起公众反感或抵触,另一方面,调查者也希望能真正了解公众对科学及科学研究的怀疑与抗议程度,掌握公众情绪,以便及时采取缓解措施。表 3.6、表 3.7 显示了

20世纪70年代前期的主要测评问项及其与50年代的差异。有了"我们今天面临的问题是否由科学技术引起"这样的问项,涉及科学技术"益处"与"危害"的问项也多起来。

由于笃信科技功用,吸引到大批有志青年加入科学研究队伍是不可避免的。因此,这一时期,对科学家的公众印象调查成为公众科学素养测评相关研究中不可或缺的部分。表3.8是美国1957年公众科学素养测评中关于科学家问题及公众的回答状况。

表3.5 与科学相关的问项及回答情况

问题	同意	不同意
科学使我们的生活更健康、更安逸、更舒适	92%	4%
科学最大的好处是使我们快速进步	87%	6%
科学带来的问题是使我们的生活方式改变得太快	47%	46%
科学能够解决犯罪和精神疾病等社会问题	44%	49%
科学的进步会导致我们的命运被少数人所控制	40%	52%
科学的有害效应之一是它毁掉了人们关于公正与不公正的思想	25%	64%

注:未回答的比例未在本表中列出。(参考自:Withey S B. Public opinion about science and scientists[J]. The Public Opinion Quarterly, 1959, 23(3): 387.)

表3.6 与科学相关的问项及回答情况(1957—1976年)

年份	问题	回答			
		更好	既不好也不坏;相互矛盾	更坏	没有看法
1957—1958年	综合考虑,你认为世界因为有了科学而境况更好还是更坏?	83%	8%	2%	7%
1972年	你认为科学技术已经将生活变得更好还是更坏?	70%	13%	8%	9%
1974年	你认为科学技术已经将生活变得更好还是更坏?	75%	14%	5%	6%
1976年	科学技术已经将生活变得更好还是更坏?	71%	15%	7%	7%

注:在该调查中,提供给被访者的"science"的定义包括科学和技术活动。(参考自:Pion G M, Lipsey M W. Public attitudes toward science and technology: What have the surveys told us? [J]. The Public Opinion Quarterly, 1981, 45: 304.)

表 3.7　问题措辞不同引起被访者不同回答情况

年份	问题			
1957—1958年	科学正使我们的生活更健康、更安逸、更舒适			
	同意	92%		
	不同意	4%		
1972年	你认为当多数科学发现影响了你的生活时,它们给你个人生活带来的是益处多于危害,还是危害多于益处?			
	益处多于危害	78%		
	危害多于益处	9%		
	益处与危害相当;没有看法	13%		
1972年	现代生活比过去富裕得多应归功于科技进步			
	同意	81%		
	不同意	10%		
	不确定	9%		
1972年	没有科技进步,美国人民也会获得这么高的生活水准			
	同意	89%		
	不同意	6%		
	不确定	5%		
1972—1976年	总的说来,科学技术的益处多于危害,危害多于益处,还是两者大致相当?			
		1972年	1974年	1976年
	益处更多	54%	57%	52%
	危害更多	4%	2%	4%
	大致相当	31%	31%	37%
	没有看法	11%	10%	7%
1972—1976	我们今天面临的问题是否大多数是由科学技术引起的,有些是由科学技术引起的,极少是由科学技术引起的,还是都不是由科学技术引起的?			
		1972年	1974年	1976年
	大多数	7%	6%	6%
	有些	48%	50%	45%
	极少	27%	29%	28%
	都不是	9%	9%	14%
	没看法	9%	6%	7%

注:此表与表 3.5 相比较。未回答的比例未在本表中标出。(参考自:Pion G M, Lipsey M W. Public attitudes toward science and technology: What have the surveys told us? [J]. The Public Opinion Quarterly, 1981, 45: 306.)

表 3.8 关于科学家印象测评问题及回答情况

问题	同意	不同意
多数科学家希望为改善平民生活而工作	88%	7%
科学家工作比普通人努力	68%	25%
科学家易于成为古怪而奇特的人	40%	52%
科学家不可能是真正信奉宗教的人	32%	53%
多数科学家主要出于知识本身的缘由而对知识感兴趣;他们不太关心它的实用价值	26%	65%
科学家似乎总是窥探那些他们不应该插手的事物	25%	66%

注:未回答的比例未在本表中列出。(参考自:Withey S B. Public opinion about science and scientists[J]. The Public Opinion Quarterly, 1959,23(3):387.)

英国的公众科学素养测评稍晚于美国,其第一次公众理解科学调查是在发达国家环境运动爆发之后,公众对科学存在抵触与反感情绪的语境中进行的。当时,科学已经明显被看作一种社会现象,显然,科学运行的环境不仅取决于科学家,而且也取决于一系列相互关联的社会、经济和政治因素。因此,科学功能的发挥在某种程度上取决于非科学家对科学家的看法,以及这种看法与科学家本人对自己看法的吻合程度。1975 年 5 月,《新科学家》和《新社会》(New Society)杂志共同刊登出一份简短问卷,对科学家和非科学家(或对科学感兴趣的人)进行调查,了解科学家在公众心目中的"形象"。[7]《新科学家》的 1228 名读者和《新社会》的 331 名读者填写了这份问卷。[8] 调查的目的是通过人们对科学家的看法折射出他们对科学的一般态度,以了解公众是否存在反科学情绪。这是英国公众理解科学的第一次调查。

被访者被划分为两大组——科学家组和非科学家组。科学家组包括科学家(主要进行科学研究工作)和科学相关人员(指科学教师、技术专家或技术员,以及其他与科学或科学家直接或间接联系的职业人员)。根据被访者回答的内容,又将被访者划分为友好组和敌对组。

问卷内容由两部分共 9 个题目组成。两部分分别是关于科学家的问题和关于被访者年龄、性别、教育背景和职业等背景知识的问题。题型有开放题和选择题。开放题是"当我想到科学家,我就会想到……"

这个开放题的调查结果显示,9% 的被访者认为科学家没有固定形象;23% 的人在描述科学家时将其形容为"戴着眼镜,穿着白色外套在实验室工作的男子",而且这样回答的数量非常多;15% 的被访者提到,他们认为科学家穿着白色外套;但是,在科学家组中只有 6% 的人这样回答,非科学人员组中则有 20% 的人这样回答。大多数人对科学家的描述都非常友好,对科学和科学家都很乐观。他们认为只有科学家才能解决世界上的问题,科学家是致力于"将人类领向理想的完美境界"的人,他们可以"征服疾病、饥荒和无知"。只有少数人对科学和科学家持敌对态度,这部分人中多数是担忧科学带来风险。他们也攻击科学家用小动物做实验的行为,指责科学家应该对战争和污染负有道德责任,认为科学家"经常对自己工作的灾难性后果视而不见"。

尽管有以上评价,但是,出人意料的是58%的科学家组成员与67%的非科学家组成员都认为"科学家是深受公众尊重的"。对科学和科学家持友好态度的被访者有56%的人赞同这个观点,即使是敌视科学的被访者中也54%的人认同这一点。[8]

总之,通过调查得知,公众对科学家的印象主要有"中性的""友好的"和"敌对的"三种。最终的调查结论是:公众对科学家存在种种成见,这是应该面对的事实。公众的这种成见反映出他们对科学存在质疑,但是,还没有发展到反科学的严重情绪。

可见,通过调查,英国相关科学管理部门可以了解公众对科学的态度,从而采取一些改进措施,制定相关政策,以确保科学在社会中健康运行。

随着科学技术的发展及其社会应用的变化,一些新的科学知识问题也不断纳入测评范围之中。如核动力设施、干细胞研究、克隆人等新兴科学概念的出现。表3.9反映了不同时期美国公众科学素养测评变量的变化情况。

表3.9直观反映出1979—2006年间,美国公众科学素养测评的变量随着社会发展与科技进步所发生的变化情况,体现了社会语境变化对公众科学素养测评的影响。如关于"放射性"问题,除了1979年就列入测评外,在1988年又增加了"含有放射性元素的牛奶煮沸后就安全了"和"放射性是天然的"等两个问题,这是因为,1986年苏联的切尔诺贝利核电站发生了严重的核事故后,西方社会对放射性问题的高度关注,并在媒体上广泛宣传有关放射性知识。[35]

表3.9 1979—2006年间美国公众科学素养测评中科学概念与科学事实变量增删情况

测评过的主要变量	第一次出现的时间(年)							删减时间(年)"△"-沿用
	1979	1985	1988	1990	1992	1997	2006	
DNA概念		▲						△
放射性		▲						△
计算机软件概念			▲					1997
分子			▲					△
火箭改变天气			▲					1992
UFO来自其他星球文明			▲					1992
其他行星上有生命			▲					1992

续表

测评过的主要变量	第一次出现的时间（年）							删减时间（年） "△"-沿用
	1979	1985	1988	1990	1992	1997	2006	
大陆漂移说		▲						△
人类来由其他物种进化而来		▲						△
地球中心是热的			▲					△
含有放射性的牛奶煮沸后就安全了			▲					△
氧气来自植物			▲					△
激光由光波聚集而成			▲					△
阳光引起皮肤癌			▲					1992
热空气上升			▲					1992
电子比原子小			▲					△
抗生素杀死病毒			▲					△
宇宙开始于大爆炸			▲					△
吸烟引起肺癌			▲					2004
人类与恐龙共存过			▲					△
光比声音传播速度快			▲					2004
地球围绕太阳转			▲					△
地球自转时长			▲					1999
地球绕日公转时长			▲					△
放射性是天然的			▲					△
心脏病的成因			▲					1990
酸雨的形成			▲					1997
臭氧层空洞				▲				1997
父亲基因决定孩子性别					▲			△
环境污染					▲			1995
"因特网"的概念						▲		△
极地地理特征与生物延续问题							▲	△
纳米技术							▲	△

（参考自：http://www.theicasl.org. 和 http://www.nsf.gov/statistics.）

不仅是美国,欧洲晴雨表自1977年以来的公众科学素养相关测评中也体现了社会语境变化。欧洲晴雨表从1970年开始的特别调查反映尤其明显。它通常针对当时社会热点问题进行专门调查,如科学技术问题、能源问题、工作环境问题、健康问题等(见表3.10)。从中反映出,不同时期有关科学技术热门话题不同,科学技术发展引发的新问题也不同,或是哪些问题一直是人们所关注的,或是重要而没有解决的。例如,环境、能源、农业政策、药物滥用等一直是公众关注的问题,也是欧盟委员会致力于解决的问题。"其他"类别指只进行过1次调查的新兴技术。实质上,也就是科学技术发展引起了社会语境变化,这种变化从而在公众科学素养测评方面得以体现。

表3.10 欧洲晴雨表关于欧洲人对科学技术的理解与评价的特别调查

调查类型	调查主题	调查时间(年)
一般调查	科学技术与公众评价	1977,1978,1989,1992,2001,2005
	对能源的态度	1982,1984,1986,1987,1989,1991,1996,2002,2005,2006
	对环境的认识	1982,1986,1992,1995,1999,2002,2004,2007
	对预防癌症的态度	1987,1988,1998
	欧洲农业与共同的农业政策	1987,2001,2002,2004,2005,2006
专题调查	对生物技术的态度	1991,1993,1996,1999,2002,2005
	对健康和保健的态度	1991,1993,1998,2002,2003,2005,2006,2007
	对药物及药物滥用的态度	1992,2002
	对吸烟与烟草的态度	1992,2002,2005,2006
	对放射性废物(及核安全)的认识	1998,2001,2005,2006
	对电子通信的看法	2005,2006
	其他	

注:表中"其他"类别的调查主题包括:"信息技术和数据隐私"(1996),"转基因食物的标签"(2000),"因特网上违法和有害的内容"(2003),"艾滋病预防"(2005),"医学过失"(2005),"禽流感"(2006),"交通工具中的智能系统"(2006),"电磁领域"(2006),"对酒精的态度"(2006),"器官捐赠"(2006),"媒体中的科学研究"(2007)。(参考自:https://europa.eu/eurobarometer/surveys/detail/66.)

表3.10也反映出,欧洲晴雨表仅仅收集了"欧洲人对科学技术的理解与评价"的一般性数据,而且,在科学发展与不同社会问题出现的不同历史阶段启动不同的

科学问题调查,即在不同的社会语境中进行不同内容的测评。如"能源""环境""生物技术""电子通信"与"交通工具中的智能系统"等专题调查始终紧密联系科学技术发展与科技产品广泛应用引发的社会问题进行。而"欧洲农业与共同的农业政策"调查则与欧盟这一区域性政治经济团体的建立进程相联系。"癌症"与"艾滋病预防""禽流感""医疗失误""器官捐赠"和"疯牛病"等调查是在相关新兴科技问世引发了新的社会问题后受到关注的。这些做法很值得借鉴,因为我国也存在这些问题,而且有些问题甚至相当严重。

3.3.2 不同社会语境对公众科学素养测评模式的影响

同一历史时期,不同国家和地区的社会语境也有所不同。这种不同的社会语境会影响公众科学素养测评的宗旨,进而影响测评模式。因此,不同社会语境中的公众科学素养测评常常存在很大差异,尽管它们基于同样的科技发展背景,有时也可能会使用同样的测评问卷,但由于他们的社会语境不同,他们对数据的取舍与分析角度便会完全不一样。如欧洲晴雨表的测评,虽然大多数测评问项与美国使用的问题相同,但这些问题归属的指标维度却与美国测评不同。因此,根据不同社会语境中的公众科学素养测评的不同宗旨,可以将世界范围内现有的公众科学素养测评划分为三种主要模式:一是基于有效公民前提的美国米勒公民科学素养测评指标体系,二是立足于不同决策主题的英国公众理解科学调查(欧洲晴雨表的测评与英国属于同一个模式),三是检测科学教育成果与具备未来基本生存能力的OECD/PISA 科学素养测评。

1. 基于有效公民前提的公众科学素养测评模式

美国学者乔恩·D. 米勒认为,在现代民主社会里,考察公众对科学技术的理解是重要的,因为公众科学素养水平影响着一个国家的民主决策,公民科学素养水平过低,会削弱美国社会民主制度的根基。"涉及科学技术因素的公共政策越来越多了,这需要相当比重的公民具备一定水平的科学素养,这样他们才能够有目的地参加科学技术问题相关争论的民主解决方式。这样的争论在未来 10 年会继续增多。作为工业大国,我们需要足够比例的公民具备相当程度的科学素养,以理解那些争论中相互对抗的不同观点,否则,民主政治本身的健康状态很快就会受到伤害。"[36]"科学素养的代价是对我们国家赖以建立的现代民主原则——尤其是有见识的公民参与决策这一传统——的侵蚀。……虽然更高水平的科学素养不能独立解决现代工业社会中的公民职责与权力问题,但是,没有一定程度科学素养的提高,别的措施能否有效维持民主传统是值得怀疑的。"[6]

维护和增进美国民主制度的健康运行是乔恩·D. 米勒进行科学素养研究的根本出发点和目标。立足于这一宗旨,乔恩·D. 米勒确定了他所要研究的公众科学素养测评范围与目的：民主社会中履行权利与义务、参与公共决策的公民科学素养，以及成为有效公民应该具备的最低限度的科学素养。基于这样的前提，乔恩·D. 米勒根据美国当时的社会语境——工业化经济形态和全民民主的政治制度，定义了"公民的科学素养"。他认为，公民科学素养就是，人们理解科学术语和科学概念的水准，足以阅读某种日报或杂志，并理解某种论战或争议中相互对抗论点的本质，是现代工业社会中，一个公民行使职责所必须具备的科学技术理解水平。[14]乔恩·D. 米勒对有效公民的最低限度科学素养进行了阐释，并提出科学素养的三个维度理论。[37]

依据三个维度理论，乔恩·D. 米勒设计了公民科学素养测评问卷。由于是对公共争论中科学问题的理解，因此，这些问题应该是日常媒体中经常出现的。米勒选择拟测评词汇的标准是以能看懂《纽约时报》"科学时事"版新闻所需要的最基本词汇为依据，然后从中确定代表性术语用于测量。在美国公民科学素养测评中一直使用的三个术语为"分子""DNA"和"放射性"。他解释说，之所以用"分子""DNA"和"放射性"作为基本概念，代表人们可能需要的能够阅读和理解《纽约时报》"科学时事"版新闻的一大组概念，也是因为这三个概念中的每一个都与普通媒体上频繁报道的当前科学研究有关。它们既代表了生物科学，又代表了物理科学。[38]同时，米勒从科学技术发展、国家共同政策决策等社会语境角度出发，阐释了这三个概念的重要性。

乔恩·D. 米勒认为，理解 DNA 不仅当时必要，而且对于 21 世纪的公民来说也是必要的。从 20 世纪 50 年代人类破译 DNA 双螺旋结构到 2003 年成功绘制出人类基因组草图，人类对疾病本质的理解已有明显提高，媒体上几乎每天都有一些与基因有关的新闻或信息。很多疾病利益组织（disease interest groups）意识到 DNA 研究对于解决特定疾病问题的作用，便通过网站和传统出版物源源不断地提供相关信息。新的基因科学已经卷入了重大公共政策争论，例如，关于医学研究中胚胎干细胞研究的相关政策至今争论不休。生物医学研究占据了科学新闻和媒体报道的重要部分。知道 DNA 的基本概念是理解许多科学研究的关键。

"放射性"问题是二战后政治讨论的一个重要术语。"放射性"对今天的公民来说，仍然是一个重要概念。无论支持还是反对建立核原料贮存设备，对那些尽力去理解政策争论的公民来说，重要的是理解关于被储存物质数量以及这种物质的持续放射时间等基本信息。[38]

最后，乔恩·D. 米勒指出，事实上，必要的概念和过程理解水准，能反映出人们阅读《纽约时报》"科学时事"版多数文章所必备的理解能力，以及理解美国电视《新星》节目大部分档期所必备的知识水平，或阅读理解今天书店里许多大众科学书籍所需要的能力。

2. 基于辅助决策的公众科学素养测评模式

自 1975 年以来，英国的公众理解科学相关测评[39]基本上没有两次调查是相同的,这看上去似乎很没有规律。然而,这并不表明英国的公众理解科学调查没有宗旨或目的。恰恰相反,这正是英国公众理解科学调查的特点。促使英国进行公众理解科学调查的主要社会语境因素之一是公众对科技问题越来越明显地表现出不信任。于是,探究公众不信任科学的原因,寻求消除公众质疑科技问题的对策是有关公众理解科学调查的主要目的。他们不断围绕新的问题进行新的调查,以辅助相关决策制定,有效传播科学。因此,英国的公众理解科学基本上可以划分为三个阶段:第一,调查公众对科学是否存在不信任或反科学情绪;第二,调查导致公众不信任科学的因素;第三,调查如何引导公众参与科学有效传播,进行正确决策。表 3.11 是在三个阶段里英国公众理解科学测评的简要情况。

英国普遍强调科学基础对财富创造和生活质量的重要性,政府试图提高公众的科学、工程和技术意识,以期在经济发展中发挥作用。然而,英国政府与科学管理及研究部门经常担心科学的社会地位会下降,科学被公众低估,科学事业吸引力降低,甚至整个国家走向"反科学"文化。因此,英国政府会在不同时期,结合科学技术发展与应用的社会特征,进行一定范围的公众理解科学测评。最早始于 1975 年,由《新科学家》和《新社会》杂志调查公众对科学家的评价。针对调查结果,英国相关科学管理部门着手研究改进方法,制定相关政策,确保建立科学社会运行的良好机制。

表 3.11　英国公众理解科学调查简况一览表(1975—2004 年)

调查时间(年)	调查者	调查主题	调查对象	调查方式	阶段划分
1975	《新科学家》和《新社会》杂志	科学家在公众中的形象	读者(包括科学家与公众)	读者填写问卷后寄回	第一阶段
1984—1985	《新科学家》杂志,盖勒普民意研究公司	公众对科学的评价	16 岁以上公众	面访	第二阶段
1988	约翰·R.杜兰特(与米勒合作)	公众理解科学:公众的科学兴趣与科学理解力(过程、知识)	18 岁以上公众	面访	

续表

调查时间（年）	调查者	调查主题	调查对象	调查方式	阶段划分
2000	科学技术办公室，威尔康姆信托基金公司	科学与公众：如何促进科学传播与公众对科学技术与工程的态度	16岁以上公众	面访	第三阶段
2004	国际市场和民意研究公司	社会中的科学：公众对参与科学、信任科学和参与协商科学问题的态度和行动	16岁以上公众	面访	

1984年，英国《新科学家》杂志又委托盖勒普民意研究公司（the Opinion-research Company Gallup）进行了第二次公众理解科学调查。调查主题是公众对科学的评价。[39]

此次调查的语境是，如果英国政府要得到公众拥戴，就必须给科学研究更多的财政支持，以保证英国能成为世界科学领域的领导者。也就是说，政府应该集中精力于医学研究、新型能源开发、新药开发、控制和减少污染，尽量减少太空探索、核能、国防和军备等方面的财政开支。然而，政府官员对科学的了解足以使他们做出这些抉择吗？是否需要私人公司投资科学研究？科学家应该如何改变他们的研究方式才能让公众满意呢？为了获取以上方面信息，《新科学家》委托盖勒普民意研究公司对公众的科学技术评价状况展开测评。[39]

盖勒普公司分两次进行调查。第一次调查在1984年，在全国范围内有代表性的人群中按比例抽取945位16岁以上公众进行家庭面访。第二次调查在1985年，盖勒普公司在大街和购物场所随机面访了956位16岁以上公众。调查的内容主要分为三个模块：政治现状、优先资助问题和男性与女性之间的科学兴趣及科学知识存在的差异分析。表3.12和表3.13分别显示的是"政治现状"和"优先资助问题"的问题与选项。

表 3.12　关于政治现状的问题与选项

英国应该在科学研究上花更多还是更少的钱，或者你认为英国花在科学研究上的钱刚刚好吗？

A. 更多　　　　　　B. 更少　　　　　　C. 刚刚好　　　　　　D. 不知道

你认为学校里教的科学足够吗？

A. 足够　　　　　　B. 不够　　　　　　C. 不知道

你特别认同每个人都应该学习科学至 16 岁吗？

A. 是　　　　　　　B. 否　　　　　　　C. 不知道

你认为英国哪个政党最关心科学技术问题？

A. 保守党　　　B. 工党　　　C. 自由党　　　　　D. 社会民主党　　　E. 不知道

作为一项国家政策，你认为英国应该在科学上努力成为世界领袖吗？

A. 是　　　　　　　B. 否

你认为政府在科学研究上应该花更多还是更少的钱，或者你认为政府花在科学研究上的钱刚刚好吗？

A. 更多　　B. 更少　　C. 刚刚好　　D. 不知道

如果政府必须通过下列途径节省开支，你认为应该采取哪一种？

A. 削减助学金水平
B. 用贷款制度取代助学金
C. 减少政府在科学研究上的开支
D. 不知道

你认为科学家和技术专家应该注意他们所做工作的社会影响吗？

A. 是　　　　B. 否　　　　C. 不知道

你认为政治家对科学及其影响应该了解得更多吗？

A. 是　　　　B. 否　　　　C. 不知道

（参考自：Williams T, Herman R, Kenward M. What do people think of science? [J]. New Scientist, 1985(7)：12-13.）

表 3.13　关于优先资助的科学领域问题与选项

二战以来什么科学成就是最重要的？

A. 太空(月球)探索　　　F. 微芯片　　　　J. 治疗肺结核
B. 医学(总称)　　　　　G. 抗生素　　　　K. 超声波扫描
C. 计算机　　　　　　　H. 激光　　　　　L. 试管婴儿
D. 心脏移植　　　　　　I. 电视(彩色)　　M. 不知道
E. 核(原子)能，核弹

续表

假如由你决定的话,你认为应该从获得的研究经费中拿多少来解决下列问题?当需要确定这些钱的使用方式时,你认为应该优先用于哪个方面?你认为哪个方面的经费应该限制甚至减少?

优先资助

A. 医学研究
B. 新型能源
C. 药物研究和新药开发
D. 控制和减少污染
E. 农业与种植科学
F. 信息技术与计算机
G. 生物学和基因工程
H. 核能
I. 国防与军备
J. 太空探索
K. 机器人技术
L. 不知道
M. 占星学

限制/减少

A. 占星学
B. 太空探索
C. 核能
D. 国防与军备
E. 机器人技术
F. 生物学和基因工程
G. 信息技术和计算机
H. 农业与种植科学
I. 药物研究与新药开发
J. 新型能源
K. 不知道
L. 控制和减少污染
M. 医学研究

有人提出,科学知识本身是好的,只是它应用的方式经常出现问题。你是否同意这种说法?
A. 强烈同意　　B 有点同意　　C. 有点不同意　　D. 强烈不同意
E. 关于这种观点的真实性我不想表达意见

不考虑军事应用,你认为科学发现会有很大的危险效应吗?
A. 是　　B. 否　　C. 不知道

总的说来,科学技术是益处大于危害,还是危害大于益处,或者二者相当?
A. 益处大于危害　　B. 危害大于益处　　C. 大致相当　　D. 不知道

如果科学发现有危险效应的话,你认为应该属于下列哪些领域?

A. 核能
B. 生物技术与基因工程
C. 国防与军备
D. 药物研究和新药开发
E. 太空探索
F. 农业和种植科学
G. 医学研究
H. 控制与减少污染
I. 机器人技术
J. 新型能源
K. 信息技术与计算机
L. 不知道
M. 占星学

(参考自:Williams T, Herman R, Kenward M. What do people think of science? [J]. New Scientist. 1985(7): 14-15.)

调查结果发现,公众关心与支持的是与他们生活息息相关的科学技术,他们所支持的科学研究也是常规且较为安全的科学技术研究。总体反映了两个问题:一是英国公众对科学技术存在担忧与疑虑,二是英国公众对科学技术发展问题基本上持保守态度。这些可能与二战后世界范围内多次进行核弹试爆与核威胁及其带来的严重影响有关,人们始终对新兴科学技术的安全问题心有余悸。然而,调查者认为,公众对科学领域优先发展问题的评价以及对一些科学技术领域的担心,体现了他们的现代科学意识还处于低水平层面。[40]这种状况有待政府采取相关政策措施加以改善。

1982年11月,英国皇家学会发表了一份题为《英格兰与威尔士11~18岁公众的科学教育》的报告。该报告建议,皇家学会理事会应该设立一个小规模的特别小组来专门研究如何促进公众理解科学。于是,皇家学会理事会于1983年成立了由皇家学会会员沃尔特·F.博德默博士担任主席的一个特别小组,承担有关促进公众理解科学技术的相关评估工作[40]。1985年,该特别小组提交了一份很有分量的《博德默报告》。《博德默报告》指出,英国经济生产力衰退和大学自然科学专业入学率降低缘于英国公众对科学的无知。尽管当时英国已经有了"公众对科学技术的态度"调查,但是,在正规的教育体系外,很少进行公众理解科学评估。该报告建议"经济与社会研究理事会(Economic and Social Research Council, ESRC)和其他合适的团体,资助研究'测度公众理解科学技术'的方法,以及对改进后的公众理解科学技术活动的效果进行评估",并且"对公民获取信息的资源开展积极研究"。[5]在《博德默报告》感召下,英国学者约翰·R.杜兰特和他的同事于1988年与美国乔恩·D.米勒教授合作,在国内进行了英国有史以来最为全面的公众理解科学测评,调查了2009位18岁以上公众。

调查宗旨基于这样的社会语境:第一,科学是人类文化中有据可考的最大成就,值得人们了解;第二,科学影响每个人的生活,人们需要知道它;第三,许多公共政策决策都与科学有关,这些决策只有产生于见多识广的公众争论,才真正是民主的;第四,科学是公众支持的事业,这样的支持(至少应该)是建立在公众最低限度的知识水平之上。[5]那么,普通公众能理解多少科学呢?与米勒已经测得的美国公民科学素养水平相比,英国又怎样呢?

值得一提的是,虽然约翰·R.杜兰特教授与他的同事们使用的是乔恩·D.米勒的公民科学素养测评指标,但是,他没有使用"科学素养"(scientific literacy)一词,而是以"科学理解力"(scientific understanding)一词表达相应的意思。同时,为了便于英美两国进行公众科学素养水平比较,测量中基本上保持米勒公民科学素养测评问卷内容,只略加修改,减少了公众科学兴趣方面的调查问题。同时,他们将科学过程和科学知识结合在一起,形成了一组合理的科学理解力指标,以对英国公众科学理解力进行独立评估,即"理解科学探究的过程和科学发现的基本知识"[15]。

1999年,英国再次进行了公众理解科学调查。这次调查最能体现英国特色,是在英国科学部长塞恩斯伯里男爵的倡导下,由威尔康姆信托基金公司和英国科学技术办公室旗下的研究团体共同合作完成。[41]

调查研究分两个阶段进行。第一阶段由威尔康姆信托基金公司资助的研究团体在1999年进行定性研究,确定调查问卷的框架;第二阶段由科学技术办公室支持的研究团体于2000年进行大规模量化调查,最终揭示了公众对科学、工程、技术和科学传播的一般态度和期望值。

第一阶段的定性了解意在进一步深入研究公众对科学、工程和技术的态度,以及这些态度是如何形成的。研究者首先将公众召集在一起,进行集中的民主讨论。公众会在关于科学技术具体问题的讨论中反映自己的态度,再根据公众对所讨论问题的看法,将他们进行分类,确定态度差异类群。然后,再从不同态度类群的公众中,各抽取一定数目的其他态度类群的公众,组成多个新的讨论团体,让他们在讨论中进一步明确表述他们的科学态度。这种方式的核心问题就是,通过团体讨论,确定人群中的态度类群,并考察这些态度是如何依据所论及的科学技术问题不同而发生变化的。讨论的结果确定了6个态度类群:科学信仰者(Confident Believers),技术崇尚者(Technophiles),科学研究与技术应用支持者(Supporters),科学技术问题关心者(Concerned),不确定者(Not Sure),不关心者(Not for Me)。

第二阶段是进一步对态度类群进行量化研究。研究者根据不同态度类群公众讨论时表达的对科学、工程和技术的不同观点,设计了40条公众科学态度表述,主要包括:公众对待生活的态度,意在揭示应付社会变化和科技新发展时的个人信心;对科学的态度;对权威的态度,着眼于公众对政客和及其管理措施的信任状况(见表3.14~表3.17)。

表3.14 公众对待生活的态度(样本量:1839人)

表述	五级测度 强烈同意——→强烈不同意				
你必须信任有经验的人去作出决策	12%	50%	17%	17%	3%
很多人与我想的一样,不要影响政府	17%	37%	14%	23%	5%
政治家需要专家帮助以治理某些领域	26%	55%	8%	4%	1%
人们不应该损害自然	33%	39%	15%	10%	1%
我喜爱新形势与挑战	22%	49%	14%	9%	4%
对我来说,不断学习新技能是重要的	29%	43%	11%	12%	5%
从来没有十分安全的东西	25%	57%	9%	5%	1%

注:表中"不知道"和"没有表态"两类答案的人数比例未显示。(参考自:Office of Science and Technology and the Wellcome Trust. Science and the public: A review of science communication and public attitudes toward science in Britain[J]. Public Understanding of Science, 2001, 10(3): 315-330.)

从表 3.14 中可以看出,英国人对科学技术的安全感评价很低,有 82% 的人感觉"从来没有十分安全的东西",且其中 25% 的人的测度为"强烈同意",只有 1% 的被访者"强烈不同意"。这说明科学技术的负面影响在公众心目中已经形成很深的阴影。然而,尽管如此,大多数被访者(81%)仍然认可"政治家需要专家帮助以治理某些领域"(同意率即五级测度中前两级值之和)。这说明,公众虽然认为科学技术很不安全,但是,在处理科学技术问题方面,他们还是需要专家帮助,与政治家相比,他们更相信专家的能力。"人们不应该损害自然"与"对我来说,不断学习技能是重要的"这两个问题的回答状况,反映了与前两个问题一致的心理状态。一方面,被访者认为,科学技术发展已经对自然造成了损害,人们应该尽量避免损害自然的事件发生。另一方面,面对科学技术带来的不安现状,人们也在寻求自救,自救的最好方式就是"不断学习新技能",适应科学技术不断发展与社会的变化。

表 3.15 公众对待科学的态度:对科学与工程的认同度(样本量:1839 人)

表述	五级测度 强烈同意——→强烈不同意				
人们过高地估计了科学成就	4%	18%	19%	42%	10%
因科学、工程与技术进步,下一代人会有更多的机会	22%	55%	10%	6%	1%
科学技术正在使我们的生活更健康、更安逸、更舒适	14%	54%	17%	9%	1%
科学的利益大于有害效应	7%	36%	31%	15%	2%
通常,科学家们想使普通人过上更好的生活	12%	56%	19%	7%	1%
人们过多地依赖科学技术而不是宗教信仰	8%	30%	22%	27%	8%
科学家和工程师为社会作出了有价值的贡献	21%	63%	10%	3%	>1%
为了增强国家竞争力,英国需要发展科学技术	28%	51%	10%	5%	>1%
即使科学研究不能带来直接效益,推进知识前沿的科学研究也是必要的,应该得到政府支持	15%	57%	17%	5%	>1%
我惊诧于科学的成就	19%	56%	16	5%	1%

注:表中"不知道"和"没有表态"两类答案的人数比例未显示。(参考自:Office of Science and Technology and the Wellcome Trust. Science and the public: A review of science communication and public attitudes toward science in Britain[J]. Public Understanding of Science, 2001, 10(3): 315-330.)

表 3.15 中的问题基本上与美国乔恩·D. 米勒公民科学素养测评中的问题相同,只有"为了增强国家竞争力,英国需要发展科学技术"一个问题不同,这是基于英国本国需求设置的,目的是为了了解英国公众的科技强国意识。从公众回答的结果来看,英国公众对发展科学技术,增强国家竞争力的战略是非常认同的,有 28% 的被访者表示"强烈同意",是表 3.15 所列问题中回答"强烈同意"的比例最高

的。总体上倾向于同意的回答比例为 79%,位居第二。这可能与 20 世纪 90 年代以后的社会语境有关,当时,世界科技发展总体形势以及科学技术在经济增长中的作用越来越显示出"科学技术是第一生产力"的势头,各国政府与公众均不同程度地认识到科学技术对增强国家综合国力的重要意义(详见 2.4.1.2 论述)。正因如此,他们认为"因科学、工程和技术进步,下一代人会有更多机会"。同时,他们也承认,科学家与工程师功不可没,因此,认可"科学家和工程师为社会作出了有价值的贡献"的人高达 84%,在所有问题中同意率位居第一。

表 3.16 公众对待科学的态度:个人信心(样本量:1839 人)

问题	五级测度 强烈同意——→强烈不同意				
科学使我们的生活变化太快	9%	36%	20%	29%	3%
我对科学了解得越多,担心也越多	6%	26%	18%	38%	9%
我无法追随科学技术进步,因为它发展速度太快	7%	35%	19%	30%	6%
对大多数人来说,科学技术因太专业而无法理解	15%	51%	12%	17%	2%
科学脱离控制,我们无法阻止	8%	28%	16%	35%	8%
我不理解今天正在发生的所有科学的要点	4%	24%	16%	39%	14%
目前发现科学新发展是容易的	5%	31%	22%	29%	6%
有关科学的信息相互冲突很多,很难知道怎么做	9%	49%	21%	15%	3%
我不够聪明,无法理解科学技术	8%	30%	19%	32%	10%
在我的日常生活中了解科学很重要	10%	49%	21%	15%	3%
科学在我们生活中具有如此重要的作用,我们应该关心	16%	58%	13%	8%	1%
年轻人掌握科学技术很重要	37%	54%	6%	1%	>1%
我对科学不感兴趣,也不明白我为什么应该感兴趣	3%	17%	18%	38%	21%

注:表中"不知道"和"没有表态"两类答案的人数比例未显示。(参考自:Office of Science and Technology and the Wellcome Trust. Science and the public: A review of science communication and public attitudes toward science in Britain[J]. Public Understanding of Science, 2001, 10(3): 315-330.)

通过对表 3.16 中前两项值进行统计发现,只有五个问题的同意率超过 50%。这些问题分别是"年轻人掌握科学技术很重要"(91%)、"科学在我们生活中具有如此重要的作用,我们应该关心"(74%)、"对大多数人来说,科学技术因太专业而无法理解"(66%)、"在我的日常生活中了解科学很重要"(59%)、"有关科学的信息相互冲突很多,很难知道怎么做"(58%)。这些数据表明,科学在英国公众心目中的地位还是很高的。被访者普通认为掌握科学很重要,尤其是年轻人,但同时也暴露出他们自己科学知识的欠缺与在复杂的科学技术信息面前的无奈。这些信息对于英国改进科学技术传播活动具有宝贵的参考价值。

表3.17 公众对"权威"的信心(样本量:1839人)

表述	五级测度 强烈同意——→强烈不同意				
科学技术的发展速度意味着政府不能完全控制它	8%	33%	20%	25%	4%
科学失控了,我们对阻止它无能为力	8%	28%	16%	35%	8%
政治家容易因媒体对科学问题的反应而摇摆不定,他们应该承担更多的导向作用	11%	42%	19%	15%	3%
科学家应该日常听取普通人的意见	19%	50%	14%	10%	2%
媒体使科学引起轰动	16%	48%	18%	10%	1%
科学受商业驱使——最终全是围绕钱运转	22%	39%	17%	15%	2%
政治家支持科学是为了国家利益	5%	38%	23%	20%	4%
科学似乎在试验新事物时没有先考虑风险	11%	45%	18%	17%	2%
准则不能阻止研究者秘密做他们想要做的事	20%	50%	13%	10%	2%
拥有与商业没有联系的科学家很重要	25%	53%	11%	4%	1%
投资科学的商业应该获利	9%	49%	20%	12%	2%

注:表中"不知道"和"没有表态"两类答案的人数比例未显示。(参考自:Office of Science and Technology and the Wellcome Trust. Science and the public: A review of science communication and public attitudes toward science in Britain[J]. Public Understanding of Science, 2001, 10(3):315-330.)

表3.17反映了公众对于"权威"信心的四条主要信息:科学商业化倾向严重,媒体炒作科学现象明显,在科学决策方面发现缺少公众发表意见的平台,政府在科学管理方面发挥的主导作用不够。

此次调查的对象不包括16岁以下公众,也不包括接受过正规科学教育的公民。这个研究旨在为获取英国科学传播政策和实践现状,以及严格意义的公众科学态度基准数据,政府也拟将此调查数据作为基准,在今后有规律地重复这类研究,以追踪未来公众态度的变化趋势。

2004年,英国国际市场与民意研究公司(Market & Opinion Research International,MORI)[①]代表英国贸易和工业部的科学技术办公室启动了一项研究,探讨如何促进公众与科学、工程和技术之间的互动,以进一步促进科学家、政策制定

---

① MORI公司成立于1969年,总部设在伦敦,是英国发展最为迅速的市场公共意见调查机构,且在世界各地拥有办事处。下设有调查执行公司、电话调查公司、研究公司等,是目前英国最大的独资市场调查研究公司。MORI公司业务以定性研究为主,享有很高的知名度和信誉。其调查业务领域广泛,既包括政治、经济,也包括居民的日常生活,涉及社会生活的多个方面。MORI在基本研究的基础上,为客户提供意见和建议。

者和公众之间的对话及相互理解。

此次调查的社会语境是,进入 21 世纪后,不仅是科学技术本身,而且科学的社会与伦理意义、科学的传播以及公众如何参与科学决策等问题,都逐渐成为科学政策制定中不可忽视的关键问题。尤其是科学家和公众之间有必要进行对话得到了广泛认同。[42]调查的目的正是为了促进科学家与公众之间进行有效对话。

此项研究在英国全国范围内展开实地调查,面访 16 岁以上公众 1831 人次。为了确保每个地区都有足够数量的面访样本,且得出英国每个地区(英格兰、北爱尔兰、苏格兰和威尔士)公众参与科学情况的结论,也为了进行地区间比较,在不同地区按比例进行抽样,同时确保每个地区至少有 100 人次的面访,以便最终确定全国公众对科学和技术的态度以及参与科学情况。

此次测评的调查问卷设计先经由东英吉利大学(University of East Anglia,UEA)环境科学学院环境风险中心的尼克·皮金(Nick Pidgeon)教授和伍特·珀尔廷加(Wouter Poortinga)博士磋商后,再由 MORI 和 OST 设计量化研究调查问卷。问卷中吸收了以前 UEA/MORI(2002,2003)、MORI/Wellcome Trust(2000)的研究,借用了 OST/Wellcome Trust 的"科学和公众"(2000),OST/MORI 的"生物科学的公众咨询"(1998/1999)等研究中使用过的问题。[42]问卷中还增加了一些新内容:公众参与科学活动中公众的态度、公众对科学家的信任以及对科学的社会控制的态度等。

测评指标包括:① 公众对科学技术的关注;② 公众对科学的态度;③ 公众对科学风险和利益的看法;④ 公众对科学发展有益还是无益的评价;⑤ 科学的社会效益问题;⑥ 了解科学和科学教育的情况;⑦ 对科学和科学发展的了解;⑧ 参与科学和工程情况;⑨ 科学、科学家、工程和工程师的形象;⑩ 联想:科学和工程;⑪ 联想:科学家和工程师;⑫ 科学家的观点和科学传播。[42]

关于科学传播的测评只有一个问题,即"如果科学家必须传播他们的研究以及研究的社会与伦理影响,你认为谁是最重要的传播对象?——普通公众;政府或政治家或政策制定者;医学领域或医生或国民健康服务机构(National Health Service,NHS);会受到直接影响的人;媒体或新闻界或电视;终端用户,即工程师;职业团体或组织;科学共同体;他们的同行、同事或同类科学家;环境保护主义者或环境团体;本领域的其他人;学术界人士;教师或全体学生或从事教育的人;专业杂志或科学杂志;慈善团体;学者或研究生或中小学生;宗教领域与伦理审查方面人士;政治或商业活动团体;财政家或资助团体"。

英国的这次调查仍然是出于决策考虑。然而,从这些维度与实际问项来看,研究者对新世纪公众应该需要什么,应该知道什么,或是他们自身应在公众理解科学研究方面做怎样的转向与努力,都不是很清楚。换句话说,研究者没有真正清楚当时社会语境的本质特征,因此,测评的内容重点不突出,只是将以前各类研究的问题拼凑在一起。与 1999 年的测评相比,这次测评很不成功。

3. 基于检测科学教育成果的科学素养测评

基于社会越来越高科技化和科技社会化趋势日益明显的社会语境,2000年发起的 OECD/PISA[33]着力于对义务教育阶段科学教育成果进行评估。测评内容侧重于与生存、生活、健康及生产方面密切相关的科学知识。同时,为了有效测评学生的能力,问卷中设定了虚拟的社会情境,让学生在一定情境中灵活运用习得的知识与技能。例如,2006年有关风力发电的测试问题(S529)[43]即是如此。表述如下:

S529. 多数人认为,风力应该替代石油和煤作为一种电力生产能源。图3.2中的设备是带有叶片的风车,能够随风旋转。风车不停地旋转就能引起发动机转动,产生电。

图3.2 风力发电场

风力发电场问题1

以下 A、B、C、D 四个选项显示了一年中四个不同地方的平均风速。哪个选项显示的地方最适合建立风力发电场进行发电?

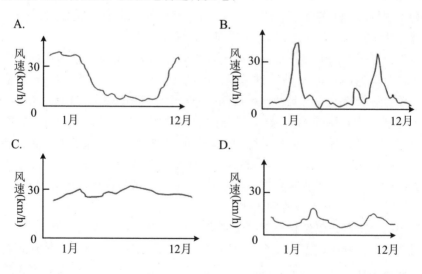

风力发电场问题 2

风力越强,风车叶片转动越快,输出的电力越大。然而,在实际装置中,风速与电力没有直接关系。下面是实际风力发电场中四种电力生产的工作状态:

- 当风速达到 V_1 时,风车叶片开始转动。
- 当风速为 V_2 时,电力输出达到最大值(W)。
- 出于安全考虑,当风速为 V_2 时,叶片的转速受到控制,不再提高转速。
- 当风速达到 V_3 时,叶片停止转动。

以下 A、B、C、D 四个选项中哪个选项最能表现这些工作状态下风速和电力输出之间的关系?

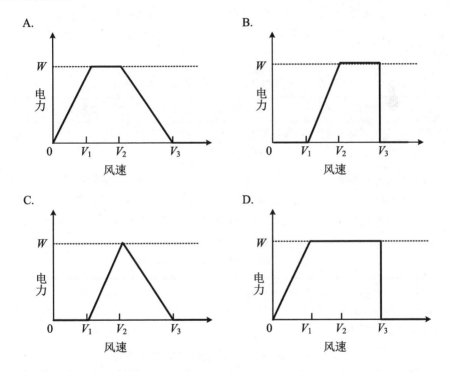

风力发电场问题 3

同一风速下,海拔高度越高,风车转动越慢。为什么风速相同时,位置越高风车叶片转速越慢,下列哪一个是最佳理由?

A. 当海拔高度增加时,空气密度变小
B. 当海拔高度增加时,温度变低
C. 当海拔高度增加时,重力变小
D. 当海拔高度增加时,雨下得更频繁

风力发电场问题 4

试描述与使用煤和石油等化石燃料相比,使用风力发电的一个明显优点及一个明显缺点。

优点:_____

缺点:_____

以上 OECD/PISA 中关于风力发电场问题的相关测试,有助于理解 OECD/PISA 注重在社会情境中测评学生科学素养的特点。这种独特的测评方式能够更好地实现 PISA 测评学生科学素养的宗旨与目的,能较为科学地评估被访者的综合素养。

OECD/PISA 基于自身科学素养测评宗旨,设计了独具特色的测评指标。从表 3.18 和表 3.19 可以直观地看出 OECD/PISA 科学素养测评指标与测评问题的独特性。

表 3.18　OECD/PISA 科学素养测评指标框架

能力	知识	态度
识别科学问题 解释科学现象 运用科学证据	科学知识: 　　物理系统 　　生命系统 　　地球和空间系统 关于科学的知识: 　　科学研究 　　科学解释	学习科学的兴趣 支持科学研究 对于资源与环境的责任

(参考自:Organisation for Economic Co-operation and Development. PISA assessing scientific, reading and mathematical literacy: A framework for PISA 2006[J]. OECD Education & Skills,2006(11):1-192.)

表 3.19　OECD/PISA 科学素养测评主要问题

代码	测评问题单元	具体问题表达	测评时间
S126	生物多样性	Q3,Q4	
S127	汽车	Q1,Q4	
S195	塞梅尔威斯日记:产褥热及感染	Q2,Q4,Q5,Q6	
S210	气候变化	Q1	2000 年
S212	昆虫	Q1,Q2	
S251	克隆牛	Q1,Q4	
S253	臭氧层	Q1,Q2,Q3,Q5	

续表

代码	测评问题单元	具体问题表达	测评时间
S128	克隆	Q1,Q2,Q3	2003年
S129	日光	Q1,Q2	
S409	饮水卫生	Q1,Q2,Q4,Q6,Q7,Q10N	
S414	牙齿腐蚀	Q1,Q4,Q8,Q10N	
S420	高温作业	Q1,Q3,Q10N	
S423	鼠痘	Q1,Q2,Q3,Q10N	
S433	棘鱼行为	Q1,Q2	
S439	吸烟	Q1,Q2,Q5,Q6,Q10N	
S441	星光	Q1,Q2	
S448	超声波	Q1,Q2,Q3,Q4,Q5,Q10N	2006年
S470	润唇膏	Q1,Q2,Q3	
S472	进化	Q1,Q2,Q3,Q10N	
S505	面包面团发酵	Q1,Q2,Q3,Q4,Q10S	
S507	金星凌日	Q1,Q2,Q4	
S515	健康风险	Q1,Q3,Q10N	
S516	催化式排气净化器	Q1,Q2,Q4,Q10N	
S526	大外科	Q1,Q2,Q3,Q4,Q10N	
S529	风力发电场	Q1,Q2,Q3,Q4	

(参考自：Organisation for Economic Co-operation and Development. PISA assessing scientific, reading and mathematical literacy: A framework for PISA 2006[J]. OECD Education & Skills, 2006(11):1-192.)

总之，OECD/PISA将书本知识与社会语境相结合进行的测评，既可以检测学校科学教育效果，也能够了解学生实际的生存与生活能力。

3.3.3 不同社会语境对公众科学素养测评维度的影响

不同国家和地区的社会语境通常存在差异，这样的差异常常会影响公众科学素养测评的维度。乔恩·D.米勒的三维度科学素养测评指标是在美国特有的社会语境中设计的，在与国际合作时，这些维度指标有所变化。尤其是第三维度，其设计是基于美国民主决策的社会现实。20世纪七八十年代科学技术问题在美国国家政治系统中已占据重要地位，每年提交给美国国会的法案，半数以上都涉及科学或技术,为此,美国建立了众议院科学技术常委会。[44]然而,1995年,当对美国、日本、欧盟各国间进行跨国比较研究时,乔恩·D.米勒发现,第三维度的内容在不同国家显示出很大差异性,很难在跨国间进行精确测量。由于社会语境不同,科学技术在不同国家的实践历程不同,特定国家的公共政策问题存在差异。于是,乔恩·D.米勒最终在跨国分析中只采用了二维指标。[45]

2006年,在北京举办的第五届亚太地区媒体与科技和社会发展研讨会上,乔恩·D.米勒作了题为《33个国家的科学素养:项目反映理论的应用》的报告。他提出,近几年来,在欧洲、日本和美国等地区的全国性调查中发现,两个维度间的相关系数高达0.9,这样就没有必要再按两个维度来操作。因此,在实际测量中,这两个维度已逐渐被合并为一个维度。[46]综上可见,社会语境对科学素养测评的指标维度也有一定影响。

由于欧盟是区域性政治经济一体化的国际组织,有着共同的公共政策决策需求,因此,在欧洲晴雨表的公众科学素养测评中通常有"对欧委会的科学技术活动的态度"维度,内容包括"欧盟层面进行公共研究的必要性""欧盟层面进行科学研究的重要性""欧盟政府资助科学研究的效益""欧盟层面开展科学研究的作用"[47]等方面,这些都是欧洲晴雨表公众科学素养测评中所特有的,它们与欧盟特定的社会语境相适应。

本 章 小 结

公众科学素养测评受到特定社会语境的影响。社会语境变迁,公众科学素养定义、公众科学素养测评的宗旨、测评指标与问卷设计等均会有所变化。

① 公众科学素养测评的宗旨。综观半个世纪以来,世界各类公众科学素养测评宗旨主要集中在以下方面:收集基本数据,了解公众科学素养现状,进行国际比较,了解国家间公众科学素养水平及科技实力的国际差距,寻找科学素养的成因与影响因素,促进科学教育改革和科学技术普及,为政策制定者和资源服务者提供决策依据,检测科学教育成效。

② 体现社会语境变迁的科学素养定义。进行公众科学素养测评,必须有可操作性科学素养定义,依据定义设定指标,编制问卷,进行测评。然而,科学素养定义形形色色,并非所有科学素养定义都具有可操作性。总结起来,科学素养定义主要可以分为四种类型:约定型定义,即规定一个术语与另一个术语或描述同义或等效;解释型定义,也可称之为描述型定义,是从实际中归纳出的一个术语所表达的事物的常见特征,以完成该术语的定义;创造型定义,即定义主体没有给被定义对象设置等效语,而是给出了新的界定,这种界定"不能归溯到先已存在的同义性";纲领型定义,即一种兼约定与行动计划于一体的定义。其实质就是根据国家或地

区的社会、经济、政治和文化发展需求,确定目标,制定纲领性计划。因此,纲领型科学素养定义更能体现出社会语境的影响,尤其是政治因素和经济因素的影响比较明显。通常约定型和纲领型定义较容易操作,用以为公众科学素养测评提供理论依据的可能性更大。

③ 社会语境对公众科学素养测评的相关影响。公众科学素养测评通常与社会语境紧密关联,社会语境的变化也会带来公众科学素养测评的相关变化。首先,社会语境变化引起测评问项变化。其次,不同社会语境决定了不同公众科学素养测评宗旨与目的,进而决定不同的公众科学素养测评模式。迄今为止,世界上的公众科学素养测评模式主要有三种类型:美国基于有效公民前提的公众科学素养测评模式,英国和欧洲晴雨表基于辅助决策的公众科学素养测评模式,OECD/PISA基于检测科学教育成效的科学素养测评模式。不同的国家或地区由于社会语境差异,在实际科学素养测评中使用的维度也不一样。

参 考 文 献

[1] Eurobarometer. Eurobarometer special surveys[EB/OL]. (1975-06-01)[2022-06-15]. https://europa.eu/eurobarometer/surveys/detail/66.

[2] Withey S B. Public opinion about science and scientists[J]. The Public Opinion Quarterly, 1959, 23(3): 382-388.

[3] Pion G M, Lipsey M W. Public attitudes toward science and technology: What have the surveys told us?[J]. Public Opinion Quarterly, 1981, 45: 303-316.

[4] Einsiedel E F. Mental maps of science: Knowledge and attitudes among Canadian adults[J]. International Journal of Public Opinion Research, 1994, 6(1): 35-44.

[5] Durant J R, Evans G A, Thomas G P. Public understanding of science[J]. Nature, 1989, 340: 11-14.

[6] Miller J D. The five percent problem[J]. American Scientist, 1988, 76(2): iv.

[7] Hills P, Shallis M. Scientists scrutinised: A new scientist/new society survey[J]. New Scientist, 1975, 67(961): 313.

[8] Hills P, Shallis M. Scientists and their images[J]. New Scientist, 1975, 67(964): 471-475.

[9] A study on the awareness of science and technology Malaysia 1996[EB/OL]. (2022-08-02)[2022-11-02]. http://mastic.mostic.gov.my/sti-survey-content-spds/public-awareness-sti-malaysia-1996.

[10] Masamichi I. Public understanding of science and technology in Japan: The influence of people's liking of science at school age on their understanding of science after grown-up[EB/OL]. (2002-06-01)[2006-08-09]. http://www.fest.gov.za.scicom.pcst7/masamichi.pdf.

[11] Eurobarometer. TNS opinion & social special Eurobarometer 224/Wave 63.1: Europe-

ans, science and technology[EB/OL]. (2005-06-30)[2022-06-27]. https://europa. eu/eurobarometer/surveys/detail/447.

[12] 迈诺尔夫·迪尔克斯,克劳迪娅·冯·格罗特. 在理解与信赖之间:公众、科学与技术[M]. 田松,卢春明,陈欢,等译. 北京:北京理工大学出版社,2006:55-89.

[13] Vogt C, Knobel M. Public perception of science: A preliminary analysis and interpretation of the questionnaire data applied in the city of Campinas, Brazil[J]. JCOM, 2003, 2(3): 1-19.

[14] Miller J D. Civic scientific literacy: A necessity in the 21st century[J]. FAS Public Interest Report, 2002(1): 3-6.

[15] Office of Science and Technology and the Wellcome Trust. Science and the public: A review of science communication and public attitudes toward science in Britain[J]. Public Understanding of Science, 2001, 10(3):315-330.

[16] Bybee R W. Achieving scientific literacy: From purposes to practices[M]. Portsmouth: Heinemann, 1997: 47, 70, 82-84.

[17] Organization for Economic Cooperation and Development. The PISA 2003 assessment framework: Mathematics, reading, science and problem solving knowledge skills[J]. Organisation for Economic Co-operation and Development, 2003.

[18] Eckert J M. Trends in Mathematics and Science Study (TIMSS): International Accountability and Implications for Science Instruction[J]. Research in Comparative and International Education, 2008-3(2): 202-210.

[19] 魏冰. TIMSS 中的科学素养[J]. 外国中小学教育,2001,(1): 9-13,20.

[20] Aarnio K, Lindeman M. Paranormal beliefs, education, and thinking styles[J]. Personality and Individual Differences, 2005, 39: 1227-1236.

[21] Boyd W E, Cullen M, Bass D, et al. A response to apparently low levels of numeracy and literacy amongst first year university environmental science students: A numeracy and literacy skills suvery[J]. International Research in Geographical and Environmental Education, 1998, 7(2): 106-121.

[22] 威拉德·蒯因. 从逻辑的观点看[M]. 江天骥,宋文淦,等译. 上海:上海译文出版社,1987:23-25.

[23] Carlton R. On scientific literacy[J]. NEA Journal, 1963,52: 33-35.

[24] O'Hearn G T. Scientific literacy and alternative future. Science Education[J]. 1976,60(1): 103-114.

[25] Miller J D. Toward a scientific understanding of the public understanding of science and technology[J]. Public Understanding of Science, 1992, 1(1): 23-26.

[26] Branscomb A W. Know how to know[J]. Science, Technology, & Human Values, 1981(6): 5-9.

[27] Laugksch R. Scientific literacy: A conceptual overview[J]. Science Education, 2000, 84: 71-94.

[28] Showalter V M. What is united science education? Program objectives and scientific literacy[J]. Prism II, 1974(2): 34.

[29] Agin M. Education for scientific literacy: A conceptual frame of reference and some applications[J]. Science Education, 1974, 58(3): 403-415.

[30] Hazen R M, Trefil J. Science matters: Achieving scientific literacy[M]. New York: Doubleday, 1991: xii.

[31] National Research Council. National science education standards[M]. Washington: National Academy Press, 1996.

[32] Shamos M H. The myth of scientific literacy[M]. New Brunswick: Rutgers University Press, 1995: 87.

[33] Organization for Economic Cooperation and Development. Assessing scientific, reading and mathematical literacy: A framework for PISA 2006[J]. OECD Education & Skills, 2006(11): 12, 3.

[34] 中华人民共和国国务院. 全民科学素质行动计划纲要(2006—2010—2020年)[M]. 北京: 人民出版社, 2006.

[35] 沃兹尼亚克. 切尔诺贝利核事故与教训[M]. 伍仁毅, 杜凡, 译. 北京: 中国劳动出版社, 1991: 115-117.

[36] Miller J D. Theory and measurement in the public understanding of science: A rejoinder to Bauer and Schoon[J]. Public Understanding of Science, 1993, 2(3): 235-243.

[37] Miller J D. The measurement of civic scientific literacy[J]. Public Understanding of Science, 1998, 7(3): 203-223.

[38] Miller J D. Public understanding of, and attitudes toward, scientific research: What we know and what we need to know[J]. Public understanding of Science, 2004, 13(3): 273-294.

[39] Williams T, Herman R, Kenward M. What do people think of science?[J]. New Scientist, 1985(7): 12-16.

[40] 英国皇家学会. 公众理解科学[M]. 唐英英, 译. 北京: 北京理工大学出版社, 2004: 1-2, 60.

[41] House of Lords Select Committee. Science and Society: A report of the House of Lords Select Committee on science and technology[EB/OL]. (2000-06-01)[2022-06-27]. https://publications.parliament.uk/pa/ld199900/ldselect/ldselect/38/3802.htm.

[42] Market & Opinion Research International. Science in Society[EB/OL]. (2005-01-01)[2022-06-23]. https://www.ipsos.com/sites/default/files/migrations/en-uk/files/Asserts/Docs/Archive/Polls/ost-top.pdf.

[43] Organization for Economic Cooperation and Development. 2006. Released PISA Items_Science.doc[EB/OL]. (2006-12-30)[2022-06-27]. https://www.oecd.org/pisa/38709385.pdf.

[44] Miller J D. Scientific literacy: A conceptual and empirical review[J]. Daedalus, 1983, 112(2): 29-48.

[45] Miller J D, Rafael Pardo. Civic scientific literacy and attitude to science and technology: A comparative analysis of the European Union, the United States, Japan, and Canada[C]// Dierkes M, von Grote C. Between understanding and trust: The public, science

and technology. Singapore: Harwood Academic Publishers(OPA), 2000:81-130.

[46] Miller J D. Civic scientific literacy in 33 countries: An application of item-response-theory [Z]. The fifth Asia-Pacific Symposium on Press and Scientific and Social Progress: Scientific Culture and Innovative Development, 2006.

[47] Eurobarometer. Europeans, science and technology[EB/OL]. (2005-10-01)[2022-06-15]. https://europa.eu/eurobarometer/surveys/detail.

第4章 我国社会语境变迁与公众科学素养测评

4.1 我国公众科学素养测评的社会语境研究

1990年9月,我国进行了有史以来第一次公众科学素养测评与公众科学技术态度调查[1]。此后,中国科学技术协会成立中国公众科学素养调查课题组,在全国范围进行了六次(分别于1992年、1994年、1996年、2001年、2003年、2005年)中国公众科学素养测评。这些调查为我国科普事业的进一步发展提供了一定的量化决策依据[2],但是,也存在一些问题,特别值得探讨的是,在他国社会语境下形成的公众科学素养测评指标,能否真实地反映中国公众科学素养水平?随着《全民科学素质行动计划纲要(2006—2010—2020年)》(下称《科学素质纲要》)的颁布实施,原有公众科学素养测评指标的社会语境适应性再次引起关注。本章简略回顾20世纪初以来我国社会语境变迁与现代科学传播活动及公众科学素养测评状况,深入分析我国已完成的公众科学素养测评工作,为进一步改进我国公众科学素养测评工作提出相关建议。

4.1.1 科学救国与现代科学技术传播

19世纪末20世纪初,人们越来越清楚地认识到中国已经落后于西方国家,尤其在科学技术方面。于是,留学归来的年轻学子们开始在国内传播现代西方科学,立志于"科学救国"。然而,从国外的科学发展历程来看,科学的传播与发展必然少不了学术团体。于是,一批专门的或综合性的科学技术团体应运而生。专门的科技团体有1907年成立的中国药学会,1909年成立的中华护理学会和中国地理学会,1915年成立的中华医学会,1917年成立的中国林学会和中华农学会等;综合性的科技团体有1912年成立的中国工程师学会,1915年成立的中国科学社,1916年成立的中华学艺社等。这些学会对于现代科学在中国的传播发挥了一定作用。然而,由于持续不断的战争爆发,科学传播活动不断受到严重影响,甚至中断。

九·一八事变后,一批科学界人士又一次提出"科学救国"的主张,20世纪30年代的中国开始了科学化运动。1932年11月,陈立夫、张道藩、吴承洛、顾毓泉、邹树立等在南京发起中国科学化运动,成立中国科学化运动协会。他们认为:"经济制度的变动,是基于科学和机械的发明和创造,但一切科学和机械的原动力却又在于生存欲望的努力。没有经济的转变,固然不会造就近代的文化,没有科学和机械的发明创造,更何从发端今日世界艳丽的文明。"[3]于是,他们提出"以科学来发展经济、改变社会、振兴民族、抵御外侮"。[3]到了1941年,该协会的人数从成立时的50多人发展到3000多人,在全国形成了较大的声势和影响。

在这次科学化运动影响下,我党领导的解放区也开始了科学大众化运动。因为,在抗日战争的特殊环境下,解放区急需科学技术解决经济困难问题。1940年2月,我党在延安成立陕甘宁边区自然科学研究会,利用来自全国各地及海外归来的科学界专家学者、大中学生等科学技术人力资源,依据不同层次,在陕甘宁边区开展科学大众化普及活动:第一,科学界在《解放日报》《新中华报》和《新华日报》上发表大量的科普论文,宣传科学知识。这一时期刊登于报纸上普及科学知识的文章主要有《地球上生命的起源》《化石,考古及其他》《谈谈雷雨》《初谈细菌》《肥皂工艺》《煤》《延安日晷与地方时》《牛顿及其时代背景》《伽利略在科学史上的地位》《药物与化学》《无线电与航空的新发展》等。第二,成立各学科专业学术团体,通过专题报告会、定期科普知识讲座和编译各种科学书籍、出售科普书籍等形式,向社会大众传播科学知识。《略谈食物营养问题》《怎样当心儿童的健康》《药物与化学》《疟疾问答》《抗战中的药剂问题》等文章是当时针对国民党统治区人民生活极为贫困、痛苦,传染病流行等情况撰写的。第三,创办学校,通过本科或预科教育,直接培养科学人才。[4]解放区的这次科学大众化运动为新中国建立前后的科学普及工作奠定了基础,积累了一定经验。

4.1.2 向科学进军与中国科学技术协会建立

新中国成立初期,工业技术相当落后,生产力水平低下,医疗卫生条件差。要改变这种局面,必然离不开科学技术发展。然而,旧中国遗留下来的科技机构(包括社会科学研究机构在内)仅有40个左右,研究人员只有650多人。1949年,全国包括科学研究、教育、工程技术、卫生、文学艺术等各条战线上的高级知识分子仅有6万多人。新中国成立伊始,党和政府非常重视科学技术研究与科学技术普及与传播工作。1949年10月,中央人民政府在文化部下设立了科学普及局,大力开展群众性科普工作。[5]同年,全国政协通过的《共同纲领》第43条明文规定:"努力发展自然科学,以服务工业、农业和国防建设。奖励科学的发现和发明,普及科学知识。"[6]1950年8月,中华全国自然科学工作者代表会议在北京正式召开,会上成立了两个新型全国性科技团体——中华全国自然科学专门学会联合会(简称全国科联)和中华全国科学技术普及协会(简称全国科普协会)。随着国家科学技术的进步和经济发展的需要,党中央不断加强对科普工作的领导,并于1953年4月发布了新中国成立后第一个科普文件《关于加强党对科普协会领导的通知》。[5]

在我国第一个五年计划经济建设项目的全面开展时期,建设人才匮乏和科学技术水平落后的矛盾日益凸显:新工厂投产,旧企业技术改造,生产建设中越来越多地采用现代科学技术,需要大量科技人才,但实际上,我国当时的科技人才无论在数量上还是质量上都远未满足大规模经济建设的要求;党的干部对科技人才和科技工作的重要性认识不足,使得知识分子不能人尽其才,也没有公正待遇,这严重影响了知识分子的工作热情和科研积极性;科学研究事业处于起步阶段,无法解决一些重大的复杂技术问题,更无暇顾及最新技术的应用与推广;核物理、空气动力学、电子学、半导体物理学等几乎处于空白;某些原来较有基础的学科同世界先进科学技术水平相比,仍然差距很大。这些矛盾能否解决,直接关系到缩小我国与世界发达国家先进科学技术水平差距以及赶超世界科技先进水平等问题。

在这样的历史背景下,1956年1月,中共中央召开了知识分子问题会议,周恩来总理代表中共中央作了《关于知识分子问题的报告》。报告强调:"科学是关系我们的国防、经济和文化各方面的有决定性的因素。"报告还明确提出了"赶超世界先进水平"和"向现代科学进军"的号召以及"制定1956—1967年科学技术发展远景规划"的任务。在这次会议感召下,国务院成立了以聂荣臻为主任的科学规划委员会来领导制定科学规划工作,并邀请了400多位科学家参与制定规划。同时,为使广大干部群众理解向科学进军及制定科学发展远景规划的重大意义,全国科普协会举办了新兴科学技术与世界科学技术新成就讲座,请参与制定规划的著名科学家钱学森和黄昆等作报告,扩大这一举措的社会影响。各地团组织也纷纷响应党中央号召,引导广大团员和青年向科学进军。[7]

1956年7月,中央宣传部给中共中央的报告中指出了今后科普协会的工作重点:① 向工人进行一般科学技术知识和专业技术知识(包括先进生产经验)宣传;② 根据《1956年到1967年全国农业发展纲要(草案)》规定,向农民宣传农业知识和其他科学知识;③ 配合国防现代化工作,向军队进行科学知识,特别是国防科学知识宣传;④ 向干部宣传基础科学知识和现代科学技术最新成就。

1956年10月,由全国科普协会和全国总工会联合召开"全国第一次职工科学技术普及工作积极分子代表大会",大会发出了一封给全国职工同志的信,信中提出:"……做了国家的主人,成了建设社会主义的骨干,我们感到自豪和责任的重大。但是,我们也常常为了自己科学技术水平的落后,不能满足我们对于提高生产、提高劳动效益的要求而感到苦恼。最近党的第八次全国代表大会向全国人民提出将我们落后的农业国转变为先进的工业国的伟大号召,我们受到了无限鼓舞,因此,也就更加认清了提高科学技术水平的重要和急迫。"并发出号召:"向科学技术进军的号角已经洪亮地吹响了,让我们勇敢前进,为摆脱我们科学技术知识的落后状态,早日建成社会主义而奋斗。"[8]中共中央宣传部及一些省、市委为了进一步加强对科普工作的领导,先后发布指示,要求加强科普工作。

根据形势发展需要,1958年9月,中华全国科学技术普及协会和全国科联联合召开全国代表大会。大会决定两会合并,建立中华人民共和国科学技术协会(简称中国科协)。将研究与推广,提高与普及,即科学知识普及与学术研究工作汇集于中国科协统领之下。[9]中国科协的成立,标志着我国科学普及与传播工作开始了新纪元。目前,中国科协已发展成全国性的、非营利性民间组织,在全国拥有106个分支协会与科学技术团体,致力于促进科学知识传播。除了举办各种活动普及科学技术知识外,中国科协还承担着青少年科学教育任务,出版科学期刊,充当桥梁,转达科学界与政府之间的意见交流。

4.1.3 科学技术与科教兴国

1978年3月,"全国科学大会"在北京召开,邓小平同志在开幕式上作了具有历史意义的重要讲话,他指出:"在20世纪里,全面实现农业、工业、国防和科学技术的现代化,把我们的国家建设成为社会主义的现代化强国,是我国人民肩负的伟大历史使命""四个现代化,关键是科学技术的现代化。……没有科学技术的高速发展,也就不可能有国民经济的高速发展""科学技术是生产力。"[10]

此后,邓小平同志多次提及科学技术对于中国发展的重要性。1986年,邓小平在会见美籍华人李政道(Tsung-Dao Lee)夫妇和意大利学者齐吉基(Antonino Zichichi)夫妇时提出:"中国要发展,离开科学不行""实现人类的希望离不开科学,第三世界摆脱贫困离不开科学,维护世界和平也离不开科学。"1988年,邓小平进一步发展了"科学技术是生产力"理论,创造性地提出"科学技术是第一生产力"的著名论断。科学技术是第一生产力,要尊重知识,尊重人才,调动知识分子积极性。要加强科学技术与教育投入,改进"科教投资的使用"。同时,邓小平进一步强调,他提出的"教育、科技、知识分子的意见"要作为一个战略方针,一个战略措施来解决,也"到了着手解决的时候了"。[11]

然而,科学技术能否真正成为第一生产力,不仅要取决于科学技术的发展水平,而且还依赖于生产力中的最活跃要素——劳动力的科学素养水准。

为了全面落实科学技术是第一生产力的思想,中共中央提出"科教兴国"战略。1992年,在中国共产党第十四届全国代表大会上,江泽民同志指出:"科学技术是第一生产力,经济建设必须依靠科技进步和劳动者素质的提高""尤其需要全社会提高科技意识。"因为,"科技进步、经济繁荣和社会发展,从根本上说取决于提高劳动者的素质,培养大批人才。我们必须把教育摆在优先发展的战略地位,努力提高全民族的思想道德和科学文化水平,这是实现我国现代化的根本大计"。[12]1995年5月颁布的《中共中央、国务院关于加速科学技术进步的决定》,首次提出在全国实施"科教兴国"战略。"科教兴国,指全面落实科学技术是第一生产力的思想,坚持教育为本,把科技和教育摆在经济、社会发展的重要位置,增强国家的科技实力及向现实生产力转化的能力,提高全民族的科技文化素质,把经济建设转移到依靠科技进步和提高劳动者素质的轨道上来,加速实现国家的繁荣强盛。"此次决定指出,实施"科教兴国"应坚持"尊重知识、尊重人才,创造人尽其才、人才辈出的社会环境。在科研工作中,切实发扬学术民主,实现重大决策的民主化、科学化。坚持研究开发与群众性科技活动相结合,研究开发与科技普及、推广相结合,科技与教育相结合"。"加强科学技术的宣传和普及工作,……通过各种宣传媒介和舆论工具、设施场所,以群众喜闻乐见的形式,在广大人民群众中大力普及科技知识、科学思想和科学方法,进行辩证唯物主义和历史唯物主义的教育。用科学战胜迷信、愚昧和贫穷,把人民的生产、生活导入文明、科学的轨道。"[13] 1996年,第八届全国人大第四次会议正式提出了国民经济和社会发展"九五"计划和2010年远景目标,"科教兴国"战略成为我国基本国策。

"科教兴国"战略明确将公众的科学素养与国家的经济发展及社会繁荣紧密联系起来,并将公众科学素养建设提上日程。

事实上,自1978年的全国科学大会之后,中国的科普事业逐渐繁荣起来。首先是青少年科普工作得到发展,青少年科技活动开展频繁,如各种科技制作、科学实验、科学观测、科学考察活动、发明创造比赛以及科技夏令营、冬令营等科技活动,此外,还创建了青少年科技馆。其次,科普创作开始繁荣,科普图书、报刊和影视作品异军突起。从1979年至1988年,全国大约出版了2万多种科普图书。20世纪80年代初,面向农村的科技报异常火爆,各省、市、自治区都有科技报,不少报刊发行量达百万份。科普杂志也由"曾经的100种左右,猛增到247种。到20世纪80年代后期已累计拍摄科普影片3000部,通过放映故事片前的加演和组织专场放映,对增加人们的科技意识和普及科学技术知识,起到了其他宣传形式难以达到的直观、形象、深入浅出的效果。再次,城市、农村开展了卓有成效的技术培训和技术服务工作,帮助青年农民和青年工人掌握实用技术或基本生产技能及致富技术。最后,科普组织发展迅速。全国156个学会、研究会大多设立了科普工作委员会,5万多个乡镇设立了科普协会,5000多个大中型企业设立了厂矿科协,一些大中城市街道也设立了科普协会。[5]

在国家大力重视科学研究与科学教育的前提下,1989年,中国科协管理科学中心开始研究科学素养问题[14],并于1990年进行中国公众科学素养与科学态度调查研究,拉开了我国公众科学素养测评序幕。

2002年,第九届全国人民代表常务委员会第二十八次会议通过《中华人民共和国科学技术普及法》,这是我国第一部科学技术普及法,为我国公众科学素养培育提供了法律保障。

4.1.4 创新型国家建设与公众科学素养

随着科学技术突飞猛进的发展,高科技几乎主导着世界经济的发展态势。21世纪中,一个国家在国际上的经济竞争力将越来越依赖于其拥有的自主创新能力和自主知识产权状况。面对新的挑战,中共中央总书记胡锦涛同志在2006年1月召开的全国科学技术大会上发布了党中央、国务院关于建设创新型国家的决策。胡锦涛说:"建设创新型国家,核心就是把增强自主创新能力作为发展科学技术的战略基点,走出中国特色自主创新道路,推动科学技术的跨越式发展;就是把增强自主创新能力作为调整产业结构、转变增长方式的中心环节,建设资源节约型、环境友好型社会,推动国民经济又快又好发展;就是把增强自主创新能力作为国家战略,贯穿到现代化建设各个方面,激发全民族创新精神,培养高水平创新人才,形成有利于自主创新的体制机制。"[15]因此,要发展创新文化,努力培育全社会的创新意识,倡导创新精神,要在全社会广为传播科学知识、科学方法、科学思想、科学精神,提高广大人民群众的科学素养,形成讲科学、爱科学、学科学、用科学的社会风尚。把科技创新与提高人民生活水平和质量紧密结合起来,与提高人民科学文化素质和健康素质紧密结合起来。胡锦涛的报告体现了这样一种理念:创新型国家建设需要全民具备一定的科学文化素养。换句话说,全民科学素养建设是实现创新型国家不可或缺的成分。

随后,2006年3月国务院根据党的十六大和十六届三中、四中、五中全会精神,依照《中华人民共和国科学技术普及法》和《国家中长期科学和技术发展规划纲要(2006—2020年)》,颁布实施《全民科学素质行动计划纲要(2006—2010—2020年)》。《科学素质纲要》是我国第一个公民科学素养建设的纲领性文件。它第一次提出科学素质的定义,明确提出"提高公民科学素质"对于"提高国家自主创新能力、建设创新型国家"具有重要意义。它也确立了我国全民科学素养建设的方针和两个阶段性目标:到2010年,我国公民科学素养达到主要发达国家20世纪80年代末水平;到2020年,我国公民科学素养水平在整体上达到主要发达国家21世纪初的水平。为了实现这一目标,《科学素质纲要》确定了公民科学素养建设的四类重点人群:未成年人、农民、城镇流动人口和领导干部,并明确规定了针对这四类人群科学素养建设各自不同的行动目标、任务与措施;确定了四大基础工程:科学教育与培训基础工程,科普资源开发与共享工程,大众传媒科技传播能力建设工程,科普基础设施工程;提出了三项保障条件:政策法规,经费投入,队伍建设;指明了两大组织实施措施:确定各级组织领导与职责,建立机制与指标体系检测评估公民科学素养状况和《科学素质纲要》实施情况。[16]

《科学素质纲要》的颁布实施,意味着我国公众科学素养测评工作即将进入新阶段。如何围绕《科学素质纲要》给出的公民科学素养定义确定我国公民科学素养基准,科学地建构公民科学素养测评指标体系,是学术界当前亟待研究的重要课题。

4.2 我国公众科学素养测评实践分析

我国公众科学素养测评实践工作整体上可以划分为三个阶段。第一阶段是学术界对公众科学素养测评的初次实践与理论研究(1989—1992年);第二阶段是政府对公众科学素养测评的重视与实践(1992—1996年),由国家科委与中国科协共同主持;第三阶段是公众科学素养测评实践的常规化与理论研究的深化(2001—2005年),由中国科协领导与组织。

4.2.1 我国公众科学素养测评初次实践与理论研究

1990年,中国科协管理科学研究中心的张正伦和张仲梁等学者在我国进行了第一次公众科学素养测评与研究[1]。研究主要基于以下社会语境:第一,科学技术本身是人类优秀文化的组成部分,欣赏科学技术成果能够陶冶人的情操,科学技术进步影响着人的意识形态,人的自然观与世界观的形成与科学技术有较为紧密的联系。一个人若不能与科学技术同步,势必要落后于时代。第二,现代经济依赖于科学技术的发展,不但所有的生产技术正在迅猛地迈入科学化的轨道,而且以科学研究为基础的技术变革,已成为经济发展的主要动力。经济建设呼唤具有较高科技素养的劳动者。现实不断揭示出,劳动者的科技素养已成为制约和促进经济发展的基本因素。公众的科技素养水平在相当大的程度上影响着其事业成败得失。第三,科学技术已经渗透到个人生活的方方面面,无论是食品还是日常用品,都包含一定的科学原理和技术成分,对科学技术有一定程度了解的人,能更多地享受科学技术带来的利益,相反,对科学技术知之甚少的人,则极易被错误的观点引入歧途。[1]

这次测评尽管样本量不大,而且,为了利于控制和操作,测评的范围仅限于知识层面。然而,它开创了我国公众科学素养测评先河,并第一次给出了中国人关于科学技术素养的定义界定,提出简略的三个维度模型——知识、技能与精神。

张正伦认为,科学技术素养是"公众最低程度的理解科学技术,包括三个层面,即知识、技能和精神""知识指拥有基本的科学技术知识,在我们认知中的素养结构里,知识是基础,是最基本的构件"。"技能"指公众个体"在社会生活中显现出来的处理与科学技术有关的问题的能力"。人们生活在科学技术时代,每天耳闻目睹手触的是科学技术的造物。具有科学技术素养的人应能应付自如,至少不应该茫然无措。"精神"则指"人们对科学技术的精神价值的认知"。由于科学技术确实带来了巨大的物质利益,人们往往从科学的物质成就去理解科学,而忽视了科学在精神方面的作用。"科学的价值绝不仅仅体现在它给人类带来的物质利益方面,实际上,科学最宝贵的价值是科学精神。"[1]

此次公众科学技术素养测评的另一个意义是,第一次尝试将各国的公众科学素养测评指标综合性地应用于我国。这次测评的问卷设计参阅了美国、日本、英国等国相关公众科学技术素养的调查问卷,采用了其中有代表性和普遍性的问项,同时设计了一些符合我国国情的问项,作为我国公众科学技术素养的附加问项[1]。如在科学原理测评中的"水银温度计""照相机"和科学方法测评中的"算卦科学吗"[1]等均是研究者根据我国当时的社会语境设计的问项。因为,尽管温度计在公众日常生活中很常用,但人们对温度计的材质与原理以及正确使用方法并不是很清楚。在过去,照相机在普通公众心目中有着一定的神秘色彩,人们不了解照相机成像的原理,甚至一度有人认为照相会损伤"血脉"或影响身体健康,因而害怕照相或尽量少照相。实际的测评结果表明,我国公众对于这些问项的回答很不理想。

4.2.2 政府对公众科学素养测评的重视与实践

1992年,原国家科委和中国科协组织了中国首次公众科学素养测评,在国家层面上启动了全国范围内公众科学技术素养的定期系统测评,以实现下列目标:第一,精确了解中国公众科学素养水平变化以及对科学技术的态度变化;第二,采用国际通用指标体系,进行国际比较,及时了解本国公众科学素养水平的世界排名;第三,深入了解已进行的科学普及和科学传播工作成效;第四,科学确立决策依据。用科学素养调查结果作为依据,进行科学决策,以进一步提升公众科学素养。[17]后来又分别在1994、1996年进行了两次中国公众科学素养测评。

4.2.3 公众科学素养测评的常规化与理论研究的深化

2001年,中国科协建立了中国公众科学素养变化观测网。观测网利用社会学理论和方法密切观察我国公众的科学素养水平状况,用量化的数据详细地描绘公众的科学素养变化趋势、对科学技术的态度和看法、对我国科学技术政策的看法、对科学和社会关系的看法。2001年的测评不仅与专业技术机构合作,而且报请国家统计局批准,成为国家政府部门批准的国家调查研究项目。[18]2003年,我国进行了第五次公众科学素养测评,依旧通过2001年建立的"中国公众科学素养观测网"进行。但是,对于2001年的问卷做了适当修改,使问题的表达更加符合中国人的表述习惯和思维方式。同时增加了一些新的问项。[19]

2005年,我国进行了第六次公众科学素养测评。2006年《科学素质纲要》颁布实施后,学术界开始探讨如何围绕《科学素质纲要》确定的新目标开展公众科学素养测评。

4.2.4 我国公众科学素养测评实践存在的问题

第一，缺乏符合中国社会语境特色的公众科学素养基础研究，尤其对于动态发展的公众科学素养涵义没有明确界定。综观美国、英国、OECD/PISA 等，他们在进行公众科学素养测评之前，均已建构了较为完善的科学素养理论体系，特别是根据其国家（中心）的具体情况、测评宗旨与目的、目标，界定了明确且可操作的公众科学素养内涵。然后，再根据所界定的科学素养定义，确定指标与变量，设计测评问卷进行测评，这样获得的测评数据更加有意义。我国的六次公众科学素养测评，在结合我国社会语境进行基础理论研究方面均较为欠缺。因而，测评的结果除了了解到我国公众科学素养水平在国际水平中的排序外，似乎没有真正发挥具体而有效的功能。

第二，没有形成符合我国社会语境需要的公众科学素养测评指标体系。我国自 1990 年引进国外科学素养测评指标进行实践以来，一直采用的是美国米勒公民科学素养测评指标体系，对问卷结构也没有改动，只是在美国的问卷基础上吸收了若干英国和日本的测评问项，再依据我国比较常见的现象和当时的热门话题设计一些问项，并没有真正适应我国社会发展需要。[20]现以 2001 年我国公众科学素养测评问卷[18]为例，与美国 2001 年的调查问卷[21]进行比较，仔细考察其中新设计的问项。通过比较与分析，不难发现，其中有些问项经不起推敲，如 2001 年问卷中的 302 题："对下列几种看法同意还是不同意？""人们对科学技术的依赖太多，而对失误估计不足"（美国问卷中的表述为"人们过多地依赖科学技术而不是宗教信仰"），"科学技术打乱了人们的是非观念"。有些问项甚至让被访者不知道如何回答。如 2001 年的 308 题（见表 4.1）、404 题和 407a 题等。

表 4.1 在您看来，未来 25 年内下列事情发生的可能性有多大？（%）

	很可能	有点可能	绝不可能	不知道
治愈普通癌症	55.3	30.5	2.79	11.3
治愈艾滋病	25.30	44.10	6.89	23.40
以科学研究或矿山开采为目的向月球移民	7.50	28.64	27.61	35.83
精确预报地震	46.19	33.80	4.14	15.59
揭示气功、中医的秘密	21.39	38.15	6.98	33.04
发现长期储存或处理核废料的安全方法	22.16	29.34	4.39	43.56

308 题存在的问题有：① 为何将时间定在 25 年内？有何依据？这些事情的发生与 25 年的时间节点有什么联系？② "普通癌症"是什么概念？③ "揭示气功、中

医的秘密"表述着实让人无法回答,它竟然将中国人受益千年的中医和气功放在同等层次,这种表述方式使人觉得中医有一种神秘感。此外,如果被访者认为揭示气功秘密不可能,但揭示中医秘密很可能,那他应该如何选择呢?这个问题严重脱离了我国的社会历史文化语境。

再举例如下,"404. 你知道臭氧层的主要空洞在什么地方吗"。此题预设答案是在南极。有83%的被访者回答"不知道"。该问项的表述也有歧义,人们可以理解为:"空洞是在臭氧层的什么位置?"或"在地球上大气层的什么位置出现了臭氧层空洞?"即使人们正确理解为后一种含义,这个问项的考察意义也不是很大,仅仅是一个考核知识点记忆的题目,人们仅仅掌握这个知识点对环境改善没有任何意义。只有知道引起臭氧层空洞的原因或后果时,才会对人们有所触动。也就是说,该问项没有真正从增强人们的环保意识这样的社会语境需求来考虑,因此,其价值性深受影响。

有些问项缺乏科学性,如"407a. 如果您清楚地理解,或有些了解酸雨的意思,请用您的语言描述一下酸雨形成的基本原因。"测评结果有81%的人"未回答"。这个数据并不能说明有81%的人不知道酸雨形成的原因,很有可能一部分人不能准确表述,因此就选择了"不回答"。如果是列出原因让他们选择,结果可能会不同。因为,被测评者绝大多数是普通大众或者说科学技术局外人,他们的文化程度是有限的,即使知道某些道理,但要描述出来还是有一定难度的,在不能清晰描述的情况下,有些人可能干脆就放弃作答。这反映了测评者忽视了与我国人均受教育程度相关的社会语境。

值得强调的是,列举这些问题,旨在说明,如果问项表述不准确,就无法准确地测出结果。换言之,将我国具体社会语境因素融入公众科学素养测评之中,不仅仅是简单替换几个问项就能解决的。它一定要体现我国社会语境中科学技术文化特质与普遍存在的区别于他国的特殊性问题,也是我国公众科学素养构成中的特质问题。

第三,涉及我国国情的问项没有真正体现中国文化传统与地方知识的实质性内容。如2001年的问卷中出现:"411. 你知道圆周率吗?如果知道,请写出来""317. 下面列举了一些造成我国科学技术落后的可能原因,在您看来,造成我国科学技术落后的根本原因是什么?(可选择1~3项)"。(见表4.2)

表4.2 317题的可选答案

科学技术与经济建设脱节	没有充分调动科技人员的积极性
国力薄弱,人口众多、科技经费不足	科技政策失误,科研管理不善
人才使用不当	缺乏与国际科学技术的交流
企业缺乏依靠科学技术的动力	公众对科学技术的价值认识不够
科技教育跟不上科技发展的需要	其他
科技人员流动很困难	

这些问题都没有体现出我国公众特有的科学技术知识结构与日常工作生活中的科技能力与科技意识。此外,我国是农业大国,据2000年的第五次全国人口普查统计,农民人口占全国人口的比例为63.91%[22]。历年测评问卷中,关于农业知识方面的问题却相当少,这明显脱离了我国的具体社会语境,显然很难真实反映我国公众整体上的真实科学素养水平。

第四,测评与研究结果没有对相关决策产生根本影响。目前,我国已进行过六次全国性公众科学素养测评,结果显示,我国公众科学素养水平与欧美等国之间存在一定差距。但这样的结果未能在中国当前的教育改革中体现出国民科学教育目标与行动的协调一致性。相比之下,美国的公众科学素养测评为改进美国科学教育相关决策提供了理论依据。美国1985年的公众科学素养调查(结果显示为5%)显示,公众的科学素养比1979年(结果显示为7%)下降了2个百分点[23]。于是,美国相关部门为了持续提高公众的科学素养,不断加强正规的学校科学教育和非正规的社会科学普及,美国公众的科学素养也得到了逐步提升。有资料揭示,美国公众科学素养在下降是促使"2061计划"启动的原因之一[24]。而美国"公众科学节"等社会性活动的周期性开展,不仅大大增强公众对科学技术的理解,也高度激发了青少年学习科学的兴趣,使得美国科学发展后继有人,进而促进美国公众科学素养不断提高。20世纪80年代末90年代初,美国18岁以上成年人中约10%具备科学素养,1999年增加到17%[25](如图4.1所示),这样的增长速度是十分显著的。

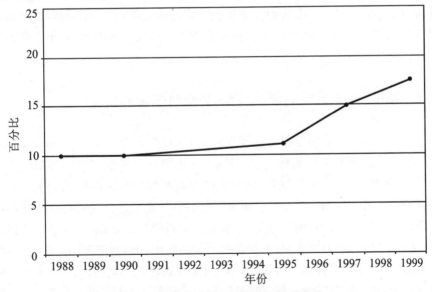

图4.1 1988—1999年美国公民科学素养

(参考自:Miller J D. Civic scientific literacy: A necessity in the 21st century[J]. FAS Public Interest Report, 2002(1):3-6.)

英国和欧洲晴雨表的公众科学素养测评基本上都是为政策服务的,为政策制定提供决策依据或辅助工具。如欧洲晴雨表1977年的测评目的就是为了获取欧洲公众对科学和科学研究的态度及意见等信息,以增进科学家与普通公众间的交流,为相关政策制定提供依据[26]。

4.3 创新型社会语境中我国公众科学素养测评指标体系研究①

2006年3月,国务院颁布实施了《科学素质纲要》以后,建构适应我国国情的公众科学素养测评指标体系问题已被提上议事日程。中国科学技术协会2007年发布了一批相关资助项目,鼓励国内各学术团体研究切实贯彻《科学素质纲要》,有计划、有步骤地提高我国公众科学素养水平。以郭传杰和汤书昆为首的中国科学技术大学科技传播研究与发展中心课题组承担了其中一项研究——"中国公民科学素质测评指标体系与实证研究"。笔者参与了该项目部分研究工作。

该项目研究在综合比较国外主要公众科学素养测评模式的基础上,通过对《科学素质纲要》中"科学素质"概念的诠释,设计我国公民科学素养测评指标体系,并通过小样本测试与大样本检验修正、检测测评问卷等环节完成指标体系修改工作。该项目的核心内容是中国公民科学素质测评指标体系研究,具体包括:公民科学素质测评指标体系设计原则,中国公民科学素质测评指标体系内容,公民科学素质调查问卷的设计与检验。

4.3.1 基于《科学素质纲要》宗旨的公众科学素养定义

从世界范围的公众科学素养测评实践来看,科学素养测评指标的构建必须有一个可操作性科学素养定义充当理论基础。"中国公民科学素质测评指标体系与实证研究"是基于《科学素质纲要》的理论前提与我国科技发展中长期规划的社会历史背景展开的。然而,《科学素质纲要》指出,科学素质是公民素质的重要组成部分。公民具备基本科学素质一般指:了解必要的科学技术知识,掌握基本的科学方法,树立科学思想,崇尚科学精神,并具有一定的应用它们处理实际问题、参与公共事务的能力。然而,这种概念仅仅是一种纲领性表述,不具备操作性,尤其是概念中的"树立科学思想"和"崇尚科学精神",很难设计量化指标。因此,必须根据此概

---

① 本节简要论述郭传杰、汤书昆于2006年发表的"中国公民科学素质测评指标体系与实证研究"(2006DCYJ11-A)的成果。该课题为2006年度中国科协重大政策研究课题(2006.9—2007.6)。

念设定一个具有操作性的科学素质定义,才能分解成不同测评指标,进行测度。

在遵循《科学素质纲要》宗旨的前提下,课题组对公民科学素质概念进行了操作性界定:"公民科学素质指,公民了解基本的科学知识、具有一定程度的科学意识、具备必要的科学能力。"

"科学知识"主要包含数学、自然科学和技术与工程等内容。同时,对于科学方法的掌握在某种程度上属于知识的获得,因此,科学知识中也包括对科学研究方法的了解。"科学能力"指公民掌握和运用科学原理和科学方法解决实际问题的民生能力以及公民参与科学公共事务的民主能力,是将内在的科学知识与具体情境结合外化为处理科学实际事务的本领。"科学意识"包括公民科学思想、科学精神(如求实—创新精神、怀疑—批判精神等)方面的抽象内容,更主要的是指基于科学知识与科学能力面对与科技有关事务时的自觉反应或主观认识,即面对与科技有关事务时的第一角度、首选方案、基本态度、兴趣指向、价值取向所隐喻的科学内容。

4.3.2 我国公众科学素养测评指标体系内容

根据课题组定义的可操作性定义,科学素质可以分解成三个维度:科学知识、科学意识、科学能力。

1. 科学知识维度

科学知识指对基本的科学概念、科学原理、科学事实、科学研究过程及科学研究中的逻辑思维形式与基本方法等的了解与掌握。科学知识维度的基本内容包括科学概念、科学判断、科学推理。科学概念,指具备科学素养的人应该能够理解基本的科学术语。科学判断,指具备科学素养的人对日常出现的现象应该能够用科学的原理描述或简单解释出来,或者知道某种现象或事物遵从什么科学原理。科学推理,指有科学素养的人应该能够清楚科学认识、科学成果或科技产品的产生等大致过程、方法与途径,而不是认为科学充满神秘感或处于被蒙蔽状态,只有这样,人们才能识别生活中或消费过程中的一些打着科学幌子的简单骗局,不会轻易上当受骗。

需要强调的是,公众科学素养意义上的科学知识只是一般意义上最基本的了解,并非专业意义上的理解与掌握。正如美国学者罗伯·哈森和詹姆斯·泰菲尔所指出,"非科学家极需的是掌握和处理有关科学技术问题的背景。正是这种理解日常情境中科学的能力,我们将其称为科学素养……有科学素养的非科学家需要理解少量的几个学科以处理此类问题。因此,科学素养就是对事实、词汇和原理等混合体的综合性掌握。它不是专家的专业化知识,也不依赖于专业术语和复杂的数学表达"。[27]这也是课题组设计问卷的立足点。

2. 科学意识维度

科学意识维度涵盖了《科学素质纲要》的公民科学素质概念中较为抽象且难以

确定测量指标的"树立科学思想,崇尚科学精神"。从世界的科学素养测评实践来看,科学态度是不可或缺的部分,而我国的科学素质定义里没有涉及科学态度问题,倘若使用"科学意识维度",则既能贯彻《科学素质纲要》的精神,又能保证我国的公民科学素养测评与国际接轨。并且,科学意识维度也直接体现了公民科学素质定义理性层面的本质。

科学意识的含义是什么?首先得从什么是"意识"谈起。《辞海》中对"意识"有两种解释:① 觉察。② 与"物质"相对应的哲学范畴:人脑的机能和属性;客观世界在人脑中的主观映像;在心理学上,意识一般指自觉的心理活动,即对客观现实的自觉反应。[28]在英语中,"意识"一词的相对应英语单词为 awareness,是 aware 的名词形式。依据《韦氏高级美语英汉双解词典》解释,aware 意指:① having knowledge or realization of, conscious of(认识到,意识到);② informed, alert, knowledge(了解的,有觉悟的,有知识的)。[29]根据科学素养的内涵所指,这里的"意识"内涵应取汉语解释的第②种和英语解释的第①种。概而言之,就是对客观现实的自觉反应与认识,由此推及科学意识的含义。科学意识,指人们对科学现象、科学研究的意义及其与人类社会的关系、科技产品的研发、生产及应用效应等产生的自觉反应与认识。简言之,科学意识就是指人们对与科学技术有关的现象及活动产生的自觉反应或认识。

科学意识维度包括三个方面内容:科学与非科学、科学与经济生产力、科学与资源和环境。科学与非科学,指人们崇尚科学,而不盲从科学、不迷信科学,用科学原理和科学方法来解释和处理日常遇到的自然现象,同时,能够识别伪科学,并自觉抵制。科学与经济生产力,指人们能够认识到科学研究、科学发展对经济发展与社会生产力发展具有的不可替代作用,理解科学技术的第一生产力作用,即具有科技生产力意识。科学与资源和环境,指人们能够认识到,虽然科学技术能够部分解决资源紧张问题,但对于不可再生资源来说,科学技术无法改变其最终枯竭的命运,相反,科学技术如果使用不当,会加速不可再生资源的枯竭。科学技术的不恰当使用还会污染环境,破坏生态平衡,乃至于最终威胁人类生存。也就说,具备科学意识的人能够辩证地看待科学技术对于资源消耗与环境的双重效应,既能合理使用科学技术,又注重节约资源,保护环境。也就是既具有科技生产力意识,也具有有效利用资源意识和环境保护意识,具备科学发展观意识。科学意识维度旨在测度公民面对涉及科技的有关事务时的自觉反应或主观认识,即测度公民面对科技问题时的第一反应、首选方案、基本态度、兴趣指向、价值取向等内容。

3. 科学能力维度

科学能力维度通常包括学习和获取科学知识的能力,运用科学知识和方法解决实际问题的能力,以及进行科学研究、探索和发现新知识的能力。

从公民科学素养测评的需要出发,课题组将科学能力界定为运用科学知识处理事务并进行创新的能力,包括一般性科学能力和创新性科学能力。其中,一般性科学能力指按照常规方式运用已有的科学知识和科学方法处理个人日常生活事宜和公共事务的能力。在科学素养测评中一般能力侧重于评估个体在发现问题、搜集证据、得出结论,以及以常规方式应用科学知识解决问题或寻求解决问题途径等过程中表现出来的能力。创新性科学能力指非常规地运用科学知识与科学方法,更迅速、更有效地处理个人日常生活事宜与公共事务的能力,测评时重在评估个人面对日常生活中出现的与科学相关的问题或在公共事务面临需要解决的科学问题时,能突发奇想,以非常规、创新型方式迅速而有效地处理或解决问题的能力。科学能力维度旨在测度公民处理实际问题的质量。

确定了公民科学素质测评指标后,本课题组依据二级指标设置问项,形成问卷,建立了较完整的公民科学素质测评指标体系(见表4.3)。

表4.3 公民科学素质测评指标体系

一级指标	二级指标	说明	问项	
维度	科学知识	科学概念	了解与理解基本的科学术语	若干问题	调查问卷（主要内容）
		科学理论	陈述科学事实,描述和识别科学原理	若干问题	
		科学过程	了解科学研究中运用的科学推理与科学方法	若干问题	
	科学意识	科学与非科学	崇尚科学,不盲从或迷信科学;用科学原理和科学方法来解释和处理日常遇到的自然现象;能够识别伪科学,并自觉抵制	若干问题	
		科学与经济生产力	认识到科学研究、科学发展对于经济发展与社会生产力发展具有的不可替代作用;理解科学技术的第一生产力作用,即具有科技生产力意识	若干问题	
		科学与资源和环境	理解科学技术与资源的关系;理解科学技术与生态环境的关系	若干问题	
	科学能力	一般科学能力	以常规方式处理个人日常事务与公共事务中的科学问题的能力	若干问题	
		创新性科学能力	以非常规的、创新性方式处理个人日常事务与公共事务中的科学问题的能力	若干问题	

(参考自:郭传杰,汤书昆,等.中国公民科学素质测评指标体系与实证研究报告[R].合肥,2007.)

4.3.3 有待完善之处

首先应该肯定,"中国公民科学素质测评指标体系与实证研究"项目在总体上是非常成功的。该项目既给出了合理的科学素质定义,指标体系建构健全、科学合理,又有强有力的理论支撑,研究成果在国内具有开创性。然而,由于课题组初次涉猎该类研究,经验不足,加之研究条件所限,本次研究在问卷设计上仍存在三个方面有待进一步完善。

第一,课题组在设计问卷时,仍然立足于目前已受到国外学术界批驳的缺失模型。预设公众在哪些方面的知识是欠缺的,他们应该知道或掌握什么,却没有深入公众群体,通过协商或讨论,实地了解公众知道了什么,在当前社会语境下他们需要知道什么。因此,问卷设计仍然避免不了缺失模型的缺陷——忽略了公众在特定社会语境中获得的知识,低估了他们的实际科学素养水平。

第二,问项选择与现实社会语境结合不够,没有根据不同测评对象灵活地融入与公众生活和生产密切相关的地方性科学知识,对于相邻年份发生的重大事件也没有提及,如2003年的"SARS事件"、2004年的禽流感问题、"大头娃娃"假奶粉事件以及煤矿瓦斯爆炸事件等,对当下社会语境中关系国计民生的问题几乎没有涉猎。

第三,科学能力维度问项的设计不够合理,几乎未能体现出是在测评科学能力。科学能力是内涵丰富、内容复杂的测评领域,通常在实际的社会情境中才能真正发挥出来。本课题组在实际测评中既没有在纸质问卷中提供足够的情境描述,也没有提供模拟的实物情境,只是采用了一些辅助调查方法,抽取一些重要的、能体现中国特有语境且与生活贴近的内容进行测度,有些能力测评题目不是真正意义的能力测评,仅仅是对知识点或空间想象力的考察。

4.4 改进我国公众科学素养测评的相关建议

在我国当前的社会语境下,我国公众科学素养测评亟须解决下列问题。

4.4.1 确立公众科学素养测评基准框架

科学素养是多层面的,科学素养测评一定要有一个约定标准,就像丈量长度必须先确定长度单位,测量土地也要有统一的面积单位,至少在某个地区或某个国家范围内应该有一个统一的基准单位。因为,无论是丈量长度,还是测量土地面积,一定要先有一个明确的目的,为什么测量,是为了进行买卖交易,还是分配给公众,或是核算财产。只有基准单位确定了,才可以公平公正地操作。同样,我们进行科学素养测评,也应该有一个基准,这个基准是由不同社会语境决定的。因为,公众科学素养是动态变化的概念。同时,科学概念、科学原理非常多,并非所有的都是常用的,或者是普通公众常用的。因此,应根据不同社会发展阶段的实际需求,建立科学素养基准。美国的"2061计划"中有科学素养的基准,而印度的"全民基础科学"也属于类似基准。

迄今为止,我国还没有确立适合我国社会语境的公众科学素养基准框架。改进我国公众科学素养测评工作的当务之急应建立公众科学素养基准框架。笔者以为,我国公众科学素养基准应该结合我国当前的学校科学教育标准来考察。一方面因为学校科学教育具有确定性,另一方面也由于多年来的科学素养测评揭示出,公众科学素养基本上与公众个体的受教育程度成正比关系(见表4.4)。

表4.4 20世纪90年代初各国或地区具有科学素养的18岁以上成年人所占比例及受教育程度

变量		欧盟	日本	美国	加拿大
总教育水平		5%/22% $N=12147$	3%/22% $N=1458$	12%/25% $N=2007$	4%/17% $N=2000$
不同学历的教育水平	低于中学	1%/10% $N=3324$	2%/11% $N=433$	1%/8% $N=387$	1%/9% $N=1143$
	中学毕业	4%/22% $N=6103$	2%/25% $N=701$	8%/28% $N=1228$	4%/23% $N=651$
	大学毕业	11%/37% $N=2712$	7%/30% $N=323$	35%/33% $N=392$	21%/40% $N=206$

注:表中每行中上排数据为受过良好教育的人所占比例/受过中等教育的人所占比例;下排数据为样本总数 N(可能因加权处理而有变化)。(参考自:迈诺尔夫·迪尔克斯,克劳迪娅·冯·格罗特. 在理解与信赖之间:公众、科学与技术[M]. 田松,卢春明,陈欢,等译. 北京:北京理工大学出版社,2006:69.)

图4.2清晰显示了1999年美国相关研究揭示出的影响美国公民科学素养水平的因素。从中可以看出,教育程度对于公众科学素养的影响位居第三。

2001年,我国教育部颁布了《基础教育课程改革纲要(试行)》[30],其根本目的是为了确保我国的基础教育能够"面向现代化,面向世界,面向未来",并能适应当代社会语境要求。《基础教育课程改革纲要(试行)》规定了新课程"三元"培养目标:知识与技能,过程与方法,情感态度与价值观,围绕这个"三元培养目标"设计新的课程标准。[31]这个"三元培养目标"与《科学素质纲要》规定的公民科学素养概念内涵基本吻合,因此,可以将我国当前社会语境下建立的基础教育课程标准作为蓝

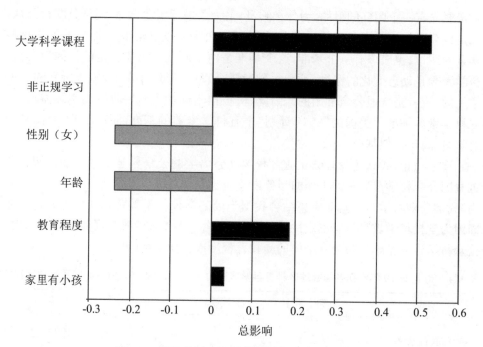

图 4.2 影响美国公民科学素养的因素(1999 年)

(参考自:Miller J D. Civic scientific literacy: A necessity in the 21st century[J]. FAS Public Interest Report,2002(1):3-6.)

本,进一步开发公众科学素养基准框架。

依据确定的公众科学素养基准框架,采取多种途径对公众进行科学教育与培训。不过,值得强调的是,在教育培训过程中,应将这些书本知识与公众原有的地方知识相互贯通、融合,既促进公众对知识、技能的掌握及某些意识的领会,也能为公众带来实际工作与生活效益,提高教育培训效果。然后,依据所确定的科学素养基准制作测评问卷,定期检测我国公众科学素养水平。

4.4.2 重新定位我国公众科学素养测评

何祚庥院士曾经提出,新世纪科普工作要做到"四性":一是时代性,要关注群众关心的问题,不能搞经院式的科普;二是现实性,科普对象要涵盖各个阶层,做到雅俗共赏;三是趣味性,科普形式要生动活泼,能吸引人;四是科学性,要宣传科学精神、科学方法和科学知识。[32]何院士的这"四性"原则上也适用于定位公众科学素养测评,尤其是前"两性"更为适合。公众科学素养测评是考察普通大众的科学素养水平,知识点的选择与问项表述都不能学院化,应该适合普通公众,内容要有时代性,要在一定程度上确保与公众的生活工作息息相关。

《科学素质纲要》的科学素养概念包含三方面涵义。第一,科学素养是由三个层次组成的:知识—意识—行动,知识与意识都是为行动服务的,最终通过行动体现出来。行动即为普通公众的日常生活、工作及参与公共事务。第二,科学素养是一个动态的概念。例如,什么是"必要的科学知识"?实际上,它因不同时代的社会语境不同而不同,现在必要的,未来不一定必要,反之亦然。同样,随着社会进步与科学技术的发展,公民参与与科学相关的公共事务决策的能力也会因时代变化而有很大不同。第三,《科学素质纲要》确立的一般目标是保障全体中国公民在科学技术社会中成为有效公民应该具备的最低限度的科学素养,类似于印度的《全民基础科学》报告中提出的"基础科学"概念[33],而并不是美国教育家莫里斯·夏莫斯所提及的"真实的科学素养"意义上的科学素养[34]。

《全民基础科学》将"普通民众"与职业科学家区分开,来定义"全民基础科学"①。当普通人想要理解一种现象或一个系统时,他需要依靠日常生活中有意义的但可能不同于科学学科中的参量来进行理解。对于印度的全体公民来说,对"现代科学"的适当理解应该是为了弥补且更好地理解他们自己的"传统科学",以便能够对现代科学给他们生活带来的有益或有害的干预做出回应。《全民基础科学》也讨论如何用科学揭示印度传统的习俗与礼仪,帮助人们克服迷信。

依据《全民基础科学》的观点,有科学素养的人完全能够最大限度地保护自身健康,并为社区卫生做出贡献,理解有关环境保护、环境污染与环境破坏等问题,以最基本的方式计量与权衡日常生活中所有可以量化的东西,以科学方式理解农产品和工业品。

虽然我国在公众科学素养培育实践上没必要完全模仿印度,但是,可以借鉴印度的思维模式。毕竟,我国与印度在经济发展阶段、东方传统文化传承、教育现状与人口规模、人口素质及结构等方面均有诸多类似之处,也就是说,我国与印度有着相似的社会语境。尽管在高科技主导的现代社会中,完全固守传统的地方知识模式似乎根本不可能,但普通大众对于科学知识的需求与理解毕竟不同于专业科技人员。化学家研究食品是为了探究它们的化学构造,他们关心的是"蛋白质含量""氨基酸类型"等。生物化学家感兴趣的是,蛋白质在人体内各种酶的作用下是如何分解。然而,普通公众更感兴趣的是香蕉、面包和鸡蛋等完整的食品,而不是不同的蛋白质、淀粉和维生素。公众从代代相传的经验中理解如何从谷物、蔬菜与水果、绿色植物和畜产品中获取健康的食物与均衡的营养。他们想知道各种食物需要多长时间能够消化,哪些食物会刺激肠道蠕动,哪些会舒缓肠道蠕动等。回答这些问题的最佳与最直接的方式没必要一定得通过科学家使用的常规参量。[33]也就是说,在中国和印度等发展中国家中,在考虑公众平均受教育程度与科学素养水平的情况下,测评公众科学素养时更应该强调公众的"功用性科学素养",尤其是

---

① 此处等同于科学素养,但在印度无人使用术语"scientific literacy",就是为了体现平民所需要的"科学"与职业科学家掌握的"科学"不同。

个体在日常生活及公共事务决策中运用所掌握的知识有效决策的能力和公众的科学意识。过于强调公众拥有多少科学知识，意义不是很大。通常，普通公众不必知道诸如角动量的定义是什么，或者DNA的表达需要通过RNA的转录作为中介这样的知识[35]，也不需要知道。正如清华大学曾国屏教授提出，公民科学素质建设要将学院科学、后学院科学与生活科学相融合[36]。

此外，科学意识也应该在科学素养测评中得到加强。在某种程度上，提高公众的科学意识比增加他们的科学知识更重要。有的人可能没有丰富的科学知识，但是他可能会有很强的科学意识。相比之下，意识有时候更重要。因为，意识通常决定着人的行为动机，而仅有科学知识却不能。美国学者肯尼思·普雷威特曾经提及"领悟"在科学素养中的重要性。他认为，有领悟能力的人有洞悉力，能在堪称复杂而险恶的环境中走向成功，通常不会被新技术的运用和新科学语言的出现弄得不知所措，而且可以让科学技术为他们的利益服务。[37]肯尼思·普雷威特的"领悟"在一定程度上应该可以理解为科学意识。

4.4.3 拓展我国公众科学素养测评模式

从公众科学素养测评的历史和世界范围内的实践模式来看，科学素养测评通常包括两种模式，一种是通测模式，另一种是专测模式。通测模式，指从总的方面对公众科学素养进行一般性测评，目的是为了收集基本数据，了解公众科学素养水平的总体状况。测量内容包含多个方面，而且通常是一般性科学知识、科学方法、科学态度等。如美国《科学与工程指标》两年一度的测评即为通测模式。专测模式，则指就某个或若干专门问题进行的测评，通常是为了调查关于某个或某些科学问题的民意，为特定决策提供依据，或检验相关政策的实施效果，以便日后改进。

美国、日本、欧洲晴雨表等公众科学素养测评除了一般性科学素养测评，即通测外，还有很多专门测评。如美国2002年的"生命科学调查"，2004年的"美国人与转基因食品""公众对纳米技术的理解"，2005年的"加拿大—美国生物技术的调查"等[38]，这些调查通常在特定社会语境下依据特殊需要而进行。表4.5列举的是2000—2005年间，日本内阁府关于科学技术的专题性测评状况。从表中可以看出，这些专题测评均与人类生存和生活紧密关联，针对性很强。通过专门测评，可以获得更加翔实的数据，对决策更有实际意义和参考价值。

表4.5 2000—2005年日本科学技术专题性调查

调查时间(年)	专题名称	对象年龄	样本量(人)
2000	艾滋病问题的民意调查	≥15岁	5000
2000	脏器移植问题的民意调查	≥20岁	3000

续表

调查时间(年)	专题名称	对象年龄	样本量(人)
2000	海岸利用问题的民意调查	≥20 岁	5000
2001	水问题的民意调查	≥20 岁	3000
2001	建设资源循环利用社会的民意调查	≥20 岁	5000
2001	自然保护和利用的民意调查	≥20 岁	3000
2001	全球变暖问题的民意调查	≥20 岁	5000
2003	森林与生活的民意调查	≥20 岁	3000
2003	消防和急救的民意调查	≥20 岁	3000
2004	爱知世博会的民意调查	≥20 岁	3000
2005	能源问题的民意调查	≥20 岁	3000
2005	环境问题的民意调查	≥20 岁	3000
2005	水灾等问题的民意调查	≥20 岁	3000
2005	全球变暖问题的民意调查	≥20 岁	3000

(参考自:http://www.cao.go.jp/index.html.)

至 2007 年,欧洲晴雨表已经就 21 个专题进行了专门测评(见表 4.6),有些专题曾多次重复进行,其中关于能源问题的调查在 20 多年时间里多达 11 次,近乎两年一次。能源问题不仅是欧洲社会发展的重要问题,同时也是全人类发展必须面临的重要问题。欧盟通过如此频繁的测评,就是为了保证欧盟国家的能源政策决策最大限度科学化、合理化。

表 4.6 欧洲晴雨表的科学技术专门测评一览表

序号	测评专题名称	测评时间(年)
1	对能源的态度	1982,1984,1986,1987,1989,1991,1996,2002,2005,2006
2	对环境的认识	1982,1986,1992,1995,1999,2002,2004,2007
3	对预防癌症的态度	1987,1988,1998
4	欧洲农业与共同的农业政策	1987,2001,2002,2004,2005,2006
5	对生物技术的态度	1991,1993,1996,1999,2002,2005

续表

序号	测评专题名称	测评时间(年)
6	对健康和保健的态度	1991,1993,1998,2002,2003,2005,2006,2007
7	对药物及药物滥用的态度	1992,2002
8	对吸烟与烟草的态度	1992,2002,2005,2006
9	信息技术和数据隐私	1996
10	对放射性废物(及核安全)的认识	1998,2001,2005,2006
11	转基因食物的标签	2000
12	因特网上违法和有害的内容	2003
13	对电子通信的看法	2005,2006
14	艾滋病预防	2005
15	医学过失	2005
16	禽流感	2006
17	交通工具中的智能系统	2006
18	电磁领域	2006
19	对酒精的态度	2006
20	器官捐赠	2006
21	媒体中的科学研究	2007

(参考自:https://europa.eu/eurobarometer/surveys/detail/66.)

英国的公众科学素养测评除了1988年[39]采用了米勒指标进行一般测评外，其他的基本都是每次一个专题(参见本书第3章的表3.11)。

相比之下，我国公众科学素养测评缺乏专题测评。专题测评通常能够深入了解特定社会语境中的公众对某个特定问题的理解与态度状况，针对性强，测评目的明确，目标具体，决策参考价值更大。随着公众参与公共事务的范围不断拓展，开发相关指标，进行专题测评，应该成为我国公众科学素养测评理论研究与实践的重要议题。

本 章 小 结

20世纪90年代初，我国引进美国米勒公民科学素养测评指标体系，迄今为止，已经进行了六次全国性公众科学素养测评。这些测评尽管对促进我国公众科学素养提高以及理论研究具有积极作用,然而,仍然存在问题:第一,缺乏中国社会语境特色的公众科学素养基础研究;第二,没有形成符合我国社会社会语境需要的公众科学素养测评指标体系;第三,涉及中国国情的问项没有真正体现中国文化传统与地方知识的实质性内容;第四,测评与研究结果没有对相关决策产生根本影响。

2006年3月,国务院颁布实施的《科学素质纲要》掀起了公众科学素养研究的新一轮高潮,也为改进和完善我国公众科学素养测评实践提供了契机。

针对我国公众科学素养测评中暴露出的问题,依据《科学素质纲要》的目标与方针,我国当前社会语境中的公众科学素养测评模式的建构应该重点从这些方面入手:首先,确立我国公民科学素养基准框架;其次,准确定位我国公众科学素养测评;最后,拓展我国公众科学素养测评模式。

参 考 文 献

[1] 张正伦. 中国公众的科学技术素养[M]. 北京:中国科学技术出版社,1991:3-4,5-7,46-52,54.

[2] 中国科学技术协会中国公众科学素养调查课题组. 2003年中国公众科学素养调查报告[M]. 北京:科学普及出版社,2004:序.

[3] 程雨辰. 抗战时期重庆的科学技术[M]. 重庆:重庆出版社,1995:2,5.

[4] 钱文华,陈敬全. 论陕甘宁边区的科学大众化运动[J]. 东华大学学报(社会科学版),2003,3(4):9-12.

[5] 潘希. 中国科普:历史与现在[N/OL]. (2007-02-08)[2022-06-27]. www.sciencenet.cn/search/default.aspx?fi=kxsbnews&key=%u4e2d%u56fd%u79d1%u666e.

[6] 佟贺丰. 建国以来我国科普政策分析[J]. 科普研究,2008(4):22-52.

[7] 尹传红. 亲历新中国科普事业发展:访章道义[J]. 科普研究,2007(2):72-80.

[8] 章道义. 中国科普:一个世纪的简要回顾[N]. 科技日报,2001,3-30.

[9] 袁清林. 科普学概论[C]. 北京:中国科学技术出版,2002.

[10] 邓小平. 在全国科学大会开幕式上的讲话[C]//邓小平文选(第二卷). 北京:人民出版社,1994:85-100.

[11] 邓小平. 科学技术是第一生产力[C]// 邓小平文选(第三卷). 北京:人民出版社,2001:274-276.

[12] 江泽民. 加快改革开放和现代化建设步伐夺取有中国特色社会主义事业的更大胜利——中国共产党第十四次全国代表大会上的报告[J]. 理论导刊,1992(Z1):15.

[13] 中共中央、国务院关于加速科学技术进步的决定(中发〔1995〕8号)[Z]. 中华人民共和国国务院公报,1995-13:470-482.

[14] 李大光. "公众理解科学"进入中国15年回顾与思考[J]. 科普研究,2006,(1):24-32.

[15] 胡锦涛. 坚持走中国特色自主创新道路 为建设创新型国家而努力奋斗:在全国科学技术大会上的讲话[C]//中共中央宣传部舆情信息局. 建设创新型国家. 北京:学习出版社,

2007:1-11.

[16] 中华人民共和国国务院. 全民科学素质行动计划纲要(2006—2010—2020年)[M]. 北京：人民出版社,2006:2.

[17] 李大光. 国际视野中的中国公众科学素养[J]. 中国科技论坛,2007(3):7-8.

[18] 中国科学技术协会中国公众科学素养调查课题组. 2001年中国公众科学素养调查报告[M]. 北京：科学普及出版社,2002：Ⅶ-Ⅷ,192-207.

[19] 中国科学技术协会中国公众科学素养调查课题组. 2003年中国公众科学素养调查报告[M]. 北京：科学普及出版社,2004：Ⅱ-Ⅲ,18.

[20] 何薇. 中国公众对科学技术的理解与态度[R]. 北京：第五届亚太地区媒体与科技和社会发展研讨会：全民科学素质与社会发展,2006.

[21] Miller J D, Kimmel L, Macro O R C. National science foundation surveys of public attitudes toward and understanding of science and technology, 1979-2001：United States[EB/OL]. (2006-01-18)[2022-06-27]. https://catalog.princeton.edu/catalog/ 99100837873506421.

[22] 2000年第五次全国人口普查主要数据公报(第1号)[J]. 吉林政报,2001(7):17-18.

[23] Miller J D. The five percent problem[J]. American Scientist, 1988, 76(2):iv.

[24] Brown G E, Jr. Project 2061：A congressional view[J]. 1989, Science, 245 (2916)：340.

[25] Miller J D. Civic scientific literacy：A necessity in the 21st century[J]. FAS Public Interest Report, 2002, January/February: 3-6.

[26] Schuster G. Science and European PublicOpinion[EB/OL]. (1977-10-01)[2022-06-15]. https://europa.eu/eurobarometer/surveys/detail/66.

[27] Hazen R M, Trefil J. Science matters：Achieving scientific literacy[M]. New York：Doubleday, 1991: xii, 1-20.

[28] 辞海编辑委员会. 辞海(下)[M]. 上海：上海辞书出版社,1990:5769.

[29] 达尔吉什. 韦氏高阶英语英汉双解词典[M]. 北京：外语教学与研究出版社,2006：126.

[30] 中华人民共和国教育部. 基础教育课程改革纲要(试行)[J]. 学科教育,2001,(7)：1-5.

[31] 崔允漷. 新课程"新"在何处：解读基础教育课程改革纲要(试行)[J]. 教育发展研究,2001(9)：5-10.

[32] 刘道蓉,张娜高. 论我国国民科学素养的现状、原因及对策[J]. 理论月刊,2001,(11)：37-39.

[33] Popli R. Scientific literacy for all citizens：Different concepts and contents[J]. Public Understanding of Science, 1999, 8(2): 123-137.

[34] Shamos M H. The myth of scientific literacy[M]. New Brunswick：Rutgers University Press,1995:87-90.

[35] Ayala F J. Scientific literacy[J]. American Scientist, 2004, 92: 394.

[36] 曾国屏,李红林. 生活科学与公民科学素质建设[J]. 科普研究,2007(5)：5-13.

[37] Shortland M, 杨燕. 倡导科学：素养和公众理解[J]. 科学对社会的影响,1989,(4)：3-12.

[38] National Science Board. 2006. Science and Engineering indicators 2006 [EB/OL]. (2006-02-23)[2022-06-27]. http://www.nsf.gov/nsb/publications/landing/nsb0601.jsp.

[39] Durant J R, Evans G A, Thomas G P. Public understanding of science[J]. Nature, 1989, 340: 11-14.

第 5 章 结 语

本章主要在前面研究成果基础上对全书进行了系统总结,并简要阐述了"公众科学素养比较"以及科学素养与公众个体个性关联度等两个值得进一步探讨的问题,最后对未来研究工作提出展望。

5.1 研究总结

本书主要基于科学社会学视角,运用社会语境分析方法,论述二战后科学素养概念产生、演变及公众科学素养测评实践活动与世界范围的社会语境变化之间的联系,考察不同社会语境中的公众科学素养测评模式,论述我国当代社会语境变迁历程与公众科学素养测评实践,分析我国当前公众科学素养测评存在的问题。在此基础上,提出改进我国公众科学素养测评的对策与建议。本书的主要创新之处在于,结合具体社会语境考察公众科学素养测评问题,阐述社会语境变迁对科学素养概念、公众科学素养测评宗旨、测评问卷设计、测评模式与测评指标维度等产生的影响。

首先,依据科学发展不同阶段的社会需求以及科学在不同社会时期的不同效用,围绕科学素养研究与公众科学素养测评的发展变化情况,将二战后的历史时期划分为三个阶段:公众笃信科技功用时期(二战结束到 20 世纪 50 年代末),公众质疑科技问题时期(20 世纪 60 年代初至 20 世纪 80 年代中期),公众参与科技决策时期(20 世纪 80 年代中期以来)。系统阐述了每个阶段的具体社会语境及科学素养研究与测评的发展变化状况,纵向梳理了社会语境变迁对科学素养研究与公众科学素养测评的影响。

其次,对当代社会语境进行了横向考察,探讨了不同国家的不同社会语境对科学素养研究及公众科学素养测评产生的影响。在当代社会语境下,尽管科技发展与社会进步的总态势是相同的,但由于政治制度、经济发展水平、文化传统等方面存在差异,因而,不同国家的具体社会语境又有所不同。不同国家的不同社会语境影响着科学素养概念的界定、公众科学素养测评宗旨、问卷设计、测评维度以及测评模式。也就是说,即使在同一时期,不同国家或研究主体也可以根据本国或本地区的需求或研究目的,采取特别的公众科学素养测评模式,或者设计不同的公众科学素养测评指标与问卷,以测评公众科学素养。美国、英国或欧洲晴雨表和 OECD/PISA 的公众科学素养测评,就是在三种不同社会语境中测评宗旨不同的公众科学素养测评模式。

最后,简要梳理了进入 20 世纪以来我国社会语境的变迁以及科学素养研究与测评状况,指出我国科学素养理论研究与测评实践存在的问题,并结合我国当前的社会语境,提出了改进公众科学素养测评的相关建议。

我国是发展中国家,早期经济不发达,科学技术事业起步较晚,地区发展不平衡,文化与教育水平区域性差异大,公众科学文化素养普遍较低。然而,我国自 20 世纪 90 年代初以来,一直沿用美国乔恩·D. 米勒创立的公众科学素养测评指标体系进行公众科学素养测评,从根本上忽视了我国特殊的社会语境。因此,尽管十多年来我国公众科学素养测评实践也取得了一定成效,发挥了特定的社会历史作用,但是,随着社会发展及社会语境的不断变迁,这种直接引用美国公众科学素养测评模式进行的公众科学素养测评,其弊端与问题日益凸显。因此,我国应在确立公众科学素养基准,明确公众科学素养测评功能定位基础上,拓展公众科学素养测评模式,真正发挥公众科学素养测评在我国具体语境下的社会功用。

总之,本书揭示出社会语境变迁从不同方面对公众科学素养测评产生了不同程度的影响,因此,进行公众科学素养测评不仅需要考虑人类社会发展进程与科学技术水平等一般性社会语境,同时也要适应特定的国家或地区的特别社会语境,甚至是特定区域的地方性社会语境,公众科学素养测评的结果才会更加真实,从而更有意义。

5.2 值得探讨的问题

5.2.1 公众科学素养比较研究问题

自 20 世纪 70 年代以来,许多国家都开始对成人科学素养进行检测,并进行了排名。那么,如何看待这种不考虑社会语境因素的比较呢? 本节就这一问题进行探讨。

1. 公众科学素养国际比较探讨

科学素养依存于一定的社会语境,与它所运行的社会有着内在联系,定义科学素养不仅取决于一定的社会意图和目的,而且对科学素养概念的理解也因时代、地理区域、社会条件或环境的不同而不同。[1]当前世界各国的社会经济体制具有多样性,在社会、经济、政治、文化方面都存在很大差异性,各国的公众科学素养在水平与结构上与本国的发展需求相适应。而且,每个国家都有不同的科学基础和文化传承,科学素养在一定程度上受到一个国家科学发展的历史基础和文化习惯影响。[2]

美国在"冷战"时期追求的是公众对尖端科技研究的理解,对高科技在经济发展中的贡献的理解。20世纪90年代,美国开始向知识经济形态转变,知识成为重要的生产力要素,公众科学素养结构中高科技知识及理解占很大组成部分。20世纪70年代,日本为了发展高科技,走向经济大国,大力发展现代科学技术教育,提高公众科学技术素养。20世纪八九十年代,印度经济落后,人口众多,贫穷、饥饿、疾病充斥社会,人们最需要的是有助于提高平民生存质量的"全民基础科学"。处于不同发展阶段的国家,社会语境差距显著,如果使用相同的科学素养测评指标或问卷来测评这些差异悬殊的国家的公众科学素养,并对测评结果进行国际比较,显然是不公平的。同时,公众科学素养水平的国际排名也不一定与该国科技水平的真实国际地位相一致。例如,从测评来看,美国公众的科学水平在过去的半个世纪左右一直位居榜首,然而,在技术实践上,日本却超越了美国。[3]

尽管如此,有时进行一定范围的国际比较,了解各自的国际排名也是需要的。不过,这种比较只能是根据世界性大范围的社会语境进行一般的定性测评,其测评结果只具有一定参考价值,与具体国家或地区的社会语境不一定相适应,因此不能作为特定社会语境中重要决策参考依据。

2. 公众科学素养群体比较探讨

在公众科学素养测评中,常常会有不同群体间的科学素养水平比较,其实这种比较结果并不能真正体现不同群体间的真实科学素养状况。因为,进行不同群体比较的科学素养测评通常是基于社会高度科学技术化的社会语境中,要求公众的社会适应能力、理解能力和参与能力均适应了高科技化社会语境的需求。然而,大多数国家均存在多元社会结构:农业社会、工业社会与信息化社会同时并存,尤其是发展中国家,这种局面更为明显。在类似国家的社会语境下,地方性知识是公众科学素养的重要组成部分。

就理论而言,科学素养形成的基础是科学知识。科学知识既应该有官方知识(official knowledge),又包括地方知识(local knowledge)。一个人可能没有接受过正规的学校教育,但是,他可能从生活环境、经历中获得在特定生存环境中需要的知识,这就是地方知识。这样的知识是公众在长期与自然的抗争中,积累了无穷无尽的智慧,并且通过祖祖辈辈的继承—改进—验证,很多都是非常重要而且正确的。有时,甚至是掌握着精深科学知识的科学家也要向他们学习,科学技术并非完全来源于科学家的学院科学。[4]当科学家还在实验室里研究如何有效地防治棉花蚜虫时，牧民们却能欣然享用祖辈们流传下来的经验，在棉花地边上大量种植优质牧草苜蓿，利用瓢虫、草蛉和食蚜蝇等棉蚜天敌，有效控制了棉蚜。这样既保护了棉花，又收获了羊群的草料，更避免了化学药品的污染，保护了生态环境。真可谓一举多得，达到了低成本、高效益。难道这种地方知识没有价值吗？这些牧民可能在做公众科学素养测评的调查问卷时得分很低，因为他们可能没有学过多少书本知识，但这样就能断定他们在处理类似棉蚜的生产问题时没有科学素养吗？无独有偶，在1986年英国发生的"坎布里亚（Cumbrian）羊"事件[5]、1995年的布伦特斯帕尔石油平台（Brent Spar oil platform）危机[6]和1996年的"疯牛病"[7]事件中，都是由于专家们忽视地方知识导致决策失误，引起了公众对专家知识的强烈不满，甚至引发公众对科学的信任危机。那些公众虽然不懂专家们所掌握的"官方知识"，但他们在长期生活与生产实践中获得了有关他们生存环境的大量丰富且极其实用的地方知识，从而具备了有效处理日常事件或地方公共事务的能力。如果按照现有的以书本知识为主的公众科学素养测评试卷进行测评，他们很可能表现较差甚至极差，可是，我们却不能够简单断定他们没有科学素养或科学素养极低。地方知识普遍存在于多种不同职业环境中，它们也是公众科学素养中的重要组成部分，"对处于不同情境中的不同个体而言，科学意味着不同的事物"[8]。然而，我们现有的公众科学素养测评几乎没有关注地方知识，这种忽视地方知识存在的测评是不合理的，其测评结果的参考价值也值得怀疑。

同时，公众通常会根据他们已有的生活经验、所处的文化语境和个人环境所形成的社会与心理模式（social and psychological schemas）来加工处理所获取的信息，公众所处的社会语境决定着其对信息做出的反映。[9]也就是说不同社会语境中的公众个体对同一种科学信息作出的反馈是不同的。

此外，虔诚的宗教人士可能会对人类进化理论、基因理论等部分科学事实或知识进行否认[10]，这种由于宗教文化原因而导致的对科学的极端态度必然影响科学素养测评结果。

综上所述，不同群体间的科学素养比较，通常用来了解高科技社会语境中的公众科学素养横向比较的大致状态，并不代表公众实际工作效率与生活能力的实际差异。

5.2.2 公众科学素养与公众个性特征关联性探讨

种种迹象与数据表明，公众的科学素养水平可能与公众个体的个性特征有关。第一个事实，是公众的科学素养分布呈现出与年龄呈反比的状态，而且这一现象存在世界普遍性（如图5.1所示）。尽管具体数值不同，但整体趋势基本一致。第二个事实，是尽管随着时间的推移，各国的科学教育在加强，总体科学素养也呈上升势头，但公众对于特定知识的掌握在人群比例中并没有多大变化（见表5.1、

表 5.2)。

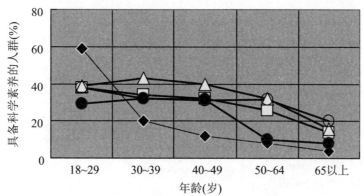

图 5.1 公众科学素养水平的年龄结构分布

(参考自:李大光.科学素养的概念化过程与中国的理解[J].科学,2006,58(3):25-28.)

表 5.1 1985—2006 年美国公众科学素养问题的回答正确率

问题	1985	1988	1990	1992	1995	1997	1999	2001	2004	2006
A	NA	80%	79%	81%	78%	82%	80%	80%	78%	80%
B	NA	65%	63%	73%	72%	71%	71%	76%	73%	70%
C	NA	36%	37%	37%	40%	39%	43%	45%	42%	45%
D	NA	43%	41%	46%	44%	43%	46%	48%	45%	53%
E	NA	54%	32%	38%	35%	32%	33%	33%	33%	33%
F	79%	80%	77%	79%	78%	78%	80%	79%	77%	80%
G	NA	73%	73%	71%	73%	73%	72%	75%	71%	76%
H	NA	45%	48%	46%	47%	48%	49%	54%	NA	55%
I	NA	NA	NA	65%	64%	62%	66%	65%	62%	64%
J	NA	26%	30%	35%	40%	43%	45%	51%	54%	56%
K	45%	46%	45%	45%	44%	44%	45%	53%	42%	43%

注:NA 为空白项。问题分别为:A.地球中心很热;B.所有放射性都是人为的;C.激光由声波汇聚而成;D.电子比原子小;E.宇宙开始于大爆炸;F.我们居住的大陆已经漂移了数百万年,还将继续移动;G.地球围绕太阳转还是太阳围绕地球转;H.地球围绕太阳转一周需要多长时间;I.父亲的基因决定婴儿是男孩还是女孩;J.抗生素既可以杀死细菌,又可以杀死病毒;K.就目前所知道,人类由早期的物种进化而来。(参考自:http://www.nsf.gov/statistics/indicators.)

表 5.2　1988—2006 年科学过程问题的回答正确率

问题	1988	1990	1992	1995	1997	1999	2001	2004	2006
A. 对概率的理解	64%	61%	64%	63%	62%	64%	67%	64%	69%
A1. 如果前三个孩子是健康的,则第四个孩子会患病	84%	78%	80%	77%	78%	78%	78%	NA	NA
A2. 如果第一个孩子患病,则其余三个不会	86%	81%	83%	81%	81%	82%	84%	82%	86%
A3. 一对夫妇的每个孩子都有同样的患病风险	72%	70%	71%	72%	71%	74%	75%	73%	75%
A4. 如果一对夫妇只生三个子,则没有孩子患病	87%	81%	83%	79%	79%	81%	84%	NA	NA
B. 科学研究的理解	17%	18%	21%	16%	23%	21%	26%	23%	25%
C. 科学实验的理解	NA	NA	NA	26%	36%	34%	38%	46%	42%
D. 科学探究的理解	NA	NA	NA	26%	34%	32%	39%	39%	41%

注:NA 为空白项。(参考自:http://www.nsf.gov/statistics/indicators.)

为了更加直观地显示美国公众 1985 年以来对科学知识概念与科学过程的理解变化,我们将表 5.1 和表 5.2 分别转化成图 5.2 和图 5.3。在图 5.2 中,除了"抗生素既可以杀死细菌,又可以杀死病毒"这个问题的正确回答率保持上升趋势外,其他问题基本上处于波动状态,总体态势没有上升。图 5.3 显示的状况有所不同,在第一个对概率的理解问题及其子问题的回答正确率基本上与图 5.2 存在类似状况,折线是上下波动的,总体态势没有上升,而后三个问题"科学研究的理解""科学实验的理解"和"科学探究的理解"的正确回答率尽管也有波动,但总体态势是上升的。从中我们发现一个现象:偏记忆的东西在人群中被掌握的概率基本处于恒定状态。再结合图 5.1 所显示的,公众的科学素养水平呈年龄递减趋势。通常情况下,人的年龄越大,知识回忆能力越弱,而与经验有关的体会或理解则越强。

在美国众多研究者和教育人士中,只有极少数人对科学素养问题发表不同见解,其中代表人物莫里斯·夏莫斯研究发现,具备真正意义上的真实科学素养的美国人数是美国成年人口的 4%～5%,大约是美国全部职业科学家和工程师的人数。乔恩·D. 米勒用他的基准得出的这个数据大约为 6%。莫里斯·夏莫斯提醒人们,成人科学素养的评估值低这个现实并非局限于美国;乔恩·D. 米勒的同行在英国进行的研究得到的测评值为 7%[11]。这些种现象综合起来应该可以说明,科学素养养成与公众个体的个性特征有明显关系。相关心理学研究已经揭示出,每个个体都有些生理上和心理上的"天赋",这些天赋规定了个体发展潜力的范围。尽管人们通过努力会实现更多的目标,但是,由于先天素质差异,影响着个体发展

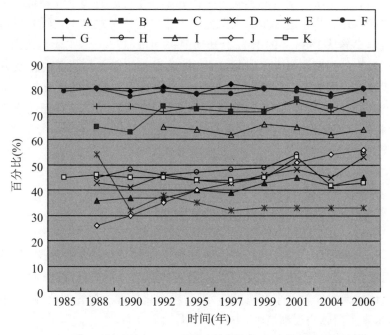

图 5.2　1985—2006 年美国公众科学素养问题的回答正确率示意图(%)

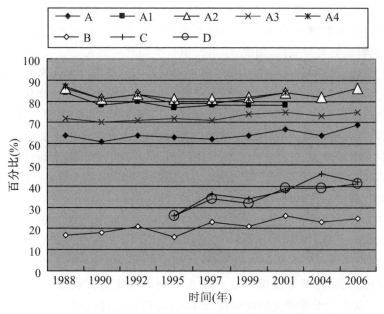

图 5.3　1988—2006 年美国公众科学过程问题的回答正确率示意图(%)

的方向和程度。至于科学素养到底与个体的哪些生理或心理个性特征有关联？有怎样的关联？还有待于进一步深入探究。也正是在这个意义上，我们可以说，美国公众的科学素养从1988年的10%上升到1999年的17%[12]，主要是人们对科学方法或科学过程的理解在提升。既然如此，科学素养的定义与测评内容及方式有必要进一步改进。因为，将那些因先天原因而难以有根本改变的成分作为主要研究对象，考察它们的变化程度，探讨促进它们改进的途径，几乎没有任何意义。或者可以说，将知识回忆作为公众科学素养的重要部分本来就不科学。

5.3 未来研究展望

在写作过程中，因资料所限，在论述社会语境对公众科学素养测评的影响时，未能针对政治、经济、历史和文化等具体要素的影响分别进行阐述，而是笼统地将这些社会语境要素作为一个有机整体，进行模糊化处理。尽管如此，随着本书的不断深入，未来走向脉络逐渐清晰，主要有以下三个方面。

一是学术界对公众科学素养测评的研究将越来越趋向于特殊语境中的公众科学素养研究，即适合社会语境的个性化研究。不过，这种个性化研究并非针对公众个体的个性，而是指测评对象群体所处的特殊语境，如不同社会语境中的公众群体如何接受与运用科学，如何对待科学信息与专家建议，如何将这些信息建议与日常经验或自身已掌握的其他形式的知识相联系，最终有效利用科学解决实际问题等。[8]这类研究更有针对性，因此，学术价值与实践意义更大。

二是文化语境对公众科学素养的养成与测评有何影响？如何考察不同文化语境中的公众科学素养状况？这涉及公众理解科学的文化差异性。文化可分为精神层面和物质层面。物质层面通常指由物质设备、相关器物衍生出的文化，精神层面则包括语言、风俗习惯、社会组织、社会制度等方面相关的文化。文化因素是如何影响科学素养养成的，是所有因素都产生作用，还是其中某些因素与科学素养养成有关？不同因素产生影响的程度如何？对公众科学素养养成的文化语境研究，有可能实现公众科学教育模式改革的突破。

三是公众科学素养养成与公众个体的个性特征关联性研究。科学素养的养成与公众个体的哪些心理或生理特征有关联性，与个体生理与心理发展过程是否有关联？这涉及人类学、心理学等相关学科研究，具有一定挑战性。尽管目前心理学领域已有所涉猎，但通常侧重于从教学与学习的角度研究科学知识与技能的掌握[13]，缺乏从科学素养养成的视角进行深入探讨。公众科学素养养成与公众个体的个性特征关联性研究具有一定前瞻性，有进一步探讨的价值，不过，也存在相当大的研究难度。

参 考 文 献

[1] Laugksch R C. Scientific literacy: A conceptual overview[J]. Science Education, 2000, 84: 71-94.
[2] Raza G, Singh S, Dutt B. Public, science, and cultural distance[J]. Science Communication, 2002, 23(3): 292-309.
[3] Bauer H H. Scientific literacy and the myth of the scientific method[M]. Urbana and Chicago: University of Illinois Press, 1992, 13-14.
[4] 张润志. 科学研究与科技传播: 昆虫学研究与科普知识普及[R]. 上海: 中美科普论坛——科技传播与公众科学素养, 2007.
[5] 刘兵, 李正伟. 布赖恩·温的公众理解科学理论研究: 内省模型[J]. 科学学研究, 2003, 21(6): 581-585.
[6] Yearley S. Making systematic sense of public discontents with expert knowledge: Two analytical approaches and a case study[J]. Public Understanding of Science, 2000, 9(2): 105-122.
[7] Jasanoff S. Civilization and madness: the great BSE scare of 1996[J]. Public Understanding of Science, 1997, 6(3): 221-232.
[8] Wynne B. Knowledges in context[J]. Science, Technology, & Human Values, 1991, 16(1): 111-121.
[9] Lewenstein, B V. Models of public communitaion of science and technology[EB/OL]. (2003-06-16)[2022-06-27]. https://edisciplinas.usp.br/pluginfile.php/43775/mod_resource/content/1/Texto/Lewenstein%202003.pdf.
[10] Cole-Turner R. Faith meets the human genome project: Religious factors in the public response to genetics[J]. Public Understanding of Science, 1999, 8(3): 207-214.
[11] Shamos M H. The myth of scientific literacy[M]. New Brunswick: Rutgers University Press, 1995: 86-90.
[12] Miller J D. Civic scientific literacy: A necessity in the 21st century[J]. FAS Public Interest Report, 2002(1): 3-6.
[13] 樊琪. 科学学习心理学[M]. 北京: 中国轻工业出版社, 2002.

附　　录

附录 A　米勒公民科学素养理论体系研究[①]

A.1　米勒公民科学素养理论体系建立的社会背景与宗旨

1. 美苏政治对抗引起美国社会对科学素养的重视

1957年,苏联成功发射人造地球卫星以后,美国公众既对科学产生浓厚兴趣,也对美国的科技竞争力表现出担忧,甚至出现政治恐慌,公众的科学素养逐渐成为人们关注的焦点。鉴于此,美国国家科学基金会(NSF)和美国教育办公室(the U.S. Office of Education)制定了后人造卫星时代科学素养计划(Post-Sputnik scientific literacy programs)。为了在美苏对抗中保持优势,美国政府一方面鼓动更多学生走向科学事业,另一方面借苏联成功发射人造地球卫星宣传科学的功用,希望促使公众对科学在冷战方面付出的代价和风险给予理解和支持。

2. 关于科技政策决策的争论日益频繁

1962年,蕾切尔·卡逊的《寂静的春天》一书问世,引起公众对科学的负面效应产生质疑。古巴导弹危机(the Cuban Missile Crisis)和越南战争等也从侧面显示出科学对人类社会造成的严重的危害效应。科学不可控制的一面使公众愈加对科学问题谨小慎微起来,关于科学技术和科技产品的公众讨论越来越频繁。甚至可以说,公众的小心谨慎已成为支持或反对科学的一个重要因素。[1]到20世纪70年代中期,美国国会的立法议案有一半以上都与科学技术有关,公众需要对健康、能源、自然资源、环境、食品与农业、产品安全、外太空、通信、运输等与科学技术相关的公共问题进行决策评议。由于科学知识的缺乏,立法者无法判断应该如何采纳专家们的建议,普通公众更是觉

[①] 此文发表于《科普研究》2009年第4卷第2期,与史玉民教授和徐飞教授合著,发表时有删节。

得这些问题已经超越了他们的知识能力范围,使他们无法表达出自己的见解。[2]

3. 美国经济与科技竞争力面临的国际挑战

20世纪70年代末80年代初,日本作为经济大国崛起,亚洲"四小龙"等太平洋边缘国家和地区相继繁荣,美国感到自身的经济竞争力受到挑战,其在世界范围内的产业领导能力正在衰减。科学技术是促进经济发展的关键性因素,因此,科学政策日益成为美国人关注的焦点。与此同时,美国科学和工程研究基础也显示出下降迹象,美国在国际科学成就比较中甚至处于较差的地位。[3]人们普遍认为,这表明美国当时的科学教育存在危机。[4]特别是国家优秀教育委员会的报告《在危险中的国家》(A Nation at Risk)更是引起了很大反响。

美国经济与科技所面临的严重挑战,再度唤起了美国人对公众科学素养问题的兴趣。美国社会开始定期关注成年人的科学素养。此时,美国科学素养研究的主要特征是,出现大量关于科学素养的定义和解释,而且长久缺乏统一意见,这一现象大大降低了科学素养概念的使用有效性。1978年,美国国家科学基金会选择了米勒和普莱维特设计的新方案来测量公众对科学技术的理解和公众的科学技术态度,调查结果在美国国家科学理事会(the National Science Board,NSB)出版的系列报告《科学与工程指标》上发表。

4. 维护和增进美国社会制度健康运行的需要

米勒几乎在他每一篇关于科学素养或公众理解科学的文章中,都论述了公众科学素养水平对于国家民主决策的影响。米勒认为,健康的社会民主制度需要大量有科学素养的公民。公民科学素养水平过于低下,就会削弱美国社会制度的根基,因此,维护和增进美国社会制度的健康运行是米勒进行科学素养研究的根本出发点和目标。

米勒说:"在现代民主社会里,考察公众对科学技术的理解是重要的。……十多年来,我一直主张,含有科学技术因素的公共政策越来越多了,这需要相当比重的公民具备一定水平的科学素养,使他们能够有目的地参加类似争论的民主解决。我仍然相信,这些争论的数量在未来10年中会继续增长,如果我们没有提高主要工业国家中科学素养水平,没能提升足以理解竞争团体提出的观点的公民比例的话,民主政治本身的健康状态很快就会受到伤害。"[6]

"科学素养的代价是对我们国家赖以建立的现代民主原则——特别是有见识的公民参与决策这一传统——的侵蚀。……虽然更高水平的科学素养不能独立解决现代工业社会中的公民职责与权力问题,但是,没有一定程度科学素养的提高,别的措施能否有效维持民主传统是值得怀疑的。"[4]

米勒希望在自1979年发起的一系列全国性调查基础上,尝试着去对美国具有科学素养的公众比例建立一种经验性评估,从而促进公民科学素养不断提高。[5]

A.2 从科学素养到公民的科学素养

1. 科学态度与科学素养概念的演变

科学素养的最初起源可以追溯到美国科学家、哲学家约翰·杜威提出的科学态度（scientific attitude）。1934年，杜威曾发表《高级知识分子的职责》一文[5]，文中指出："科学的职责不能由方法来完成，方法主要关系到专业化科学自身的永久存在性，而忽视了应该让更多的人在思想形成中保持思想开明、知识分子的正直、观察和检验他们的见解与信仰的兴趣等——这些都是科学态度的特征。"米勒认为，所谓公众理解科学的规范调查即来自于杜威的科学态度。

在杜威提出科学态度概念之后，一些科学教育者开始思考科学态度的规范定义。[5]甚至有人开始设计问项（item）对公众的科学态度进行测量。关于科学态度的形成研究一直持续到第二次世界大战前。

最早对科学素养给出明确定义的是美国化学家、哈佛大学前校长詹姆斯·B.柯南特。1952年，他在刊于《科学教育总论》(General Education in Science)的一篇文章中指出，科学素养是一种明智地选择专家的能力，以及能够"聪明地与那些正在发展科学并应用科学的人交流的能力"。[7]

此后，不断有学者就科学素养的定义提出自己的见解。1966年，米尔顿·佩拉和他的同事综合选择了1946—1964年间100篇公开发表的论文，通过统计分析，得出有科学素养的人应该具备的6个特征。[8] 1974年，维克多·M.舒瓦特对15年里的相关文献进行提炼，提出了包含7个维度的科学素养定义。[8] V.M.舒瓦特的这个科学素养定义在当时达到了空前的专业程度。

1975年，本杰明·S.P.沈提出了科学素养的三种类型，即实践的科学素养（practical scientific literacy）、公民的科学素养（civic scientific literacy）和文化的科学素养（cultural scientific literacy）。实践的科学素养，指"拥有的科学技术知识类型可直接用于提高生活水平"[9]，它与饮食、居住及卫生保健紧密相关。沈认为，这类素养在发展中国家里特别重要，"几条必要的科学信息就意味着健康和疾病、生与死的差别"[9]。公民的科学素养是制定具有远识的公共政策的基础。提高公民科学素养的出发点是为了使公众也能参与卫生、能源、自然资源、食物、环境等相关问题的决策过程，使他们能够充分理解科学和与科学有关的公共问题。沈还认为，这样的参与是技术社会中民主程序运行所不可缺少的。文化的科学素养是因人们渴望了解科学作为人类的一项重大成就的愿望所激发的。尽管这类科学素养不会过分超越知识分子团体范围，以致只有相当小部分人才能达到，但它会优先影响当前的和未来的意见主导者和决策者。因此，文化的科学素养具有非常重要的潜在影响力。[9]沈的科学素养分类，拓展了科学素养的功能范围。

1982年，A.W.布朗斯科姆提出了新的科学素养概念，将科学素养概念定义为

"读、写以及理解系统化的人类知识的能力",并把科学素养分为八个不同的类别[10],同时指出,每种科学素养都有特定的情境。

2. 米勒公民科学素养概念的定义

米勒从"literacy"的词义考察引申出科学素养的含义。"literacy"的词根是"literate",有两种含义——"有学识的"和"能读会写的"。米勒指出,"literate"的第二个含义其实是指功用层次的能读会写,它可以引申为科学素养,意指关于科学技术的读写能力。[11]即个体能阅读、理解科学问题,并能表达关于科学问题的某种见解[5]。米勒认为,既然科学技术已经在日常生活中得到极其广泛的应用,那么,科学素养就应该包括从阅读食品包装上的商标、修理汽车到读懂来自哈勃望远镜的最新图像等一切行为能力。[11]可见,科学素养的内容是非常宽泛的。尽管如此,在1989年美国科学促进会(AAAS)的年会上,米勒还是在他提交的题为《科学素养》的论文中给出了关于科学素养概念的明确定义:在特定社会中履行一定的角色职能所要求的可接受的最低程度的知识和技能。[8]

米勒分析了本杰明·沈的三种类型科学素养理论。他认为,实践的科学素养属于功用性的(functional),虽然具体明确但实际测量存在困难,通常很难用单一的标准(a single scale)将消费者对科学技术全部范围的理解糅合在一起。实际上,到目前为止也没有人提出过这样的标准来。美国国家工程学院(the National Academy of Engineering, NAE)曾于2002年提出概念层次的技术素养综合测量标准,但至今也没能在实际调查数据上形成过一份调查问卷或一个经验标准。[12]

文化的科学素养属于学术层面,需要极其漫长的累积过程,通常只有少数人才能达到。尽管它非常重要,但是,当下很难把它作为普遍性的东西在社会上推广。

然而,米勒认为,公民的科学素养却与此不同,在民主社会里,人们的科学素养水准对科学政策的决断具有重要意义。因此,米勒更倾向于关注作为有效公民(effective citizenship)所必需的科学技术理解水平。他根据当时的社会情景,定义了"公民的科学素养",即指人们理解科学术语和科学概念的水准,足以阅读某种日报或杂志,并足以理解某种论战或争议(dispute or controversy)中相互对立的论点的本质。这是现代工业社会中,一个公民行使职责所必需的科学技术理解水平。[13]这一定义明确之后,米勒一直专注于对公民科学素养的研究。

A.3 米勒公民科学素养指标的维度

1. 公民科学素养三维指标的雏形

米勒认为,科学素养应该是个多维度的概念。1979年,他初步提出了科学素养的三个维度范畴:① 科学术语与概念的词汇量;② 对科学过程的理解;③ 科学技术对个人和社会影响的意识。[14]这通常被认为是米勒公民科学素养三维度理论模型的雏形。

2. 科学素养三维指标模型的确立

(1) 三维指标模型的产生

1983年,米勒第一次公开发表他认为的公民科学素养三维模型:理解科学过程;理解基本的科学概念;理解科学政策问题。[5]此后,米勒围绕这一研究宗旨,不断明确公民科学素养三个维度的内容。1993年,米勒在反驳别人对其研究的误解时,重申了他认为的关于公民科学素养的三个维度:拥有科学术语和概念的词汇量足以阅读报纸和杂志上常见的从核武器到基因工程或重大环境问题的公共政策争论;理解科学家使用和接受的科学方法,能够辨别出什么是科学的判断或伪科学的判断;意识到科学技术对社会的广泛影响和与个人生活的关系。[6]

1998年,米勒在《科学素养的测量》一文中更全面地表述了公民科学素养应该包括的三个相关维度:① 个人知识的词汇量足以阅读报纸或杂志上有争议的那些基本科学概念;② 能够理解科学探索的过程或本质;③ 某种程度上理解科学技术对个人和社会的影响。[11]这也是较为成熟和权威的表述。米勒指出,如果三维度中的每个维度都达到一个合理的程度,综合起来就可以反映了一个人对媒体中科学技术政策问题争论的理解水准和理解其重要性并参与争论的能力。

在米勒的相关论文中,除了2002年的那篇文章[13]外,其他地方都对上述三维度表述在内容或含义上基本保持一致。不过,值得注意的是,其第三维度的内容表述始终显得不那么确定。

(2) 米勒关于科学素养三维度表述的理论依据

米勒科学素养三维度表述具有一定的理论和实践依据。设计关于第一维度——科学概念的词汇量维度的原因是,米勒认为,一个人对科学研究的理解,部分依赖于其对一组基本概念的理解。一个不理解原子、分子、细胞、重力或辐射等基本科学术语的人,要想理解科学的结果或与科学技术相关的公共政策争议几乎是不可能的。而当前的媒体却很少透彻地解释这些基本的科学概念以促进人们的理解,因此大多数人必须依赖于之前接受过的正式和非正式的教育,从而获得关于科学概念的基本储备。

米勒第二维度设计的依据是卡尔·波普尔和托马斯·库恩的科学哲学理论。根据库恩和波普尔的思想,人们应该理解科学探索的经验基础,在观念上把科学理解为对所创立理论的检验,最低限度应将之看作是对命题的经验检验。[11]而且,科学思想有可能是错误的,必须经受经验的严格检验,这些思想是理解科学探索本质的重要成分。[11]公众理解科学过程或科学探索本质这个维度的意图,就在于测量公众对科学家理解和使用的科学方法的理解程度。[6]如对测量问卷中关于占星学的问题即是如此。

米勒第三维度的设计则是基于民主决策的社会现实。米勒认为,当科学越来越依赖公众支持,当公共管理进一步深入到科学系统(organized science)管理的时候,科学政策在国家议程中的频繁性和重要性也将越来越增强。实际上,提交给美国国会的法案,半数以上涉及科学或技术,美国众议院科学技术常委会的建立,就足以证明科学技术问题在美国国家政治系统中的重要性。[5]

3. 跨国研究中二维指标的运用

在米勒用其三维指标进行实践的近15年中,其中两个维度(即基本科学概念的词汇维度和对科学过程或探索的理解维度)的有效性已得到一致认可。然而,用科学技术的社会影响作为公民科学素养概念的第三维度,是否具有需求性(desirability)与可行性(feasibility),人们始终难以达成共识。[11]

1995年,在对美国、日本、欧盟各国间进行跨国比较研究时,米勒发现,第三维度的内容在不同国家显示出很大的差异性,很难在跨国间进行精确的测量。科学技术在不同国家的实践历程不同,同时也依赖特定国家公共政策问题而出现。因此,米勒最终在跨国分析中只采用了二维概念。[15]

米勒在2004年发表的一篇文章中肯定地表述了二维标准,他写道:"一个有科学素养的公民必须具备:① 科学术语和概念的基本词汇;② 科学探索的本质的总体理解。"他还公布了用这两个维度测量美国公众科学素养得到的水平数据(17%),文章并未提到公众理解科学对社会和个人的影响。[12]

4. 二维指标向一维指标合并的趋势

2006年11月,在北京举办的第五届亚太地区媒体与科技和社会发展研讨会上,米勒作了题为《33个国家的科学素养:项目反映理论的应用》的报告。他在报告中表示,在20世纪90年代初期,米勒和其他学者对科学素养定义了一个二维测量标准,用以评估成年人阅读高质量新闻报刊中科学技术问题的水平。其中一个维度测量理解诸如分子、DNA和太阳系结构等基本科学概念的能力,另一个维度测量每个人理解科学探索的本质(包括实验和假说验证等)的能力。近几年来,在日本、美国和欧洲等国家和地区的全国性调查中发现,两个维度间的相关系数高达0.9,这样就没有必要再按两个维度来操作。因此,在实际测量中,这两个维度已逐渐被合并为一个维度。米勒坦言,他将会进一步修改他的科学素养理论模型,采用一维度指标。[16]

A.4 公民科学素养的测量

作为科学素养问题研究的创始人,米勒不仅给出了公民科学素养概念的定义,而且还提出了测量方法,[5]并对美国成年人的科学素养水平进行了实际测评。

1. 问卷设计的创新

1979年,米勒对美国国家科学基金会此前的调查问卷进行了一系列改进与创新,在原有科学态度和科学知识测量的基础上,增加了关于特定问题和争论(如核武器等)的参与期望状况(expected participation)的测量;增加了政策偏好(policy preferences)

的测量,减少了对特定管理领域财政支出偏好(spending preferences)的测量;增加了个人科学技术信息来源的测量,还加入了反映成人参加非正式科学教育活动的信息表;增加了几个新的知识问项,并让被访者评定自己的知识在特定领域的适当性(adequacy);增加了事实的与可能的政治参与的测量范围以及个人的和人口统计学的测量范围。

与此同时,米勒也将公众划分为热心公众、感兴趣公众和其他公众三种类型。[14] 分类型进行数据采集,有利于进一步深入研究。

在提问方式上,米勒引进了询问科学研究本质的"两步骤"方法(two-stage approach)。首先问被访者:"有些事物可以科学地研究,有些事物以其他方式研究。你是否愿意谈谈,对科学地研究某事物究竟意味着什么?对比你能清楚理解,一般理解,还是根本不理解?"如果被访者回答他们能清楚理解科学研究的意思,则追问:"请用你的观点谈一谈,科学地研究某事物意味着什么?(仅用自己的话说)"用这样的提问方式更能够了解公众的真实科学素养状况。

2. 词汇选择的依据

米勒调查问卷中对词汇的选择是以能看懂《纽约时报》"科学时事"版新闻所需的最基本词汇为依据的。米勒以"分子""DNA""放射"和"宇宙的本质"这四个概念为例,说明了他选择词汇的依据。

米勒之所以用上述四个概念作为基本概念,因其涵盖了人们可能需要的能够阅读和理解《纽约时报》"科学时事"版新闻的一大组概念。这四个概念中每一个都与普通媒体上频繁报道的当前科学研究有关。它们既代表了生物科学,又代表了物理科学。[12]

理解 DNA 的概念对 21 世纪的公民来说是必要的。20 世纪 50 年代,人类破译了 DNA 双螺旋结构,2003 年 4 月人们又顺利地绘制出人类基因组草图。50 年来,人类对疾病本质的理解已有明显提高,媒体上几乎每天都有一些与基因有关的新闻或信息。众多的疾病利益组织已经认识到 DNA 研究在解决与特定疾病相关的问题方面的作用,并通过网站和传统出版物源源不断地提供相关信息。新的基因科学已经卷入了重大公共政策争论,正如将胚胎干细胞用于医学研究的持续不断的政策争论中所反映的那样。生物医学研究(美国联邦政府每年资助超 250 亿美元)是许多科学的主要部分,也占据了关于科学研究的新闻和媒体报道的重要内容。了解 DNA 的基本概念是理解当前一系列科学研究的关键。

"辐射"问题是 20 世纪后半叶政治讨论的一个共同术语,也是演讲和新闻界的共同术语。理解"辐射"对今天的公民来说,仍然是一个重要问题。无论一个人最终支持还是反对在尤卡山上建立核废物处理库,对那些尽力去理解政策争论的公民来说,重要的是理解关于核废物的容量及其持续放射时间等基本信息。[12]

事实上,必要的概念词汇和过程理解的水准,反映了人们阅读《纽约时报》"科学时事"版多数文章所必备的能力程度,以及观看理解电视《新星》节目大部分档期所必备的能力水平,或阅读理解今天书店里许多大众科学书籍所需要的能力水平。

3. 调查结果的计算

在问卷调查后,如何确定一个人是否具备科学素养,即调查结果该如何计算呢?下面以米勒1979年的测量为例加以说明。

1979年,"理解基本的科学术语"这个维度的调查用了"radiation""GNP""DNA"。被访者的回答中对三个概念至少有一个能清楚理解,并且不少于二分之一的概念能一般理解,才能被认为在基本科学概念方面是合格的。

关于"科学过程"维度的调查,是让每一个被访者评定自己对科学研究的含义是否能清楚理解、一般理解、还是几乎不理解。要求那些宣称对这个术语能清楚理解的人用自己的话进行解释,然后将他们的回答逐字逐句记录下来。被访者若能提供关于科学研究的合理定义,并且认可占星学是不科学的。那么,他(她)在理解科学研究过程方面就是符合要求的。

1979年,公民科学素养第三维度测量包括一系列相互独立的关于三个争论的问项——食物中使用化学添加剂、核武器和太空探险。要求被访者给每个问题引证两种潜在的利益和两种潜在的危害。每个被访者必须至少列出六种潜在利益或危害,才能满足这个维度的合格标准。

被访者在以上三个维度中都得到了合格标准,才能被看作是有科学素养的。[5]

两维度模型测量得出的结果如何用于为公民的科学素养提供一个单一的评价值(estimator)呢?从理论上讲,那些在两个维度都表现出高水平理解的人,被认为是最有能力获得和理解关于科学和技术政策争论的人,是"见识很广的"或"有公民科学素养的"。那些显示出有足够科学概念词汇量的人,或对科学研究的本质展现出可接受的理解水平的人,会被认为是"见识一般的"或"有一定程度的科学素养的"。对两个维度都不理解的人则是"没有科学素养的"。

4. 跨国研究与持久测量标准的建构

科学是不断发展的,技术也在不断进步,因此,焦点科学问题必然会发生变化。1957年,美国国家科学记者协会(NASW)使用的4个知识问项:放射性尘埃,饮用水的氟化,脊髓灰质炎疫苗和太空人造卫星,到20世纪80年代,至少有3个已不再是测量公众理解科学的核心了。如果科学素养的测量指标也经常修改,就没办法反映出公民科学素养随时间变化而发生的真实变化。

认识到这个问题后,米勒认为必须建构一个经历若干年时间仍然有用的科学素养测量标准,以提供在一个时间序列中公民科学素养水准的数据。米勒试图确定一组基本概念,以阅读和理解当代问题,其知识基础(intellectual foundation)有更长的持久性。1988年,米勒与英国学者杰弗里·托马斯(Geoffrey Thomas)和约翰·R.杜兰特合作,得到了一组核心知识问项。这些核心问项在更大程度上提供了一组关于科学概念词汇的持久测量标准,它们已被用于加拿大、中国、日本、朝鲜、新西兰及欧盟国家的研究中。近10年来一直沿用,很少有增加或删减。[11]

这些概念词汇的可靠性和可比较性在1992年欧洲晴雨表的研究和1995年美国的研究中得到了检验。

1988年的英美合作研究,不仅产生了测量概念理解的持久性标准,而且还开创了新的题型,提出了一组开放式问项,几个多步骤问题(multi-part questions)和一道封闭式正误判断题。为了避免开放式问题引起被访者不耐烦而中断回答,米勒设计了一些正误判断题和直接问答题(如"光与声音哪个更快?""所有放射性都是人为造成的"等)以减轻被访者的压力。

关于"科学研究"含义的单一开放式调查,是1988年英美合作研究的另一重要收获,它解决了米勒一开始就认为比较难测量的公众对科学探究本质的理解问题。此后,开放式调查在米勒的研究中广为应用。2006年11月,米勒在北京的第五届亚太地区媒体与科技和社会发展研讨会上对开放式问项的优点作报告,认为它能真实反映一个人的科学素养状况。他也建议中国也多使用开放式问项调查。

A.5 结语

米勒关于公民科学素养的理论体系,经过多年理论与实践的反复锤炼,已经具有严密的逻辑性。首先,米勒的研究有着明确的服务目的:提高公众的公民科学素养,使他们能够参与科学技术相关的公共政策讨论。其次,围绕这一目的,米勒确立了公民科学素养概念化的定义,并把确立可操作性的公民科学素养定义,能够对公众科学素养提供一个评价指标作为其进行公民科学素养研究的首要目标。再次,米勒把公民科学素养概念分解成三个既独立又相关联的指标维度,对公民科学素养进行了量化研究。最后,米勒紧紧围绕其研究目的和目标进行问卷设计、词汇选择和知识点考查。所有上述努力最终形成了独具特色的米勒科学素养指标体系,在国际范围内得到认可,并被广泛采纳。

米勒科学素养指标体系的形成以及国际普及历程,对于我国当前相关领域的研究工作具有一定的启发意义。

第一,对于科学素养的研究概念层次定位应该准确,意图明确,定义准确清晰,不能过于抽象,更不能一味倾向于大而全。首先要分清工作目的:究竟是研究文化的科学素养,公民的科学素养,还是实践的科学素养?是进行学术研究,还是为寻找政策制定的理论依据?是为提高成人的科学素养,还是为评估科学教育的效果?不同的研究意图,在一定程度上决定着概念定位的层次,围绕特定的层次与意图,才能合理地定义概念的内涵。

第二,应该对政策性研究与学术性研究加以区分。政策性研究除了注重创新外,更要具有可操作性,不能太过学术化。正如米勒曾经表明的,他的科学素养指标维度是为了实际测量而用,而"非为科学哲学研究而用"[6]。

第三,科学素养在本质上是社会定义的概念,它依存于一定的社会运行背景,与使用它的社会有着内在的联系,定义科学素养取决于一定的社会意图和目的。对于科学素养概念的理解也会随时代、地理区域、社会条件或环境的不同而不同。当前世界社会经济体制具有多样性,对科学素养的研究一定要结合本国的社会、经济、政治、文化、制度及人口现状等具体国情民情,不能一味照搬、照抄他国的模式。至于使用何种方法测量科学素养,则取决于哪种方法更适合揭示研究主体想要发现的东西,换言之,科学素养的测量方法应该与研究的目的和目标相适应。

参 考 文 献

[1] Paisley W J. Scientific literacy and the competition for public attention and understanding[J]. Science Communication, 1998(20):70-80.

[2] Shen B S P. Science literacy and the public understanding of science[C]// Day S B. Communication of scientific information. Basel/New York: Karger,1975.

[3] Maienschein J. Scientific literacy[J]. Science(New Series), 1998, 281(5379): 917.

[4] Miller J D. The five percent problem[J]. American Scientist, 1988, 76(2):iv.

[5] Miller J D. Scientific literacy: A conceptual and empirical review[J]. Daedalus, 1983, 112(2):29-48.

[6] Miller J D. Theory and measurement in the public understanding of science: A rejoinder to Bauer and Schoon [J]. Public Understanding of Science, 1993(2):235-243.

[7] Hinnman R L. Scientific literacy[J]. Science (New Series), 1998, 281(5377): 647.

[8] Laugksch R. Scientific literacy: A conceptual overview[J]. Science Education, 2000, 84: 71-94.

[9] Shen B S P. Science literacy[J]. American Scientist,1975(63):265-268.

[10] Branscomb A W. Know how to know[J]. Science, Technology, & Human Values, 1981(6):5-9.

[11] Miller J D. The measurement of civic scientific literacy[J]. Public Understanding of Science,1998(7):203-223.

[12] Miller J D. Public understanding of, and attitudes toward, scientific research: What we know and what we need to know[J]. Public Understanding of Science, 2004(13):273-294.

[13] Miller J D. Civic scientific literacy: A necessity in the 21st century[J]. FAS Public Interest Report, 2002(1): 3-6.

[14] Miller J D. Toward a scientific understanding of the public understanding of science and technology[J]. Public Understanding of Science, 1992(1):23-26.

[15] Miller J D, Rafael Pardo. Civic scientific literacy and attitude to science and technology: A comparative analysis of the European Union, the United States, Japan, and Canada [C]// Dierkes M, von Grote C. Between understanding and trust: The public, science and technology. Singapore: Harwood Academic Publishers(OPA), 2000:81-130.

[16] Miller J D. Civic scientific literacy in 33 countries: An application of item-response-theory [R]. 北京:第五届亚太地区媒体与科技和社会发展研讨会:全民科学素质与社会发展,2006.

附录 B 公众科学素养测度的困难[①]——以科学素养的三维度理论模型为例

尽管早在20世纪50年代美国教育家保罗·赫德就提出"科学素养"概念[1]，但是，直到20世纪70年代末80年代初"公众科学素养测评"问题才真正引起学界的深入研究。[2]到了20世纪末期，被认为较为科学的公众科学素养测评指标体系诞生。美国学者米勒教授在"公民科学素养的测量"一文中系统介绍了公民科学素养测量的工具选择与测量方法[3]。米勒的公民科学素养方法曾先后在英国[4]、加拿大、日本及欧盟等国家和地区进行实践[5]，引起了一定的国际反响。1990年，中国引进米勒的公众科学素养测评指标与方法，首次在全国范围内进行尝试性测试[6]。此后，中国科学技术协会组织相关机构在全国范围内对中国公众的科学素养进行了六次正规测评（1992年、1994年、1996年、2001年、2003年、2005年）[7]，并与国际相关数据进行比较[8-9]。然而，随着科学素养研究的深入，科学素养的测评不断受到国内[10]国外[11]学者的质疑。本文从科学素养的三维模型出发，解析公众科学素养测度存在的困难。

B.1 常见的公民科学素养三维模型

学术界对科学素养概念意见纷呈，然而，明确提出科学素养包含三个维度，并给出测评指标进行测度的主要有三种。第一种是美国米勒教授提出的公民科学素养（civic scientific literacy）概念。米勒认为，一个人具备科学素养是指，他能阅读、理解科学问题，并能表达见解。[2]他指出，科学素养应该包括三个维度：拥有科学术语和概念的词汇量；理解科学家用以揭示科学与伪科学而使用和接受的科学方法；意识到科学技术对社会的广泛影响及与个人生活的关系。[12]我们可以把米勒的科学素养模型维度概括为：科学知识；科学方法；科学意识。米勒围绕公民科学素养的这三个维度设计了测评指标和相关问项[3]，自1979年以来该指标体系及其测评结果一直为美国国家自然基金会所采用[13]。

第二种是世界经济合作与发展组织开发的国际学生测评项目（the Organization for Economic Cooperation and Development/the Program for International Student Assessment，OECD/PISA）提出的科学素养概念。OECD/PISA将科学素养定义为"年满15岁的学生为了理解自然，理解人类活动引发的自然变化，并进行相关的有利决策，而运用科学知识、鉴别科学问题，并根据相关依据得出结论的能力"，并阐明该定义包含"科学方法或技能（scientific processes or skills）""科学概念与内容（concepts and content）"

[①] 此文发表于《自然辩证法研究》2009年第25卷第3期。

及"语境（context）"等三个维度。"科学方法或技能"指识别证据或解释结论等问题的智力过程；"科学概念与内容"指在使用这些方法时必需的科学知识和概念理解；"科学情境"指应用这些方法与概念理解时所需要的情境（situations），如人的健康和营养语境或全球的气候语境关系等。

第三种是我国国务院颁布的《全民科学素质行动计划纲要》提出的"科学素质"概念。2006年3月，国务院根据党的十六大及十六届三中、四中、五中全会精神，依照《中华人民共和国科学技术普及法》和《国家中长期科学和技术发展规划纲要（2006—2020年）》，制定并实施《全民科学素质行动计划纲要（2006—2010—2020年）》。《全民科学素质行动计划纲要》提出了中国有史以来第一个科学素养概念："公民具备基本科学素质一般指了解必要的科学技术知识，掌握基本的科学方法，树立科学思想，崇尚科学精神，并具有一定的应用它们处理实际问题、参与公共事务的能力。"[15]中国科学技术大学"中国公民科学素质测评指标及实证研究"课题组将该定义阐释为"科学知识""科学能力"和"科学意识"三个维度，并依据这三个维度设计了测评指标，进行了抽样测评[16]。此处的"科学知识"包括科学素质概念中的"科学技术知识"与"科学方法"。之所以将"科学方法"包含于"科学知识"中，是因为公众对于科学方法的掌握也获得了一定的科学知识。"科学能力"指应用科学技术知识、科学方法、科学思想和科学精神处理实际问题、参与公共事务的能力。"科学意识"指的是"树立科学思想"与"崇尚科学精神"，因为"科学思想"和"科学精神"均属于意识形态层面。以上三种科学素养概念的维度及其内涵可以通过表1清晰地展示出来。

表1 科学素养概念维度比较

定义科学素养主体	概念内涵		
	第一维度	第二维度	第三维度
米勒	科学知识	科学方法	科学意识
OECD/PISA	科学方法或技能	科学概念和内容	科学语境
《全民科学素质行动计划纲要》	科学知识	科学能力	科学意识

B.2 科学素养的测度困难

1. 从系统的角度分析科学素养的测度困难

上述科学素养的三个维度理论表明，一个人具备科学素养就意味着他必须同时在三个维度均达到一定的合格水准。事实上，科学素养是一个由三个维度要素组成的有机系统。系统来说，科学素养的三个要素是由有机结合形成的一个整体，而不是三个要素简单相加之和。因此，一个人的科学素养一定是三个维度通过某种关系形成的有机统一整体。也就是说，系统的首要且重要的特征就是整体性，也是非加和性。科学素养这个系统的整体性特征可以用简单的数学模型来表示。设 S_L 为科学素养系统，而 a_i,b_i,c_i 分别为科学素养 S_L 的三个维度要素，$a_i(i=1,2,\cdots,n)$ 代表"科学知识"，$b_i(i=1,2,\cdots,n)$ 代表"科学方法"或"科学能力"，$c_i(i=1,2,\cdots,n)$ 代表"科学意识"或"科学语境"，则：

$$S_L = \begin{pmatrix} a_1,a_2,\cdots,a_n \\ b_1,b_2,\cdots,b_n \\ c_1,c_2,\cdots,c_n \end{pmatrix}$$

显然，科学素养不是三个维度的简单"累积"，而是三个维度的有机"构成"。要研究系统内部要素的构成特征，不仅需要知道各个要素，而且需要知道是何种关系[17]。

系统与要素之间的关系也可以动态地表现为一种函数关系，即

$$S_L = f(a_i,b_i,c_i)$$

科学素养的这种函数表达，是对科学素养进行定量研究的基础。事实上，这种函数关系，可以是线性的，也可以是非线性的。通常一个较复杂的系统，多半是非线性的。对于一个非线性的复杂系统，从数学理论上说，其解的存在性还是一个开放问题（open problem）。科学素养其实是一个复杂系统，因此，无法从上述系统中解出相应的 S_L 的值。也就是说，从科学量化的角度出发，科学素养是难以测度的。

正是在这个意义上，我们认为，即使科学素养的三个维度能够测量出来，作为一个整体的科学素养的值的测量也是非常困难的。首先，科学素养的三个维度之间是何种构成关系，我们无法确定。其次，系统的整体性与关联性决定一个人的科学素养不能是三个维度简单的相加或相乘这么简单的关系，或者说它根本不是某种线性关系，同时，它还取决于不同的个体智力状况或主观能动性。正如路德维希·冯·贝塔兰菲（Ludwig Von Bertalanffy）所举的简单的例子：三个带电导体，其电荷可分别测度，但如果用导线把三者接通，每个导体的电荷便决定于连通的整体，与隔绝时不同。[17]最后，科学素养三个维度的基本值问题到目前为止根本没有明确的界定。即使是米勒所说的最低阀限，也没有明确且科学的表述。[3]

事实上，米勒的测量标准一直是模糊的。如在1979年调查中，"科学知识"维度用了"radiation""GNP""DNA"三个术语，被访者必须至少能清楚理解三个概念中的一个，并且至少对二分之一的概念能进行一般理解，才能被认为是合格的。"科学方法"维度的调查是，让每一个被访者评定自己对"科学研究"的含义是"清楚理解""一般理解"还是"几乎不理解"。要求那些宣称对这个术语能清楚理解的人用自己的话解释，然后将他们的回答逐字逐句记录下来。被访者若能提供一个关于科学研究的合理定义，并且认可占星学是不科学的，那么，他（她）在"科学方法"维度上则是符合要求的。第三个维度是通过三个相互独立的争论问题——食物中使用化学添加剂、核武器和太空探险来测评的。要求被访者列举每个问题中两种潜在的利益和两种潜在的危害。每个被访者必须至少列出六种潜在利益或危害，才能满足这个维度的合格标准。三个维度都得到了合格标准，并且认为占星学是伪科学，才能被看作是有科学素养的人。[2]其实，这至多只能算作是一种定性描述，不能称之为真正意义的"测量"。

严格意义上说,以这种方式判定某人是否有科学素养欠科学性,也难以真正体现一个公民的真实科学素养(至于占星学的承认与否定能否在科学素养测评中起决定作用,尚值得商榷,此处姑且不论)。首先,"科学知识"维度为什么选择三个词汇,且这三个词汇是否真的具有典型的代表性?依此类推,其他两个维度也存在同样的疑问。其次,三个维度之间是否有结构比例?如果有的话,应该是多少?显然,米勒模式的科学素养测度没有给出符合此类要求的数据,其他的科学素养测评指标体系也没有。最后,即使前两个问题都解决了,这种计量方式也不够科学,它严重违背了系统的整体性和关联性原理。根据《全民科学素质行动计划纲要》的科学素质概念演绎出的科学素养三维模型的测量也存在同样问题,并且在实际操作中三个维度的问项之间的交叉性[16]也没有经过很好的处理。

OECD/PISA 的科学素养测度问卷的题型较为全面、复杂,考虑了格式塔心理学系统模式,对于评估科学教育的结果或效果以及学生解决问题的实际能力有相当的科学性。但是,若从科学素养水平的测度方面来考察,它也同样存在上面所提及的问题。

2. 从三维立体模型考察科学素养测度的困难

无论科学素养是由三个还是几个维度组成,任何一个维度"科学知识""科学方法/科学能力"或"科学意识"都并非是意义的基本单位。只有这些维度的有机组合和综合才是科学素养概念的完整的意义单位。因此,对于三维立体模型的科学素养来说,科学素养三个维度有机组合成的完整意义单元,才是科学素养的最基本测量单位。我们也可以把三个维度间的结合关系当作黑箱来处理,忽略内部系统的复杂性,直接用简单的三维立体模型来表述科学素养。那么,科学素养的测度又如何呢?

科学素养的三维立体模型即假设科学素养的三维分别对应于立体坐标 X 轴、Y 轴和 Z 轴上某段长度,以此三条线段为棱长形成的立体结构(如图 1～图 5 所示)。要在三维坐标中描述这样的立体结构,首先需要搞清楚这种立体模型的结构与形状。由于到目前为止还没有明确科学素养三个维度的组合比例,因此,这种立体模型在三维坐标中的图示至少有如下 5 种状态:

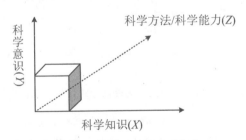

图 1　三维等比例组合的立方体结构模型($X=Y=Z$)

图 1 这种立体结构模型表明,在理想状态下,一个具备科学素养的人所掌握的科学知识与其了解的科学方法或具备的科学能力、科学意识是处于同等水平的。那么,在测量科学素养时,这三个维度所占分值应相等,在内容上所含分量也应相当。

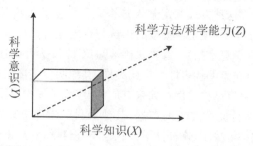

图2　科学知识维度大于另外两个维度的立体模型($X>Y=Z$)

图2这种立体结构模型表明,在理想状态下,一个人要想具备科学素养就必须先获取大量的科学知识,因此,在测量时,科学知识所占的分值及内容分量在比重上应该大于科学方法/科学能力和科学意识。

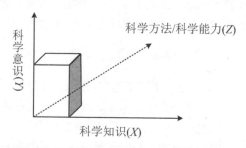

图3　科学意识维度大于另外两个维度的立体模型($Y>X=Z$)

图3这种立体结构模型表明,在理想状态下,一个人要想具备科学素养,可能无需具备多少科学知识和科学能力,但必须具备很强的科学意识。因此,在测量时,科学意识所占的分值及内容分量在比重上应该大于科学知识和科学能力/科学方法。

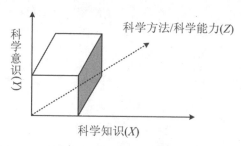

图4　科学方法/科学能力大于另外两个维度的立体模型($Z>X=Y$)

图4这种立体结构模型表明,在理想状态下,一个人要想具备科学素养,可能无需掌握很丰富的科学知识和很强的科学意识,但他必须具备很强的解决与科学相关的公共事务及个人生活工作中的问题的能力。因此,在测量时,科学能力所占的分值及内容分量在比重上应该大于科学知识和科学意识。

图5这种立体结构模型表明,科学素养尽管是由三个维度有机组合而成,但这三个维度在科学素养中的比例结构是什么却难以确定,或者说,这三个维度分别对一个

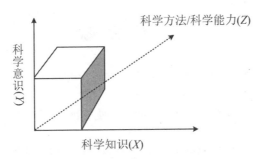

图5　三个维度都不相等的立体模型($X \neq Y \neq Z$)

人科学素养水平的影响是不同的,但具体影响程度却无法确定。如果是这种情况,在测量科学素养时,三个维度各自所占的分值与内容分量比重就具有不确定性,那么,科学素养的测量也就难以实现。

通过以上科学素养的三维立体结构模型分析,我们不难看出,科学素养的三个维度组合其实比较复杂,以上任何一种模型都是可能的。就笔者所知,目前的研究成果几乎没有阐述三个维度之间的结构比例。也就是说,科学素养的最基本结构单元还没有确定。然而,既然是"测量"科学素养,就应该有一定程度的量化结果。连测评的度量单元也没有确定,又如何对科学素养进行量化分析呢?

因此只能说,就目前的研究状况看,科学素养的测量只是在逻辑上和物理上具有一定的可能性,而不具备技术可行性。因为无法确定科学知识、科学能力(科学方法)和科学意识(科学情境)三者的实际结构比值,所以就不可能从总体上对科学素养值进行定量描述。目前的研究结果大多是定性描述或模糊描述。

B.3　结语

科学素养三维模式的测评实质上是使用西方近代以来自然科学中习以为常的"分析方法",将复杂的有机系统问题进行机械分解与还原,这种研究看似合乎逻辑,事实上却很不科学。"分析方法"通常适用于研究累加而成的实体,即一个复合体可以通过一步一步加进原来分散的元素来构成;反过来,复合体的特征可以完全分解为孤立的元素的特征。[17]因此,分析方法的应用取决于两个条件。首先是"部分"之间的相互作用不存在或者微弱到在进行某些研究时可以不考虑的程度。只有在这种情况下,部分才能实际地、逻辑地、数理地"求出"来,然后再"放在一起"。第二个条件是描述部分的行为的关系式是线性的,只有这样才有累加性条件,即:描述总体行为的方程和描述部分行为的方程具有相同形式,可以通过部分过程相加来取得总体过程等。[17]贝塔兰菲认为,这种"分析方法"不适合用来研究生物学、行为和人类社会等多变量。[17]"科学素养就是(科学)事实、词汇和原理的一种综合性混合体。"[18]我们要测量的就是对这种混合体的掌握程度,所以怎么可能将其分解成几个简单的维度就测量出来了呢?

参 考 文 献

[1] Laugksch R C. Scientific literacy: A conceptual overview[J]. Science Education, 2000, 84: 71-94.

[2] Miller J D. Scientific literacy: A conceptual and empirical review[J]. Daedalus, 1983, 112(2): 29-48.

[3] Miller J D. The measurement of civic scientific literacy[J]. Public Understanding of Science, 1998, 7: 203-223.

[4] Durant J R, Evans G A, Thomas G P. Public understanding of science[J]. Nature, 1989, 340: 11-14.

[5] 迈诺尔夫·迪尔克斯, 克劳迪娅·冯·格罗特. 在理解与信赖之间: 公众、科学与技术[M]. 田松, 卢春明, 陈欢, 等译. 北京: 北京理工大学出版社, 2006: 55-89.

[6] 张正伦. 中国公众的科学技术素养[M]. 北京: 中国科学技术出版社, 1991: 7.

[7] 何薇. 中国公众对科学技术的理解与态度[R]. 北京: 第五届亚太地区媒体与科技和社会发展研讨会: 全民科学素质与社会发展, 2006.

[8] 中国科学技术协会中国公众科学素养调查课题组. 2001年中国公众科学素养调查报告[M]. 北京: 科学普及出版社, 2002.

[9] 中国科学技术协会中国公众科学素养调查课题组. 2003年中国公众科学素养调查报告[M]. 北京: 科学普及出版社, 2004.

[10] 刘华杰. 公民科学素养测试及其困难[J]. 北京理工大学学报(社会科学版), 2006, 8(1): 12-18.

[11] Fayard P. Let's stop persecuting people who don't think like Galileo![J] Public Understanding of Science, 1992, 1: 15-16.

[12] Martin W, Bauer M W, Petkova K, et al. Public knowledge of and attitudes to science: Alternative measures that may end the "science war"[J]. Science, Technology, & Human Values, 2000, 25(1): 30-51.

[13] Miller J D. Theory and measurement in the public understanding of science: A rejoinder to Bauer and Schoon. Public Understand of Science, 1993, 2: 235-243.

[14] Organization for Economic Co-operation and Development. Measuring student knowledge and skills: The PISA 2000 assessment of reading, mathematical and scientific literacy[J]. Sourceoecd Education & Skills, 2000: 1-103.

[15] 中华人民共和国国务院. 2006. 全民科学素质行动计划纲要(2006—2010—2020年)[M]. 北京: 人民出版社, 2006.

[16] 郭传杰, 褚建勋, 汤书昆, 等. 公民科学素质: 要义、测度与几点思考[J]. 科普研究, 2008, 3(2): 26-33.

[17] 路德维希·冯·贝塔兰菲. 一般系统论: 基础·发展·应用[M]. 秋同, 袁嘉新, 译. 北京: 社会科学文献出版社, 1987. 15-16, 45, 56, 77.

[18] Hazen R M, Trefil J. Science matters: Achieving scientific literacy[M]. New York: Doubleday, 1991: xii.

附录 C 农民科学素养与社会和谐发展[①]

C.1 农民科学素养与和谐社会建设的关系

1. "三农"问题在和谐社会建设中的重要地位

2004年9月,中共十六届四中全会通过了《中共中央关于加强党的执政能力建设的决定》,提出了和谐社会建设的执政理念。2006年10月,中共十六届六中全会通过了《中共中央关于构建社会主义和谐社会若干重大问题的决定》,研究和谐社会建设问题。从根本上说,构建社会主义和谐社会,与坚持科学发展观,全面建设小康社会的目标是一致的。构建社会主义和谐社会的根本在于落实科学发展观,按照"五个统筹"的要求,实现社会各方面和谐发展。笔者以为,和谐社会建设的当务之急是解决"三农"问题,实现城乡和谐发展。也就说,"三农"问题的解决,在我国社会主义和谐社会建设中具有举足轻重的地位。

首先,我国有近8亿农村人口,农民命运和农村发展状况,直接影响着我国经济和社会的可持续发展,影响着我国全面建设小康社会和实现现代化的战略实施。城乡差距持续扩大是现阶段社会经济发展中的突出矛盾。当前,我国农村城镇化水平低,农村人口比重大,农业经营规模小,严重影响农民增收。解决农村和农民问题,需要依赖先进适用技术,改造农业和农村经济;依赖工业化和城市化,实现农业人口向非农产业转移。这些目标的最终实现很大程度上取决于农民的科学素养水平。

其次,"三农"问题始终是制约我国社会发展的根本性问题。改革开放以来,虽然我国农村发生了深刻变化,农业经济得到发展,农民收入有了提高,农民的思想观念和生活方式也出现了重大转变。但是,仍然存在许多问题,与和谐社会建设的目标仍有距离。如农业产业化进程缓慢,农村交通、通信、农田水利等基础设施严重不足,文化教育与卫生等社会事业发展滞后,农民素质参差不齐,农民收入水平明显偏低、增收难度加大等。

最后,农业担负着我国13亿人口的粮食供给问题。"没有农业的稳定,就没有国民经济的稳定;没有农村的发展,就没有国家的真正发展……"[1]农业发展为国家的经济安全提供牢固的基础,农业发达与否决定着农村、农民乃至我国社会的发展与稳定程度。

---

① 此文发表于《安徽农业大学学报(社会科学版)》2007年第6期,与叶良均博士、史玉民教授合著。

总之,只有农村及近8亿农民加入社会主义现代化进程,才能真正实现国民经济持续、快速、健康的发展。只有广大农村明显改变落后面貌,社会主义和谐社会的建设目标才能实现。

2. 农民科学素养对于解决"三农"问题的重要性

邓小平曾经指出:"农业的发展一靠政策,二靠科学。科学技术的发展和作用是无穷无尽的。"[2]政策兴农,非本文讨论的主题。科技兴农则应该包括:农民掌握的科学知识和技术技能,生产工具的高科学技术含量,生产方法的高科技化。归根结底,科技能否在农业中有效发挥作用,最终取决于农民的科学素质。大量的农业科技成果最终要被农民所掌握,才能转化成为现实生产力。

温家宝总理指出,"没有农民素质的全面提高,就很难实现全面小康"[3]。农民是建设农村的主体。只有"有文化、懂技术、会经营"的农民,才能推进农村产业结构调整,加快农业产业化进程。进而增加农民收入,实现农业和农村现代化以及我国经济社会发展第三步战略目标,实现社会和谐发展。由此可见,具备科学素养的现代农民是解决"三农"问题的智力支持和人才保障。

2006年2月,国务院制定实施了《全民科学素质行动计划纲要(2006—2010—2020年)》(以下称《科学素质纲要》),提出了提高农民科学素质的行动任务:面向农民宣传科学发展观,重点开展保护生态环境、节约水资源、保护耕地、防灾减灾,倡导健康卫生、移风易俗和反对愚昧迷信、陈规陋习等内容的宣传教育,促进在广大农村形成讲科学、爱科学、学科学、用科学的良好风尚,促进社会主义新农村建设。"……围绕科学生产和增效增收,激发广大农民参与科学素质建设的积极性,增强科技意识,提高获取科技知识和依靠科技脱贫致富、发展生产和改善生活质量的能力,并将推广实用技术与提高农民科学素质结合起来,着力培养有文化、懂技术、会经营的新型农民。……"[4]

此外,还要提高农村富余劳动力向非农产业和城镇转移就业的能力;提高农村妇女及西部欠发达地区、民族地区、贫困地区、革命老区农民的科学文化素质。

"'三农'问题的核心是农民问题,农民问题的核心问题是素质问题,素质问题的核心是教育问题。"[5]农民科学文化水平制约了先进技术和装备在农业生产中的应用,制约了农村良好的社会风气的形成,也制约了农民自我发展能力的提高。总之,没有农民科学文化素质作保障,"三农"问题便难以彻底解决。

C.2 我国农民科学素养现状

1. 农民是《科学素质纲要》确立的四大群体之一

2006年3月,国务院根据党的十六大和十六届三中、四中、五中全会精神,依照《中华人民共和国科学技术普及法》和《国家中长期科学和技术发展规划纲要(2006—2020年)》(国发〔2005〕44号),制定并实施了《科学素质纲要》。《科学素质纲要》提出了2010

年前我国全民科学素质建设的奋斗目标之一,是以重点人群科学素质行动带动全民科学素质的整体提高,并确定未成年人、农民、城镇劳动人口、领导干部和公务员为全民科学素质建设的四类重点人群。这四类人群在中国现代化进程中具有举足轻重的社会地位。他们科学素养的高低,对我国的和谐社会建设和第三步战略目标的实现,至关重要(见表1)。

表1 公民科学素质建设的四类重点人群[6]

人群类别	科学素养建设的意义
未成年人	实现全民科学素养在整体上有较大提升的关键
农民	制约我国现代化进程的"瓶颈"
城镇劳动人口	
领导干部和公务员	关系到党的执政能力和科学发展观的落实

2. 我国农民科学素养在不同职业中的比例

自1992年以来,中国科协已经进行了六次中国公众科学素养调查。历次调查结果均显示出农林牧渔劳动者具备科学素养的比例比较低。2001年,调查的农民人数最多,占总样本人数的43.2%,但具备科学素养的只有1.3%,在抽查的14个职业中位居第11位。[7] 2003年,农林牧渔劳动者的科学素养为0.3%,在所调查的11个职业中位居最后,与最高水平的15.6%,相差50多倍,与之相邻最近的一个群体家务劳动者的科学素养水平也是农民的2倍多。[8]

3. 城乡科学素养差距

2001年,我国城市中具备科学素养的公民占0.7%,乡村中占0.4%[7]。2003年,城市居民的科学素养水平上升至4.1%,乡村上升至3.1%。[8] 尽管与2001年相比,2003年城乡居民的科学素养水平均有大幅度提高,且农民科学素养提高率(70%)远远高于城市公众科学素养的提高率(32%),但实际水平仍然相去甚远。城乡之间的公民科学素养差距仍然显著。

C.3 农民科学素养低的原因

1. 农民的文化水平影响了他们的科学素养

我国第五次全国人口普查资料表明,2000年我国第一产业从业人员人均教育年限为6.79年,仅相当于初中一年级文化程度,全国文盲、半文盲人员90%以上集中在农村。在2003年农村劳动力文化程度构成中,大专及以上文化程度仅为0.64%。[9]

目前,中国4.9亿农村劳动力中,高中以上文化程度仅占13%,小学以下文化程度占36.7%,接受过系统农业职业技术教育的不足5%。[5]文化水平如此之低,当然不可能有很高的科学素养。

相比之下,发达国家农业劳动者的文化水平普遍较高。日本农业人口中,80%的青年农民都具有高中文化程度,农业行政人员基本都具有大学文化水平;德国35岁以下的农村劳动力中70%受过高等农业教育。[10]

2. 农民经济状况是影响农民科学素养的重要因素

农民经济状况差,常常会因承受不了教育负担而引起农村中小学较高的辍学率,生源流失现象严重,结果导致大多数农民连义务教育都无法完成。英美等国家的公众理解科学相关研究表明,公众科学素养与其所受过的教育程度呈明显的正相关关系。教育程度越高,公众科学素养水平通常也越高。而我国农民的经济状况制约了他们接受正规学校教育的程度,也就严重影响了他们的科学素养水平。同样,因为经济状况差,大量成年农民没有足够的条件进行自我教育或进修,以提高自身科学文化水平。同时,因疲于养家糊口,大多数农民没有精力或时间学习或参与社会教育,忽视了提高自身科学文化素养的重要性。

3. 农村科学普及与科学教育的严重不足是影响农民科学素养水平不可忽视的因素

科学技术知识的社会普及与教育形式通常有科技展览馆、科学中心活动、科普宣传车、科学节或科技周(月)、科普讲座、科技培训、科普画廊等。但是,农民却很少接触到这些科学普及或科学教育活动。2003年,中国科学技术协会进行的中国公众科学素养调查显示,农村公众中高达60.6%的人认为他们居住的地方没有动物园,40.4%的人反映没有图书馆,61.6%的农民认为自己居住的地方没有美术馆,68.5%的农民认为自己居住地附近没有科技馆,36.9%的农民认为自己居住的地方没有科普画廊或者宣传栏。被调查的农民中只有近9%的人参与过科技周(节、日)活动,没有参与但是听说过的被调查农民占47%,高达44%的被调查农民没有听说过上述科普活动。[8]由于缺乏这些设施,农民获取科知识的途径受到严重限制。

C.4 提高农民科学素养的若干建议

虽然力度不够,但相关部门已经开始重视农民的科学技术素养提高,在农村进行科普大篷车、科学知识宣传、兴建农村科普设施,在新闻媒体上开辟农民科普专栏等。然而,这些措施却收效甚微。其根本原因是农民文化水平较低,对于科普的知识难以理解,如科普画廊之类的宣传品,他们几乎看不懂。因此,向农民普及科学知识,应该充分考虑农村和农民的实际情况,因地制宜、对症下药,才能事半功倍,有所收效。

1. 改善农村基础教育状况,通过基础教育加强科学教育

美国学者米勒的研究结果显示,决定公众科学素养水平的最主要因素是他(她)的

受教育程度。[11]对于我国农民来说,基础教育是提高他们科学素养的主要手段。然而,当前我国农村基础教育状况却不尽如人意。尽管,农村学生的升学率较低,但农村教育基础仍然只实行模式单一的升学教育,专业技术教育和农业职业技术教育严重缺乏。而且,农村总体经济状况较差,科技文化素质较高的师资队伍紧缺,甚至根本没有。

因此,必须针对当前农村教育中存在的现实问题,改善农村基础教育现状,切实提高农民的文化水平,进而才能提高农民的科学素养。

2. 加大农村科普力度,改变传统科普方式

尽管农村基础教育状况导致了农民科学素养先天不足,但仍然可以通过适当的科学普及方式,使农民得以获得一定的科学知识,以提高科学素养。然而,到目前为止,科学普及仍然是农村中极其薄弱的环节。有关调查显示,在2002年一年里,被调查的农村公众中只有近9%的人参与了科技周(节、日)活动,44%的农村公众没有听说过这些科普活动。事实上,农民对科学技术并不缺乏兴趣。因为,调查同样显示,在科技下乡活动中,农村公众参加的比例是23%,大大超过城市公众的9%,所调查的12类职业人群中,农业劳动者对科学新发现和新技术应用感兴趣的程度位居第五,近60%的农民对科学新发现和新技术应用非常感兴趣。[8]

因此,加大农村科普力度,多举办科技大篷车活动,在农民经常接触的媒体上广泛进行科学知识宣传,增加科普设施与场所,应该成为我国当前贯彻落实《科学素质纲要》的重要举措之一。

然而,鉴于农民文化水平较低,理解能力有限等实际情况,在加大农村科普力度的同时,还必须注重更新农村的科普形式,尽量加强农民对科学的感性认识。如建立农民科普实验室,让农民在农闲时期,参与实地模拟的简易科学实验过程,真实感受科学氛围,了解科学研究过程,获得科学知识,从而提高科学素养。

3. 加强农民职业技术教育,进行农民科技培训

农民的学历较低,绝大多数农民只有高中以下文化程度,加之当前农村基础教育现状,农民从正规的学校教育获得的科学知识极其有限。专业技术培训因此成为我国农业人员获得科学知识的重要途径。农村公众依靠专业技术培训获得知识的比例要远高于城市公众。将专业技术培训作为获得科技信息的主要渠道的群体中,农业生产人员占据最高比例,近31%。其次是专业技术人员,占26%左右。[8]

因此,加强农民的职业技术教育,对农民进行科技培训,是提高农民科学素养的一种快捷有效的途径与方法。同时,为了保障农民能够了解最新科技动态,相关部门可以将科技培训作为农民的终身教育。

C.5 结语

广大农村社会的发展与进步,决定着我国和谐社会建设目标的最终实现。农业发

达,农民富裕,农村繁荣,根本取决于农业生产力的提高。当今高科技时代,科学技术是第一生产力,只有将新兴科学技术全面引进农业,我国农业、农村才能走向现代化。众所周知,人是生产力中最活跃的要素,离开人,再先进的机器也只能是一堆冰冷的机械。先进的科技必须为农民掌握,才能转化为生产力。总而言之,我国和谐社会建设目标的实现离不开农民科学素养水平的提高。

参 考 文 献

[1] 曾培炎. 深刻理解《建议》(即《中共中央关于制定国民经济和社会发展第十一个五年规划的建议》)的基本思路 全面贯彻落实科学发展观[N]. 人民日报,2005-10-31(9).

[2] 邓小平. 邓小平文选(第三卷)[M]. 北京:人民出版社,1993:17.

[3] 温家宝. 在全国农村教育工作会议上的讲话[J]. 中国民族教育,2003(6):4-6.

[4] 国务院. 全民科学素质行动计划纲要(2006—2010—2020年)[N]. 人民日报,2006-3-21(8).

[5] 危朝安. 农民素质偏低成为解决"三农"问题瓶颈[C/OL]. (2006-04-16)[2022-06-27]. www.gov.cn/jrzg/2006/04/16/content_255436.htm.

[6] 科学素质行动重点面向四类人群[N]. 新京报,2006-3-21.

[7] 中国科学技术协会中国公众科学素养调查课题组. 2001年中国公众科学素养调查报告[M]. 北京:科学普及出版社,2002:15,52.

[8] 中国科学技术协会中国公众科学素养调查课题组. 2003年中国公众科学素养调查报告[M]. 北京:科学普及出版社,2004:21,22,40,48,52.

[9] 刘胜洪,曹云亮,等. 高等农业教育与农村人力资源[J]. 职业时空,2006(13):54.

[10] 路艳娇. 发达国家开展农民技术教育的主要经验及借鉴[J]. 成人教育,2006,23(3):90-92.

[11] Miller J D. Scientific literacy: A conceptual and empirical review[J]. Daedalus,1983,112(2):29-48.

附录 D 从文本视角解读公众科学素养测评与社会语境变迁的关联性[①]

当前,我国公众科学素养测评使用的测评指标基本上是美国乔恩·D. 米勒于20

[①] 此文为笔者对博士论文所涉领域的拓展研究,曾以《社会语境对公众科学素养测评的影响》为题在大连理工大学召开的"第二届全国科学传播学术会议"(2009年9月)上作论文交流,后经修改完善后以现在的题目在导师吴国盛教授主讲的博士生学术前沿课课堂上交流,吴老师也给出了指导意见。此文后来在《佳木斯大学社会科学学报》上发表时笔者未署名。

世纪 70 年代末 80 年代初创立的测评指标体系。然而,随着公众科学素养测评实践与理论研究的不断深入,学界不断提出质疑:诞生于西方科技发达国家的公众科学素养测评指标体系是否适用于我国的公众科学素养测评?[1]事实上,日本和马来西亚早在 20 世纪 90 年代就提出了米勒公民科学素养测评指标的社会语境适应性问题。本文试图以科学素养测评的文本解读为切入点,考察公众科学素养测评与社会语境的关联性,为解答这一疑问提供一种思考维度。

"文本"通常是言语的运作以及固着在物体上的语言符号[2],本文特指用于进行公众科学素养测评的问卷及其包含的语言符号信息。对文本的考察通常从文本结构、文本内容与文本表述方式等三个方面入手。经考察发现,公众科学素养测评文本的结构、内容和表述风格变化是与社会语境的变迁密切相关的。

D.1 文本结构因社会语境不同而有所变化

文本结构指公众科学素养测评问卷中所包含的内容模块。纵观公众科学素养测评的历史过程,自从 1957 年美国进行人类第一次公众科学素养测评以来,科学素养测评的文本结构发生了明显变化(见表 1),这些变化表面上看似是由测评主体变化引起的,因为 1979 年开始,美国国家自然科学基金会采纳了乔恩·D.米勒和他的同事设计的公民科学素养(civic scientific literacy)测评方案,然而,这种变更的内部原因事实上是与当时美国的社会语境相关联的。

表 1　美国公众科学素养测评文本的结构变化

年份	文本结构
1957	① 科学的定义　② 科学知识的掌握水平　③ 对科学的兴趣　④ 科学信息的获取途径　⑤ 对科学成就的期望　⑥ 对科学家的评价
1972—1976	① 科学的定义　② 科学知识　③ 科学兴趣　④ 科学信息的获取途径　⑤ 对科学技术的总体评价　⑥ 对科学技术风险的看法　⑦ 科学家的职业印象　⑧ 对政府在科学研究方面财政政策支持的偏好
1979—2001	① 科学的定义　② 科学知识　③ 科学兴趣　④ 科学信息的获取途径　⑤ 对科学技术的总体评价　⑥ 对科学技术风险的看法　⑦ 科学家的职业印象与伦理评价　⑧ 科学方法

从表 1 可以看出,美国公众科学素养测评基本上可以划分为三个阶段:1957 年、1972—1976 年、1979—2001 年。这三个阶段中公众科学素养测评文本结构上存在明显差异。在第一个阶段中,1957 年美国公众科学素养测评文本结构主要包括:① 科学的定义;② 对科学知识的掌握水平;③ 对科学的兴趣;④ 科学信息的获取途径;⑤ 对科学成就的期望;⑥ 对科学家的评价[3]等六个部分。这一阶段的社会语境与"曼哈顿

工程"的社会影响有关。在美国,"曼哈顿工程"使人们普遍认为,科学可以用来解决贫穷、健康、住房、教育、运输和通信等方面的物质缺乏问题,甚至包括就业与贫富差距。[4]因此,在二战后初期的美国,人们普遍对科技功用深信不疑,美国政府也致力于让二战时科学技术成就能在二战后继续发挥作用,造福于美国人民。时任总统罗斯福曾向美国科学研究发展局提出了四点要求:一是向全社会公众传播战时的科学技术知识与美国科技成就;二是设法在二战后维持战时的医学与科学发展势头;三是确立对公私科学研究组织的管理与资助;四是努力发展与培养青年科学精英。[5]因此,美国的舆论导向是力主向公众宣扬科学技术的功用,倡导公众欣赏科学、理解与学习科学、支持科学研究,培养青少年的科学兴趣,吸引他们积极参与科学研究、开发新技术,以便为将来造就科学精英等。在这种社会语境下美国进行了第一次公众科学素养测评。而且,测评结果显示,公众对于科学技术的期望及科学家职业的看法等都基本上持积极乐观态度。

在第二阶段中,公众科学素养测评文本结构增加了"对科学技术风险的看法"和"对政府在科学研究方面财政政策支持的偏好",对"科学家的看法"模块则变成了"科学家的职业印象"。这一阶段中美国的社会语境发生了新的变化,一是国际政治环境,二是环境破坏问题。二战后的美苏冷战对峙在不断升级,到了20世纪60年代,为了对抗以苏联为首的社会主义阵营,美国大肆进行核武器试爆,给大气带来严重污染,人类健康面临着严重威胁。与此同时,二战后以来科技产品的大规模使用使得生态环境破坏和能源危机状况逐渐显露,并日趋严重,科学负面效应开始凸显了。公众对此反映强烈,二战后初期美国公众支持科学的热情开始消退。1963年,生物学家蕾切尔·卡逊出版了科学调查报告《寂静的春天》,论述了科技产品的使用对于生态平衡的破坏,让人们对科技的美好幻想开始破灭。生物学家巴里·康芒纳组建了科学家公共情报研究院(SIPI),批评美国人追求科学的方式。科学新闻也不再一味颂扬科学,转而开始关注环境问题,环境保护运动亦随之而起。公众认识到,新科学不仅促进了许多民用技术和军用技术的迅速进步,而且是引起大量工人失业的原因。从古巴导弹危机和越南战争中生化武器带来的巨大危害中不难看出,科学对人类社会存在着严重的负面效应,且不为人类所控制。于是,关于科学技术和科技产品的公众讨论越来越频繁,越来越热烈。公众对科学与科学研究的批评愈益尖锐,对科学产生了敌意,甚至要求"暂停科学"。作为纳税人,他们不愿再支持科学研究,并强烈抗议核试验和动物试验。[6]在这种社会语境下,美国于1972年恢复了中断近15年的公众科学素养测评,而且对测评问卷结构进行了调整,问题的表述风格也有所改变。[7]

到了20世纪80年代,生物技术研究领域取得了很大进步,生物技术尤其是器官移植技术得以在社会上广泛应用。90年代中后期,转基因食品开始问世,克隆羊多利诞生了。生物技术的社会应用和进入产业化进程,引起了世界上大多数国家公众新的担忧和争议[8],转基因食品逐渐成为国际经济贸易的重要争端之一,[9]公众对科学技术及科技专家的信任感降低。[10]美国公众科学素养测评于20世纪70年代末80年代初开始进入第三阶段,测评文本中关于科技风险看法的问项占了很大比重。同时,公众普遍指责风险性科技产品的出现在很大程度上缘于科学家好奇心的自我满足，测评文本中也列入了科学家的伦理评价这个维度。然而，为了保持美国的国际经济和科学霸主地位，美国政府既要保证决策民主化，又必须保障科学发展战略能顺利实施。于是，美国相关部门采取了一系列措施，引导公众参与科学活动，与科学家面对面交流，了解科学过程，了解科学技术发展和应用等诸方面情况，尽可能使公众了解到一个全面的、完整的科学。从而提高公众对科技发展与科技应用的判断力，并在必要时候与科学家、政府一起就一些可能对社会公共利益产生巨大影响的科技发展和应用问题进行充分讨论，适当参与科学决策，以实现科技资源的有效配置，因此，"科学方法"成为测评文本中的一个重要维度。

D.2 文本内容因社会语境变化而有所不同

公众科学素养测评文本内容，指文本结构中的科学知识与科学事实概念等。考察历年来的测评文本可以发现，在不同的社会语境中，测评的科学知识与科学事实会有所变化。1957年的公众科学素养测评文本中，关于科学知识的问项为放射性尘埃（radioactive fallout）、饮用水的氟化（fluoridation in drinking water）、小儿麻痹症疫苗（polio vaccine）、太空人造卫星（space satellites）等四个术语。它们都是当时的热门话题，其中氟化物的讨论在当时已经持续了近20年之久，到了20世纪50年代甚至成了政治问题，在地方的选举中占有一定地位。[11]"太空人造卫星"则缘于苏联人造卫星的发射，是当时的新兴名词。然而，除了放射性尘埃外，其他三个知识点已不再是测评的核心了，因为有关它们的科学在人们的生活中已经不再是关注焦点，但随着核能的广泛应用，放射性始终是人们关注的话题。

1979年的测评中包含了DNA、放射性和国民生产总值（GNP）等三个代表自然科学和社会科学的概念术语。这些概念中的每一个都与当时普通媒体中频繁报道的科学研究有关。[12]尤其是DNA的概念，在20世纪50年代人类破译了DNA双螺旋结构后，又于2003年4月顺利地绘制出人类基因组草图。50年间，人类对疾病本质的理解已得到明显提高，美国媒体上几乎每天都有一些与基因有关的新闻或信息。新的基因科学已经卷入了美国重大公共政策争论，正如将胚胎干细胞用于医学研究的持续不断的政策争论中所反映的那样。在生物医学研究上，美联邦政府每年资助超过250亿美元，是众多科学的主要部分，也占据了关于科学研究的新闻和媒体报道的重要部分。而且，美国众多疾病利益组织也认识到DNA研究在解决与特定疾病相关的问题方面的作用，他们通过网站和传统出版物源源不断地提供相关信息。而且，了解DNA的基本概念也是理解当前一系列研究的关键。因此，DNA一直以来都是美国公众科学素养测评中的一项重要内容。

从对美国1979—2006年间的公众科学素养测评指标变量进行综合考察与分析中可以看出，随着科学技术的发展及其社会应用的变化，一些新的科学知识问题也不断纳入测评范围之中。如核动力设施、干细胞研究、克隆人、因特网、纳米技术等新兴科学概念。这些新兴科学问题的出现，给公众带来了新的知识盲点，同时也是公共政策讨论与争论的热点，而且这些争论在继续增长，因此，如果不充分提高美国公众的科学素养水平，让他们足以理解关于这类新兴科学的各种不同甚至对抗性观点的话，美国民主政治本身的健康状态很快就会受到损害。[13]鉴于此，新的科学问题陆续进入公众科学素养测评内容范围。其中，放射性的概念在1957年的第一次测评中就被列入，不仅此后一直沿用，而且，在1988年又增加了"含有放射性元素的牛奶煮沸后就安全了"和"放射性是天然的"等两个问题。这是因为，1986年苏联的切尔诺贝利核电站发生了严重的核事故后，包括美国在内的西方社会对放射性问题的高度关注，并在媒体上广泛宣传有关放射性知识。[14]

综上所述，公众科学素养测评文本内容的变迁基本上体现了与社会语境变迁之间的联系。

D.3 文本语言表述风格因社会语境变化有所改变

在不同历史时期的不同社会语境下，公众对待科学的态度发生变化，由笃信科学转向质疑科技功用。对于公众态度的变化，测评者要想取得被访者配合，顺利完成测评过程，取得理想的测评结果，必须注重问题的表述方式，测评文本的语言表述风格必然要改变。在二战后初期至20世纪60年代前期，美国乃至于世界主要发达国家的公众在总体上对科学发展持肯定而乐观的态度，科学素养测评问卷中的问题语气导向也体现着这种情态。表2是二战后美国第一次公众科学素养测评中涉及的主要问项与公众回答状况。从表中可以看出，一方面，问题几乎是从正面提出，从科学技术的正面功用发问的；另一方面，被访者的回答也是非常乐观的，92%的被访者同意"科学使我们的生活更健康、更安逸、更舒适"，87%被访者认为"科学最大的好处是使我们快速进步"，分别有52%和64%的被访者不同意"科学的进步会导致我们的命运被少数人所控制"和"科学的有害效应之一是它毁掉了人们关于公正与不公正的思想"这样的说法。将表2与表3相比较，可以看出问题的提法与被访者的回答比例均有明显不同。

表2　关于科学的问题及回答情况(%)[15]

问题	同意	不同意
科学使我们的生活更健康、更安逸、更舒适	92	4
科学最大的好处是使我们快速进步	87	6
科学带来的问题是使我们的生活方式改变得太快	47	46
科学能够解决犯罪和精神疾病等社会问题	44	49
科学的进步会导致我们的命运被少数人所控制	40	52
科学的有害效应之一是它毁掉了人们关于公正与不公正的思想	25	64

注：未回答的比例未在本表中列出。

表3　问题措辞不同引起被访者回答不同的情况(%)[16]

年份	问题			
1957—1958	科学正使我们的生活更健康、更安逸、更舒适			
	同意	92		
	不同意	4		
	不确定	4		
1972	你认为,当多数科学发现影响了你的生活时,它们给你个人生活带来的是益处多于危害,还是危害多于益处?			
	益处多于危害	78		
	危害多于益处	9		
	益处与危害相当;没有看法	13		
1972	现代生活比过去富裕得多应归功于科技进步			
	同意	81		
	不同意	10		
	不确定	9		
1972	没有科技进步,美国人民也会获得这么高的生活水准			
	同意	89		
	不同意	6		
	不确定	5		
1972—1976	总的说来,科学技术的益处多于危害,危害多于益处,还是两者大致相当?			
		1972年	1974年	1976年
	益处更多	54	57	52
	危害更多	4	2	4
	大致相当	31	31	37
	不确定	11	10	7
1972—1976	我们今天面临的问题大多数是科学技术引起的,有些是科学技术引起的,极少是科学技术引起的,还是都不是科学技术引起的?			
		1972年	1974年	1976年
	大多数	7	6	6
	有些	48	50	45
	极少	27	29	28
	都不是	9	9	14
	不确定	9	6	7

注:未回答的比例未在本表中标出。

表 3 从第二个问题开始都是在 20 世纪 70 年代提出的。由于 20 世纪 60 年代环境运动的爆发,媒体对科学的宣传开始采取谨慎态度,相关政府部门也开始重视部分公众对科学研究与科技产品的抗议情绪。表 3 从两个方面反映了这一时期公众科学素养测评与社会语境的关联性。一是测评问项的设计方式,在科技功用深受褒扬的 20 世纪 50 年代,关于科学技术社会影响的问题不仅从正面提出,而且选项也比较简单。如"科学正使我们的生活更健康、更安逸、更舒适——同意/不同意"。70 年代的测评问项则提及了"科学技术危害问题",选项也不仅是简单的肯定或否定了。原因是此时的社会语境是科技产品应用带来的负面影响,引发了公众对科学技术社会功用的广泛质疑和争论,如果测评问项一如既往地只强调科技的正面影响,必然会遭到被访者的反感,他们可能会不配合或抗议这种测评,甚至拒绝或随时终止回答测评文本上的问题,从而会影响测评的顺利进行。二是从被访者的回答中反映出社会语境的变迁引起公众对科学技术影响的看法变化。在 20 世纪 50 年代,90%以上被访者赞同科技对社会及人们生活的正面影响,但在 70 年代,只有 78%被访者认为科学发现给"个人生活带来的益处多于危害",有 89%被访者同意"没有科技进步,美国人民也会获得这么高的生活水准"。不仅被访者认为科技给人类带来的益处大于危害的人数比例大大降低,而且在 20 世纪 70 年代,涉及科学技术"益处"与"危害"的问项也更多。

  2006 年 11 月,乔恩·D. 米勒在北京召开的第五届亚太地区媒体与科技和社会发展研讨会上报告说,随着科学技术社会化程度的提高,关于科学的问题争论与公众讨论也更加复杂,公众对于科学问题的态度与见识更加趋于个性化与多元化,在这样的社会语境下,公众科学素养测评中尽量使用开放式问项具有很多优点,最主要的是它能真实地反映一个人的科学素养状况。[17]因此,随着公众科学素养水平的不断提高,有关科学的社会问题日益复杂化,为了能够更加真实地反映出公众的科学素养水平,开放式问项在测评文本中占的比重必然越来越大,而开放式问项的表述风格显然不同于表 2、表 3 中列出的这些问题。

D.4 结语

  正如米勒所指出的那样,科学素养概念有相对定义与绝对定义之分[18],绝对定义通常包含一组科学知识、技能和公众对于科学的态度,对于所有人的衡量标准都是相同的。然而,这种理想状态的存在只是想象层面的,事实上却难以鉴别,因而不切实际。因为,世界上现存的社会经济体制具有多样性。实际上,科学素养概念通常是相对定义,它依赖于即将运行的社会语境,与使用它的社会有着内在的联系。如果科学素养被公认为在本质上是社会定义的概念,那就应把这个概念理解为在时间上随时代不同而不同(如前原子能时代和后原子能时代),因地理区域不同而不同(如地方经济以工业为主导的地区与以农业经济为主导的地区),随社区或社会条件不同而不同。由此可见,考察一个国家的公众科学素养水平,切不可忽视其相关联的社会语境。本文对美国公众科学素养测评文本进行的考察,从一个侧面表明了公众科学素养测评与社会语境之间的紧密关联度。当前世界各国社会政治经济体制具有多样性,研究任何一个国家的公众科学素养一定要结合该国的科技、社会、经济、政治、文化、制度及人口现状等具体国情民情,不可能照搬、照抄他国模式。我国是发展中国家,经济不够发达,科学技术事业起步较晚,地区发展不平衡,文化与教育水平区域性差异大,公众科学文化素养普遍偏低。然而,我国自20世纪90年代初以来,一直沿用美国米勒公众科学素养测评指标体系进行公众科学素养测评,从根本上忽视了我国特殊的社会语境。因此,尽管十多年来我国公众科学素养测评实践也取得了一定成效,发挥了特定的社会历史作用,但随着社会发展及社会语境的不断变迁,这种直接引用美国公众科学素养测评模式进行的公众科学素养测评,其弊端与问题日益凸显。正是在此意义上,我国应在确立公众科学素养基准,明确公众科学素养测评功能定位基础上,拓展公众科学素养测评模式,真正发挥公众科学素养测评在我国具体语境下的社会功用。

参 考 文 献

[1] 李大光. 中国的科学素养水平数据说明了什么?:对中国科学素养调查若干问题的思考[J]. 科技中国,2006(4):5.

[2] 刘顺利. 文本研究[D]. 北京:中国社会科学院研究生院,2002.4.

[3] Withey S B. Public opinion about science and scientists[J]. The Public Opinion Quarterly,1959,23(3):382-388.

[4] Lewenstein B V. The meaning of "public understanding of science" in the United States after World War II[J]. Public Understanding of Science,1992,1(1):45-68.

[5] 范尼瓦尔·布什,等. 科学:没有止境的前沿[M]. 范岱年,解道华,等译. 北京:商务印书馆,2004:42-43.

[6] Paisley W J. Scientific literacy and the competition for public attention and understanding[J]. Science Communication,1998,20:70-80.

[7] Miller J D. Towards a scientific understanding of the public understanding of science and technology[J]. Public Understanding of Science,1992,1(1):23-26.

[8] Gaskell G,Bauer M W,Durant J,et al. World apart? The reception of genetically modified foods in Europe and the U. S. [J]. Science (New Series),1999,285(5426):384-387.

[9] 李文成. 转基因产品:国际贸易争端的新领域[J]. 国际贸易问题,2000(6):39-43.

[10] Dixon B. The paradoxes of genetically modified foods:A climate of mistrust is obscuring the many different facets of genetic modification[J]. British Medical Journal,1999,318(7183):547-548.

[11] Plaut T F A. Analysis of voting behavior on a fluoridation referendum[J]. Public Opinion Quarterly. 1959,23:213-222.

[12] Miller J D. Public understanding of,and attitudes toward scientific research:What we know and what we need to know[J]. Public Understanding of Science. 2004,13:273-294.

[13] Miller J D. Theory and measurement in the public understanding of science: A rejoinder to Bauer and Schoon[J]. Public Understanding of Science, 1993, 2(2):235-243.

[14] 沃兹尼亚克.切尔诺贝利核事故与教训[M].伍仁毅,杜凡,译.北京:中国劳动出版社, 1991:115-117.

[15] Pion G M, Lipsey M W. Public attitudes toward science and technology: What have the surveys told us?[J]. Public Opinion Quarterly, 1981, 45: 306.

[16] Miller J D. Civic scientific literacy in 33 countries: An application of item-response-theory [R]. 北京:第五届亚太地区媒体与科技和社会发展研讨会:全民科学素质与社会发展, 2006.

[17] Laugksch R C. Scientific literacy: A conceptual overview[J]. Science Education, 2000, 84: 71-94.

附录 E　莫里斯·夏莫斯的科学通识教育思想及启示[①]

E.1　引言

莫里斯·H.夏莫斯为美国纽约大学毕业的物理学博士,是当代美国著名的科学家、教育家,美国物理学会(APS)、美国化学学会(ACS)、美国临床化学协会(AACC)、电子电气工程师学会(IEEE)、美国物理学教师协会(AAPT)、国家科学教师协会(NSTA)等理事,也是美国科学促进会(AAAS)会员和纽约科学院(NYA)研究员、前院长,在多家科技公司担任董事,并在一些教育组织任顾问。夏莫斯长期从事科学研究和科学教育研究,也一直积极参与有关普通公众科学素养问题讨论。基于科学家、科学教育家和产业管理者三重身份的科研与工作实践,1995 年,夏莫斯从自己多年的工作经历和研究出发,结合对美国 20 世纪科学通识教育状况,从理论和实践两个方面的分析指出,美国近一个世纪的科学通识教育是失败的,因为它并没有实现其预定目标——全民科学素养,这其中有科学本身的原因,也有社会方面的原因。他认为,科学通识教育的目标应该是科学意识,因为事实表明,人们即使没有掌握科学知识,也能够很好地生活。2006 年 3 月,我国国务院颁布实施了《全民科学素质行动计划纲要(2006—2010—2020 年)》[1],公民科学素养建设成为我国中长期科技发展战略规划中的一项重要内容[2]。夏莫斯的科学通识教育思想对我国当前全民科学素养运动不无借鉴。

① 此文发表于《社会经济发展研究》2015 年第 3 期。

E.2 美国传统科学通识教育失败的表现

夏莫斯认为美国在20世纪里的科学通识教育从未取得过成功，主要体现在两个方面，一是历次教育改革都没有实现预期目标；二是美国公众的科学素养水平并未有实质性的提高。

1. 以科学素养为目的的科学教育改革从未取得成功

20世纪，美国大学科学教育进行了三次主要的课程改革[3]：第一次改革旨在贯彻约翰·杜威提出的发展学生的"科学的思维习惯"（夏莫斯将之等同于"真实的科学素养"概念），从1910年持续到二战后。杜威及其众门徒从未成功地开发出他设想的批判性思维习惯，不过，他们的努力最终使得科学成为多数高中生通识教育的一部分。第二次改革开始于20世纪40年代末，大约持续到1980年。起初由美国二战后的工业化需求所引起，随后又因受苏联成功发射人造地球卫星（Sputnik I）的刺激而加速。这是一次大规模的课程改革，获得了政府20多亿美元的巨额财政资助，然而，却在20世纪70年代末偃旗息鼓，因为这次改革对于非科学专业学生的作用微乎其微。最近一次课程改革始于80年代，诞生了"2061计划"，目标就是让公众普遍具有合理程度的科学素养。之所以要不断地进行改革，就是因为改革并未实现预期目标——科学素养的普遍社会化。

除了大学科学教育改革以外，战后美国相关政府部门不断加大力度资助科学教育。1954年，美国国家科学基金会（NSF）开始制定教育资助计划，其中主要部分是一些课程开发项目，旨在改进中学阶段科学和数学教育的内容及质量。不久后又建立了教师培训学院，更新和提高中学科学教师的知识和技能，以便保证新课程的教学效果。

1957年10月，人类第一颗人造地球卫星发射后，NSF教育资助计划加速运作。为了不让苏联在科学技术成果上超过美国，美国国会增加了NSF的教育预算，从350万美元增加到900万美元，最终提高至6100万美元；扩大了NSF的法定权力，允许它支持所有阶段的科学、数学和工程教育，包括小学各年级。1958年，美国通过了国防教育法案（NDEA），通过州教育部资助地方学校系统，用于改造一些设备，让地方学校获取设备和教学援助，以改进科学和数学教学效果。其后的20年时间里，高达数十亿的巨额款项陆续投入美国科学教育活动中，比20世纪40年代初花费在原子弹研制上的现值美元还要多。美国的科学教育从二战后初期旨在培养更多训练有素的科学家和工程师的努力，很快转向促进所有学生和普通公众更广泛地理解科学技术。科学应该是受过教育的成人知识的一部分这一理念开始盛行。夏莫斯称，美国"开始时极度乐观，改革科学教育这样宏伟的努力似乎不可能不引起'科学素养'的明显改进，至少在受过教育的那部分人中会如此。然而，它的确没有。尽管许多教师和管理者付出真诚的努力，然而，这些教育改革还是很大程度上被证明是无效的。理所当然地，今天的公众可能对一些科学问题——核武器、与癌症斗争、污染、废弃物管理以及其他的环境问题等——比四五十年前更敏感,但当前公众对这些问题背后的基本原理的理解并没超过二战刚结束后那会"[3]。

夏莫斯认为,作为科学教育的主要目标,科学素养意味着使学生将来能够并愿意明智地处理"由科学引发的社会问题"。对大多数人来说,这意味着对科学非常精通,并足以对有关特殊利益群体或大众媒体中的公共问题做出"独立"判断。有观点认为,公民负责任地行使职责与权力,就只能意味着其"个人"在对待此类问题时有专业性见解,而不是谨慎地相信可信任专家的意见。但这些人极少考虑这样的目标能否实现。如果一个社会真正希望在解决由引发科学的问题上发挥明智的作用,那应该去寻找别的方式,而不是正规的科学教育。[3]

2. 学校教育实践并没有真正提升社会公众科学素养水平

美国当代科学教育的功能与目标主要包括两个方面:基本功能是保证科学家和科学教育者等相关的科学从业者后继有人;更高的目标是通过教育使普通公众获得广泛的科学素养。确立第二个目标的理论前提是,如果一个社会的成员有足够的科学素养,能够明智地参与科学引发的社会问题的决策,那么,这个社会和社会成员都会在某种程度上获益。[3]夏莫斯认为,如果科学素养能够使社会受益,那么,实际上只有成年人群才能对公共利益有所贡献。因此,学生在科学课程中获得的科学素养,必须能够保持到成人时期,才会对社会有所帮助。

人们通常会错误地认为,很多在校学生科学课程学得很好,可能已经获得了一定的科学素养,能为成年后所用。大多数科学老师离开课堂时,也总是感觉自己已经成功地将科学传播给了听课的非科学专业学生,可结果往往证明这只不过是一种错觉而已。一个人在学生时代,即使有着优良的在校成绩,甚至是合理的科学素养水平,也无法保证他在成年后,为社会利益服务时,仍能保持足够的科学素养。夏莫斯认为,迄今所完成的成人科学素养测评均证明了公众既没有素养,又呈现出自我满足,且被误导为确信自己是有素养的。例如,几年前进行的一次民意测验中,有70%~80%的美国成人认为自己对科学技术问题感兴趣,关心政府的科学技术政策,并将自己对科学技术的基本理解程度界定为"很好"或"足够的"。[4]西欧的类似调查也显示了同样的结果,公众通常认为他知道的科学远远多于他实际能理解的。他用"89%故事"[5]来证明他的这一观点。为了确定公众对生物技术的理解程度,丹麦曾进行了一次调查。在调查中,不同的被访者对自己的评价是,他们对生物技术"非常理解""了解"或"相当了解"。荷兰也在同期做了类似调查,只是同样的问题以不同的方式提出来,要求被访者用自己的话陈述他们所理解的生物技术是什么。其中有89%的被访者坦诚自己的确对此一无所知。夏莫斯对此解读为,当公众在公开场合被迫证明其"理解"科学的特定内容时,他们就远远达不到可接受的标准。问题的关键在于,实际上,普通成人对科学所了解的与他们认为他们对科学所了解的程度之间存在巨大差异,因为大多数人完全清楚,关于科学他们需要知道些什么,或者是想要知道什么。如果鼓励成人获得科学素养是值得努力的,那么,采用的方式就是转换这种理解的内涵。美国科学素养研究专家米勒曾经在他的文章中提到,美国成人对科学术语和概念基本理解的比例大约为30%。夏莫斯说,这个数值似乎很高,但明显是一个软数字,实际上取决于用来评估的测试术语的修改。显然,人们可以通过严格的词汇挑选而轻易获得这个数值。[3]

总之,把学校科学素养等同于成人科学素养是一种错误,后者是从社会意义上来说的;无论在学生身上完成了什么看上去与科学素养有关的事情,事实上都与他们成年后的科学理解状况无关。获得科学素养(无论人们选择哪种科学素养定义)是一回事,保持科学素养又是另一回事。

E.3 美国传统科学通识教育目标未实现的原因

从19世纪末追踪美国20世纪的科学教育历程,无论是《全体美国人的科学》,还是"2061计划"传统科学通识教育,其目标都是为了提升全民科学素养。夏莫斯则认为,如果科学素养是要求人们对科学有一定程度的"理解",那么,它就一定隐含着一个行为目的,这样才能构成一个完整的科学素养定义,即人们期望一个有科学素养的人或对科学有某种"理解"的人做些什么?据此,夏莫斯将科学素养区分为三个层次:文化的科学素养(Cultural Scientific Literacy)、功用的科学素养(Functional Scientific Literacy)和"真实的"科学素养("True" Scientific Literacy)。[3]

"文化的科学素养"[6]是科学素养的最简单形式,大多数受过教育的人基本都具有。功用的科学素养要求公众不仅掌握科学专业词汇,连贯地交谈、阅读和书写,并能在非技术语境下运用这样的科学术语。功用的科学素养的测试大都是建立在人们拥有的此类知识或类似回忆基础上。这个要求虽然不苛刻,但诸多测量事实表明,即使测试的术语和概念可能是被访者在上学期间就掌握了的,大多数人的科学回忆能力还是低得可怜。无论这些人离开学校后通过大众媒体与科学有着怎样的接触,都未曾加强他们关于自然界的类似基本信息。也就是说,美国成人在这个功用层次的科学素养评估值极其低。

"真实的"科学素养是在文化的科学素养与功用的科学素养基础上的,对科学过程和理论在科学实践中发挥的基础作用的综合理解。具备"真实的"科学素养的人通常应该了解:构成科学基础的主要概念框架是什么?它们是如何形成的?为什么能被人们广泛接受?为何人们能够从随机的宇宙中获得科学规则?实验在科学中有何作用等。具备"真实的"科学素养的人能够认识到科学研究中各因素的重要性,认识到适当质疑、分析的重要性,以及演绎推理、逻辑思维过程及依靠客观证据等的重要性。"真实的"科学素养是"批判性思维"的基本原则,是严苛的科学素养定义。在美国,具备这个意义科学素养的成人实际上只有4%~5%,几乎等同于全部职业科学家和工程师的比例。也就是说,只有职业科学家和工程师才称得上具备"真实的"科学素养。也就是说,"真实的"科学素养是通识教育无法获得的。

首先,科学的累积本质使得科学专业以外的人士难以具备"真实的"科学素养。尽管科学是关于自然真理的发现,但这种真理具有相对性。因为,科学研究是一种不断试错的过程,几乎每项科学发现都只是暂时被认可为真理。随着科学研究的不断深入,那些已经建立的科学理论都有可能被推翻或修正。因此,科学是不断修正的,科学知识是不断累积的,科学体系中的理论会不停地被新的更正确的理论所替代。这就意味着,随着科学不断进步,科学知识不断更新,人们需要掌握的科学内容也在不断增加。而且,新的科学内容越来越深奥难懂,因此,非科学专业的学生和普通成人要掌握和理解现代科学的主要内容也会越来越艰难,甚至根本不可能。

其次,现代科学系统的基本概念框架极其抽象,完全违背了简单的常识性理解。科学的主要目标是寻找共同的理论基础来理解我们所面对的自然。为了完成这个目标,科学家通常要构建理论模型或概念框架,向科学共同体提供合理而有力的解释。也就是说,构建的理论模型或概念框架是为了使科学共同体接受新思想,并非是为了社会公众对新思想的普遍接受。因此,它们通常与普通公众的常识性信念不一致。例如,一物体置于桌上,在普通人看来是再简单不过的现象:这个物体在桌上,被桌子"支撑"着。但这不是科学解释,只是一种常识性的解释方式。如果用科学原理来解释,牛顿会告诉我们,物体作用于桌子,因此,桌子一定给物体一个反作用力。若是从物质原子理论角度来思考,为什么物体不会掉进桌子的虚空中?针尖为什么就能插入桌子中呢?原子模型理论告诉我们,电子在核子与电子间的虚空中移动,这些带负电的电子互相排斥,因此,落在桌上的物体基本上"漂浮"在桌面的大量负电荷上。针能穿透桌子,是因为它很尖,针尖上无法携带足够多的电荷以排斥桌子。

现代科学及其典型的推理方式都远离了人们的日常经验,而普通人在接受科学教育或传播时,因严重局限于常识经验,总是倾向于以常识经验来理解科学知识,但是,科学讨论中的许多东西往往无法在常识中找到对应物,如物质分子理论、分子热运动理论、基因遗传理论等都是人们的感官无法直接感知的概念。科学家在谈论光子、基因、细胞、新星或黑洞等常识中没有的现象时,是根据模型或抽象物、发明物来进行推理的。这些模型、抽象物和发明物在科学家看来似乎合情合理,但对于外行人来说,更像"巫术"。倘若告诉只相信常识的人:科学中使用电子、中子、原子、基因、染色体、黑洞以及类似的概念,不是为了精确地描述现实,而仅仅是为了便于用科学创造的心理意象来描述真实世界的不同部分,则会令他们难以置信。

总之,科学与常识的背离,成为公众理解科学的希望与事实之间难以逾越的横沟。"对我们来说,尽管当前理解科学比以往任何时候都急迫,但是,要达到那种理解似乎越来越难以实现了。今天,我们为诸多背离常识的新概念和'实体'——从双螺旋到黑洞——所困惑不解。"[7] 因此,夏莫斯称,既然如此大量的现代科学背离了常识,那么,人们不应该对于科学教育在谋求普遍的——尤其是在公民责任意义上的——科学素养方面所导致的失败感到惊讶。如果科学能在根本上等同于常识,那么,它会是一种高度有条理且有组织的常识形式,这在具备普通常识的人看起来与科学本身一样怪异。

最后,科学语言影响了普通公众对科学的理解。科学语言包括两个方面,一方面是科学表述的专业术语与概念,另一方面是科学语言中的重要组成部分——数学。

现代科学的本质只要求新思想能为科学共同体内的同行所接受，而不是为全体社会成员接纳，因此，各门科学都有自己的专业术语和概念。这就如同一个人想去听一个感兴趣的讲座，但这个讲座又是用外语讲的，如果这个人不懂这门外语，就必须做两种选择：一是学习这门外语（因代价太高而不太现实）；二是请人翻译。然而，在科学上，"翻译"成一种更大众化的语言不是正确的做法。如果用大众术语来解释科学，必然会失去其中大量真实含义。上文提到的物体放在桌上的现象，虽然科学解释看上去很简单，但是，作为一个感兴趣的观察者，如果想充分理解这样的解释，首先必须学习足够的科学知识。

另外，现代科学的一个典型特征就是离不开数学表达，数学是促使科学进步的语言，也是科学结构和科学实践的核心部分，它既让人们得以精确描述世界，也提供了一种与此相关的获取新知识的方式。数学家可以用数学来研究自然，并形成有关真实世界的知识系统。数学总体上关心的是系统内部结构的一致性与一般性原则，却不关心与日常经验是否相符。特定的数学系统都是抽象的，它的基本符号没有确切含义，也不与自然界的任何事物明显对接。正是这种指向人类思想深层研究的抽象性，将数学置于人的推理能力的最高层面。夏莫斯认为，在所有形式的有条理的知识中，受教育的公众通常对科学和数学理解最少。[3]

E.4 科学通识教育的新目标——科学意识

夏莫斯认为，以科学素养为科学通识教育的目标，不仅没有必要，而且也难以实现。他在实践分析与理论论证基础上提出，科学通识教育的目标应该是培养学生或公众的科学意识：对于科学事业的情感意识，掌握健康与安全方面实际需要的基本科学知识，参与与科学相关的公共问题的决策意识与能力，以及必要时求助专家的意识与能力。

1. 公众日常生活并不需要多少深奥的科学知识

夏莫斯认为，人没有科学（或数学）素养通常也可以在大多数事业上取得成功，过上"好生活"。甚至有人说，普通人生活一辈子真正需要知道的全部科学和数学知识仅仅一个纸板火柴盒的空白处就能写完。"夸张吗？也许有点，但不幸的是差不多就是如此。"[3]确实，富裕的商人、有权力的官员、艺术人员、娱乐界人士以及人文学科的教授——成功的或受尊敬的社会成员，并不一定都具有科学素养。不用理解理论，律师也照样会事业成功；不参考不确定法则，银行家也完全能够做出成功的投资决策；纽约市长管理市政时也没有必要精通板块构造理论；外科医生没必要理解激光物理学才会做激光手术，鲁契亚诺·帕瓦罗蒂（Luciano Pavarotti）或劳伦斯·奥利弗（Laurence Olivier）的事业也并非混沌理论推进的结果。

从消费的角度来说，随着产品消费的社会服务体系不断完善，公众越来越缺乏学习和理解科学的兴趣和动力。生产商充分意识到，他们不能寄希望于消费者理解他们产品的内部运行方式,也不能希望消费者必须小心翼翼地操作他们的产品。因此,他们试图把产品设计成"傻瓜型",并且保证在成本不变的情况下尽可能经久耐用。简单的说明手册附带示范,完全可以满足普通消费者操作那些复杂消费品的需要。如果产品出现故障,厂商会提供保修服务,将产品修复。如果厂商不能使消费者尽可能容易地使用他们的产品,他们很快会丧失市场竞争力。同时,公众也越来越依赖各种政府机构和消费者组织,保护他们免受设备、物品、保健行业、庸医治疗等不安全因素的伤害。在工作场所,也有专门为非专家设计的生产设备与工具等。诸如此类的社会因素弱化了人们理性对待科学素养的根基。[3]

2. 科学通识教育在于培养公众的科学意识

夏莫斯认为,在普通公众中培养科学素养的目标只不过是一种罗曼蒂克式的理念,是几乎无法实现的梦想。尽管大多数学生可能会认为科学很有趣,但他们也会发现科学很难学,且不一定值得学习。公众个体对科学的理解程度在不久的将来不会有太大变化。因为,很难使人信服,增强这种所谓可以提高他们生活质量的科学素养,相对于为其所耗费的能量来说是物有所值。同时,夏莫斯也认为,培养普遍科学素养的目标定位太高,而且,了解正规学术意义上的科学也许不是获得社会意义上的科学素养的必要条件。因此,他提出,在追求普遍的公众科学素养问题上需要转换思维,重新规划公众科学教育"目标"本身的问题。于是,夏莫斯提出了"科学意识"(science awareness)这一理念。[3]夏莫斯虽然没有明确界定"科学意识"的概念内涵,但是,从他提出的培养"科学意识"的指导原则及实现途径中可以看出他所指的"科学意识"是什么。

事实上,除了文化需要外,还有两个理由需要公众广泛地理解科学。一是科学共同体和科学教育共同体渴望公众(尤其是公职人员)能够欣赏和支持科学,使科学得以持续发展。二是社会科学共同体期望公众能直接参与科学技术引起的相关社会问题的决策过程。这就是大多数人所认为的科学素养的真正含义,也是问题的症结所在。事实上,能在科学技术引发的社会问题决策中独立决断,这样的社会素养或公民素养才是科学素养运动的基础目标。然而,即使是职业科学家也不可能总是能对此类社会问题做出理智的表决,也从来没有某种合理的科学教育能够使普通民众达到独立而公正地判定此类问题的水平。其实,公众面临类似社会问题时,在主要技术方面的实际解决方法,可以寻求该领域专家的建议,也就是夏莫斯所提出的"科学意识"。

夏莫斯认为,为了达到上述目的,培养"科学意识"的科学教育应该遵守三条指导原则[3]:第一,科学教育主要是为了培养学生欣赏和认识科学事业,即"文化"需要,而科学内容则不是重点;第二,科学教育的核心主题应该专注于那些保障个人健康和安全所"实际"需要的技术,以及培养学生关心自然和人工环境的意识;第三,为了培养人们的社会素养或公民素养,必须强调科学家的"正确"引导作用,这是至今还没有进入科学课程的新兴领域。从这三条原则中也可以看出,"科学意识"不在于公众掌握科学知识的深度,而是了解的广度,并且与个人生活及社会生活息息相关,强调一种生存与生活技能和意识，强调了解解决问题的路径，而不是解决问题所需要的专业知识。

夏莫斯指出，传统科学教育总是以一种既成的事实方式呈现给学生和公众，向他们打开的是一个由科学事实、理论和原理组成的简单包袱，让他们考察，让他们欣赏。正如托马斯·库恩(Thomas Kuhn)所述，学生从这个包裹中所获得的科学观根本不符合产生这个包袱的科学事业，由此形成的科学观也大大影响了公众关于科学本质及其发展的理解。[8]让学生认识的应该是作为整体的科学，而不是经过人为分科后的碎片式的科学，不是简单的科学过程产生的后果，而是制造中的科学。它包括：是什么因素参与形成这些问题包袱，科学是做什么的，是如何实践的，为什么实践等。夏莫斯所构想的社会是，人们应该能够了解科学事业如何运行，为什么运行，以及社会在科学活动中的作用；人们与科学技术接触应该要比现在更加轻松愉快。他认为，理解一些关于科学本质的东西，比人人都学习(然后又忘记)本应属于博物学的汇总的自然事实要更有益。我们学到的应该是科学事业该怎么样，而不是问题包袱里的科学内容。

通过养成科学素养，使公众直接参与由科学引起的社会问题的决策。对于这种传统想法，夏莫斯认为，这样的"社会或公民素养"是不可能实现的。即使职业科学家也无法总是做出理智的表决，没有合理程度的科学教育，永远不可能使普通人达到独立而冷静地判断科学技术引发的社会问题。因此，无论如何，要想解决既定问题中的主要技术成分，公众还得寻求专家建议，这是唯一实用的方式。知道如何去采纳专家的建议，需要更深入的探索与研究，同时也需要建立一系列社会规范。夏莫斯相信，社会科学共同体应该能够设计某种方式，让公众能够获取可靠而无偏见的专家建议，以保证公众获得的建议既不危害决策的公正性，也能维护公众个体主权独立性。毕竟，民主社会中公众获取信息对于民主决策是至关重要的，为公众提供获得信息的方式应该是所有教育者和研究者的责任。

E.5 启示

夏莫斯的"科学意识"理念对我国当前贯彻实施《全民科学素质行动计划纲要(2006—2010—2020年)》，提高全民科学素质具有启发意义。

第一，公众具备基本生存能力所必需的科学知识，应该是科学素质的主要内容。因此，在提升全民科学素质时，应该主要关注那些可直接用于提高生活水平，与饮食、居住及卫生保健紧密相关的科学技术知识。这类知识对于发展中国家的国民特别重要，"几条必要的科学信息就意味着健康与疾病、生与死的差别"[9]，也就是夏莫斯所说的保障个体健康和生命安全等现实生活中必不可少的技术及相关知识。

第二，把公众关心爱护自然环境和节约资源的意识纳入科学素质建设范畴。人们对环境的所作所为，往往取决于其对环境的看法。当前，我国面临着诸多环境问题和资源危机，这些问题的解决是长期而缓慢的过程，同时需要全民族的共同努力。人们对环境和资源的积极行动很大程度上取决于他们的环境保护和资源意识。因此，引导学生及社会公众充分认识到自然环境及自然资源对于人类生存和发展的至关重要性，帮助他们养成关心和保护环境、节约资源的意识与习惯，有助于实现社会可持续发展。

第三，把公众参与公共问题决策的意识与能力培养以及向专家求助能力纳入科学素质建设工程。如夏莫斯所言，公民科学素质是制定公共政策的基础。当前我国在公共卫生领域、能源消耗、自然资源消费、食品安全和环境污染等方面问题重重，这些问题的解决与相关决策需要公众的积极参与，才能取得良好效果。然而，公众能否有参与意识？他们该如何有效参与这些问题的决策过程？遇到以上领域的相关问题应该如何解决？如何正确求助于专家？这些都取决于他们的科学素质或科学意识状况。可见，参与公共问题决策的意识与能力以及正确求助专家的能力也是我国当前公民科学素质建设的重要课题。

事实上，在某种程度上，提高公众的科学意识比增加他们的知识量更重要，因为科学意识在决定人的行为动机方面比有限的科学知识发挥的作用更大。

参 考 文 献

[1] 中华人民共和国国务院.2006.全民科学素质行动计划纲要(2006—2010—2020 年)[N]. 人民日报,2006-3-21(8).

[2] 中华人民共和国国务院.国家中长期科学和技术发展规划纲要(2006-2020 年)(中华人民共和国国务院)[J].经济管理文摘,2006(4):16.

[3] Shamos M H. The myth of scientific literacy[M]. New Brunswick：Rutgers University Press,1995:1,65,73,77,84,89,87-90,97-99,216,217.

[4] Public Opinion Poll[M]. Washington：U. S. Office of Technology Assessment, 1992.

[5] Roy D J, Wynne B E, Old R W. Bioscience-society：Report of the Schering workshop [M]. Chichester：John Wiley and Sons, 1991：381.

[6] Hirsch E D. Cultural literacy：What every American needs to know[M]. Boston：Houghton Mifflin, 1987.

[7] Boorstin D J. The shadow land of democracy[J]. U. S. News & World Report, 1988, November 14：61.

[8] 托马斯·库恩.科学革命的结构[M].金吾伦,胡新和,译.北京：北京大学出版社,2003:1.

[9] Shen B S P. Science literacy[J]. American Scientist,1975 (63)：265-268.

附录 F　科学共同体在科学传播中的伦理责任[①]

随着现代科学技术的发展，一方面科技领域分科日益细化，科研探索不断深入，不同学科间的界限越来越明显。隔行如隔山，科研工作者对自己专业以外的领域堪称外

---

① 此文发表于《科技管理研究》2016 年第 36 卷 22 期。

行,故而,科学共同体之间需要加强交流,相互了解对方的科研成果。另一方面,近代以来,在科学研究方面,科学离公众的视野渐行渐远,而从应用视角看,科学与公众日常生活和工作的联系又日益紧密,科学社会化,社会科学化,公众需要理解科学,需要具备一定的科学素养。鉴于此,科学传播的社会需求应运而生。然而,到底何为科学传播?科学传播需要遵循哪些伦理规范?这些都是当前学术界致力探讨的问题。本文主要从科学共同体的视角对科学传播的伦理问题进行探讨。

F.1 什么是科学传播?

科学传播,英语为 science communication,在汉语世界里,它是非常新的概念和领域,从贝尔纳的著作《科学的社会功能》中译本可见一斑。1982 年,商务印书馆出版的陈体芳翻译版本中将第十一章 Science Communication 译为"科学交流"[1]。可见,至少在 20 世纪 80 年代初的汉语世界里还没有出现"科学传播"这一概念。在中国知网上以"科学传播"作为篇名检索,最早的论文是 1986 年的《论传教士在近代西方自然科学传播中的主导作用》,从题目来看,这显然不是当前语境下所谈的"科学传播"。而 2000 年之前,以"科学传播"为篇名的论文只有 6 篇。对于如此新兴之概念,国内学界对其内涵见仁见智。周光召先生认为科学传播有三个层次,第一层次是科学交流,科学家在专业学术刊物、学术会议或信息网络上发表自己的研究结果、研究心得或前沿综述,是意在获取知识产权的同行传播。第二层次是"科学教育",通常发生在科学体制内,于师生间进行,由专业科学教师直接或通过传播媒介系统向学生传授科学知识,培养专业人才,或使学生具备必要的科学素养。第三层次是"科学普及",或称"科学大众化",是受过科学教育的人利用大众传播媒介向社会公众介绍科学知识和科学事业的发展,以培养公众的科学意识,提高公众的科学素养。[2]吴国盛教授则认为,"科学传播"是"科学普及的一个新形态,是公众理解科学运动的一个扩展和延续"[3]。刘华杰教授认为,科学传播是"指科技信息在社会各主体之间的发送、接收等,相当于广义的科普,可以包含、取代科普及科技报道等"。他同时指出,现代科学传播是带有反思性的传播。[4]

事实上,对于"科学传播"这一概念的具体内涵,不仅国内,在国际学界也一直争论不休。在《科学的社会功能》中,贝尔纳所说的科学传播包括科学家之间的交流问题、科学教育和科学普及工作三个方面。[5] 2000 年,英国科学技术办公室和威尔康姆信托基金公司(OSTWT)共同完成了报告《科学传播与英国公众科学态度回顾》。报告基于科学传播所涉及各群体间的直接作用概括出八个层次:"学术界和产业界在内的科学共同体内部团体间的传播;科学共同体与媒体之间的传播;科学共同体和公众之间的传播;科学共同体和政府或其他权力权威部门之间的传播;科学共同体与政府或其他影响政策的主体间的传播;产业界与公众间的传播;媒体(包括博物馆和科学中心)与公众之间的传播;政府与公众之间的传播。"[6]这从不同层级表述了科学传播的存在状态,并没有涉及科学传播的意义内涵。而伯恩斯(T. W. Burns)等人将科学传播界定为

"使用恰当技能,运用媒体,通过开展活动和对话引发人们在意识(awareness)、愉悦(enjoyment)、兴趣(interest)、见解(opinions)以及对科学的内容、过程及其社会要素的理解(understanding)等方面产生对科学的个体反应"[7]。因为这个理论模型所涉及的五个关键概念的英文单词首字母恰好是英文字母中的全部元音字母(AEIOU),故被简称为元音族理论模型。它简洁明了地表达了科学传播的目的,指明了科学意识、科学理解、科学素养和科学文化的一般指向:公众的科学意识意在激发公众去了解科学,对科学持肯定态度;让公众理解科学内容、科学过程和科学建制的社会要素;科学素养表现为,当人们知晓了科学,对科学感兴趣并参与科学活动,形成见解,并寻求去理解科学;科学文化是一种社会环境和文化氛围,让处于其中的公众普遍欣赏科学,支持科学,具备合理的科学素养。[8]不过,从该定义中,人们看到的似乎是科学共同体向公众推销科学的单向信息传递,几乎没有体现出当前更多强调的参与及互动。菲施霍夫(Fischhoff)和斯卡夫尔(Scheufele)则认为,科学传播必须完成四个相互关联的使命:确定科学中的哪些方面是人们决策时最需要的;判定人们在这些方面已经知道了什么;制定传播计划,消除人们已知和需知之间的明显差距;对传播的结果进行恰当性评估。[9]在维基百科的最新解释里,科学传播通常指一种大众传播,是向非专家介绍与科学相关的话题,包括科学展览、新闻、政策或媒体产品。[10]科学传播的目的包括:获得社会对科学研究的支持,让社会知晓政策制定情况(包括政治和伦理考量)。而且,从发展趋势看,科学传播的内容不仅仅是科学发现,而且越来越倾向于解释科学方法;从对象上看,科学传播不仅指非科学家间的传播,也包括科学家之间的传播。

总而言之,"科学传播"可以概括为:科学家、媒体、公众和政策制定者等利益相关者之间,借助公众媒体、科学场馆、科学争论与论坛等途径,进行双边的科学信息交流与互动,以实现在科学知识、科学方法、科学精神和科学意识等在科学共同体内部及与社会之间的扩散与再建构。当然,这个过程中有着一系列的规范,需要完成既定的任务,实现一系列多元化的目标,最终达到一定的结果:科学为社会所用,社会为科学所用,社会理解、认同并支持科学,学会最大限度地从科学中受益,同时接受科学的改造与建构。

F.2 科学传播伦理探讨的哲学基础

科学传播的伦理考量是20世纪末21世纪初才受到关注的,主要缘于人们对科学本质及科学之社会实践的认知转变。具体而言,科学传播伦理探讨的哲学基础主要体现在以下三个方面。

1. 科学实在论转向科学建构论

科学实在论兴起于20世纪60年代的美国,是一种承认科学理论实体的客观存在并坚持客观真理的学派。科学实在论认为,科学理论是对独立存在的客观外在世界提供了真理性的描述,他们有理由能够令人相信不可观察的理论实体的本体性。也就是说,在科学实在论看来,"科学给予我们的世界图景是真实的,其细节是可信赖的,科学所假设的实体是真实存在的;科学是通过发现而不是发明获得进步的。简言之,当今的理论都是正确的"。[11]这意味着科学是绝对的客观真理。既然是客观真理,就不会受人的主观意志影响。若果真如此,则科学传播时只是将科学知识内容直接传达给受众,其间并不涉及伦理选择与判断。然而,科学实在论的观点在20世纪90年代受到了质疑,范·弗拉森认为,科学实在论采用了类似于自然神论的论证方式,存在缺陷,并提出了"建构的经验论"观点。他认为,"科学活动是建构而非发现,是适合于现象的模型建构,而非发现关于不可观察物的真理"[12],科学的目标是为我们提供具有经验适当性的理论,理论的接受仅仅与相信理论具有经验适当性的信念有关。[11]以科学知识社会学为代表的社会建构论者则认为,科学知识是由科学家在实验室里生产出来的。科学家在制造知识过程中所形成的科学信念则受到社会因素制约,也就是说,科学知识是社会建构的产物。这就表明,科学的逼真不是真正意义上的逼真,而是一种表观现象,是人工伪造的逼真,是由理论的趋势、社会的比喻和具体的心理偏见所造成的。[13]因此,科学概念、理论、观念和事实的建构很大程度上取决于科学公共体成员的动机,甚至是利益制约机制。也就是说,科学知识在建构过程中会存在着人为选择因素。理论上来说,只要存在行为选择,就会涉及伦理问题。这样,在科学家的科学知识制造活动中就产生了伦理诉求。

2. 科学功用与科学精神的背离

依据美国科学社会学家R.K.默顿的科学规范结构理论,现代科学的精神气质主要包括普遍主义、公有性、无私利性和有组织的怀疑主义等四个方面。[14]普遍主义包含两层意思:一是在知识生产过程中对于科学真相的判断必须服从于先定的非个人性的标准——尊重实际观察,与观察和先前已被证实的知识相一致;二是对科学知识的评价不因知识生产者(科学家)而异,评价一项科学贡献应该与贡献者的任何社会属性没有关系。在科学传播中也应尊重此要求。公有性指科学上的重大发现都是社会协作的产物,也就是每一项成果里都绝非某一两位科学家的工作,而是包含其他科学家的贡献。科学共同体成员在科学传播时也应该同时告知他人所作贡献。同时,科学是公共领域的一部分这种制度性概念,也就规定了科学成果必须充分而公开地交流与传播。无私利性,指科学活动旨在寻找全人类共享的普遍真理,科学研究人员应出于科学目的而做研究,而不能出于个人或团体的私利从事科研。在科学传播中,科学共同体不应盗用科学权威,为非科学的学说博取声望,以谋求个人私利。有组织的怀疑主义,指对科学知识的确证性考察不能屈从于权威,或受到知识生产者个人的社会属性影响,而应按照经验和逻辑的标准对信念进行公正的审视。

默顿提出的科学精神的内在要求通常是基于理想状态的纯粹科学形态提出的,是出于好奇需求的、纯粹的、自由的、推理的科学所具备的精神气质。然而,事实上,科学还有另一面,即科学是社会的产物,根据建构主义的观点,科学知识的生产深受知识制造者所处的社会语境所影响,社会因素对科学事实的形成起着重要的影响作用。因为科学的功用需求决定科学必然受到社会利益不同程度的影响。社会利益既与"科学外部"的诱因和归属相联系,也与"科学内部"一个科学场域中的这样或那样小派别的成员结合在一起。这些不同的利益促进了各种劝诱性策略、机会主义战略以及文化上得以流传的安排,而后者将影响科学知识的内容和发展。[15]显然,这已经与默顿所提出的科学精神气质相背离。这种背离的结果就是无论在科学知识的制造过程,还是科学传播过程,与科学功用相联系的社会利益都会引发科学共同体的伦理判断与选择。

3. 公众理解科学由缺失模型转向民主模型

20世纪下半叶,现代科学技术突飞猛进,科学技术高度社会化,社会也越来越科学技术化。英美等发达国家一致认为,科学技术在现代生活中已居至高无上的地位,只有科学技术才是有效的。因此公众必须具备一定的科学素养,才能适应现代社会发展,也才能促进经济发展和民主政治建设。于是,在基于"公众缺少科学知识,因而,需要提高他们对于科学知识的理解"[16]这一理论前提下,英国科学家约翰·R.杜兰特等从20世纪80年代开始着手促进公众理解科学的一系列调查与研究,他的公众理解科学践行模式被称为缺失模型,这种模型潜在地假定了科学知识的绝对正确性。我国传统的科普形式也是一种缺失模型,认为公众都是缺乏科学知识的,科普机构和科研人员有义务向公众普及科学技术知识,也没有人会怀疑这种科学知识的真理性。普及科学是出于利好公众,提高公众科学素养,进而提高公众的工作和生活能力与效率。因此,对公众进行科学知识普及并不存在伦理判断与选择问题。

然而,缺失模型把公众看作在科学知识方面是绝对无知的,或者认为公众不理解科学事实、科学理论和科学过程。科学传播者对科学的认识不全面,对公众的定位不恰当,只把公众当做知识信息的被动接受者,同时,他们认为所谓的绝对正确的科学知识也在实践中出现了偏差,不断被人质疑。这些都导致传统的公众理解科学(包括我国的科普)运动的效果不够理想。于是,杜兰特开始反思公众理解科学的缺失模型,他意识到,公众不仅仅需要了解科学知识和科学方法,更需要知晓科学社会建制的运行模式及其对人们形成关于自然界的知识的影响。进而重建"民主模型"。"民主模型"强调公众通过参与科学技术决策,与科学家、政府间进行平等对话,从而实现科学传播。[17]民主模型的关键是公众的参与和交流,公众能否真正与科学家和政府进行平等对话,并就相关决策作出独立判断,取决于他们所掌握的科学技术信息。公众所掌握的科学技术信息全面与否、客观真实与否,依赖于科学信息发表源头的科学共同体。由于种种社会因素及利益冲突机制的影响,科学共同体在发布相关科学信息源时就存在着伦理判断与伦理选择。

F.3 科学共同体在科学传播中的伦理责任

科学传播中最常态化的群体通常有三大层次:科学共同体,大众传媒,社会公众。其中科学共同体是科学知识的生产者,科学方法的运用者,科学过程的实践者与建构者。可以说,他们是科学传播的源头,他们在科学传播中起着举足轻重的作用。正如吴国盛教授所说:"就整个科学传播工作者群体而言,按照活动的性质可以分为三类:科学传播活动的组织管理者(政府人士),运用媒体或其他方式职业从事科学传播工作者,科学普及创作者(主要指科普作家)。其实,科学传播的主体可能主要在第二类。"[3]欧洲晴雨表一项关于"公众对解释科学技术社会影响的合法性态度"调查显示,52%的公众认为大学和政府科研机构中的科学家在解释科学技术社会影响方面具有合法性,位居第一。其次,32%的公众认可电视记者在这方面具有合法性。[18]由此可见,科学共同体在科学传播中的重要地位为社会所公认。也可知,科学共同体能否遵守科学传播的伦理规范,关系到科学传播能否实现预定目标,在民主社会中甚至会影响科学事业的生存与发展。具体而言,在科学传播的过程中,科学共同体负有哪些伦理责任呢?

从理论上说,伦理责任首先涉及伦理判断。伦理判断更关注人类行为中的正当与非正当、道德与不道德的程度以及责任义务。只要一个人的行为会对他人产生显著影响,就存在伦理问题,尤其是当这种行为涉及手段和目的的有意识选择时,就会存在正确或错误的判断。科学传播活动之所以涉及伦理责任,是因为其蕴含着科学传播者的种种目的:为了发布信息,为了增进受众对自己工作与成果的理解,为了促使受众做出某种独立决策,为了说服公众相信某种信息的重要价值性,为了证明某个社会问题的存在性与相关性,为了推广某种行为决策或计划,抑或是为了激起某种冲突等,以及围绕特定目的有意识地选择传播手段。[19]显然,科学传播主体的行为存在着伦理判断。而作为知识生产者的科学家,写作科学文章时也面临着选择:修辞选择,论点组织,语言建构,以及关键术语、参考文献、表格和图标选择等,这些选择也均受到其目的影响。他们在面向社会大众传播科学时也同样面临着一系列选择,这些选择必须在适当的伦理范围内进行。

1. 保证科学成果信息的真实性与透明性

从科学成果产生的源头来说,科学共同体的责任是保障科学信息的真实性与正确性。不能为了某种目的,在实验室中通过实验数据修改、造假等作伪手段制造虚假的或不真实的科学信息,再向公众传播,最终误导公众,引发严重社会后果。从科学信息的选择来看,拟传播的科学成果应该是通过同行评议确定过的、在现有科学水平下基本不存在争议的。科学成果必须经过同行评议才能传播,否则,一旦在传播后遭受质疑或被学术界否定,则会影响公众对于科学的信任,甚至会摧毁科学和科学共同体在公众心目中的形象及信誉。

在科学扩散过程中,应该对于科学成果的获得过程和方法坦诚告知,并告知该成果的可靠程度,不可隐瞒或夸大实验可靠性。告知公众与此成果相类似或相关的科研成果以及各自的优劣。同时,告知其他同行对该成果的贡献,以及该项成果是否受到学界的批评与反对及其缘由等。只有尊重事实真相的科学传播,才能真正有助于公众较合理地理解科学,[8]真正参与并促进科学的再建构。尤其是在传播涉及公众健康或安全方面的信息时,应该据实以告,不能掩盖科学知识的不确定性,更不能为了争取经费或取悦雇主,或为了所谓的国家荣誉,隐瞒科学成果的不确定性或负面性。否则,一旦真相暴露,科学就会失去公众的信赖。科学与社会问题研究专家汉斯·彼得·彼得斯(Hans Peter Peters)说:"通常最好能尽可能诚实、清晰、完整地告知和解释你的推理。即使我们说服不了读者或听众,至少我们也给他们留下我们尊重他们的印象。这也会影响他们的见解,因为信息不是独立存在的。有时,诚信这一理念获得的不止是信息本身。"[20]

2. 客观公正地传播科学成果的价值和社会影响

客观公正原则主要体现于传播过程中科学共同体对科学成果的价值、社会意义与后果、利益冲突等陈述与评价所表现出的态度。

首先,科研工作者对于自己科学成果的价值评价要客观中肯,不可过分夸大。现实中,有的科研工作者,为了推销自己的成果,罔顾事实,夸大其贡献或作用。还有人利用新闻发布会的形式,有意提高自身科研成果的价值。甚至有的科研工作者违背职业伦理,为商业所利用,过分抬高某项科研成果的价值与功用。1970年,莱纳斯·鲍林提出,大剂量维生素C不仅可以防治感冒和癌症,而且可以治疗各种炎症、胶原病和心脏病等,并在社会上大肆宣扬。面对学术界的质疑与批评,他置若罔闻。由于鲍林的影响力,20世纪70年代美国大约有5000万人服用维生素C作为"保健品",维生素C的需求量迅速上升,批发价格涨了三倍,连续多年的年销售额达数亿美元。为此,药厂欢欣鼓舞,称之为"鲍林效应"。[21]鲍林也因此得到药企的丰厚回报。1993年,鲍林患前列腺癌,在进行放射治疗后宣称,由于他长期口服维生素C,使癌症发病延缓了20年。不过,他最终还是死于前列腺癌。鲍林在对待维生素C的医用功效方面,显然违背了客观公正原则。除了客观公正地评价自己成果的价值,科学共同体成员还要客观公正地介绍别人的相关成果,客观公正地评价他人成果和自己成果各自的优劣等。故意隐瞒与自己成果相关的其他研究,以突出自己的影响力,或者只介绍自己成果的优势,隐瞒劣势,只谈他人成果的劣势,不谈优势,都不符合客观公正的伦理规范。

其次,科学共同体在传播科学时还要客观公正地传播科学成果的社会影响和后果。既要传播某项科研成果可能为社会带来的贡献、积极效益和后果,也要将其可能引发的消极影响和社会后果或风险告知公众,以及人类目前对于那些消极影响或社会后果的防御与应付能力,对于潜在风险的排除能力等。例如,当前对于转基因技术科研成果的传播,不能无视转基因技术的潜在风险而一味褒奖其优势。否则,会影响公众对于转基因技术客观认知的形成。对于尖端科学,如果"科学共同体"也像商业公司推销产品那样,出于自己的动机、视角和立场,在科学传播过程中总是自觉或不自觉地把复杂的科学活动中某些"喜闻乐见的"侧面展示给公众[4],则明显违背了客观公正的伦理诉求。

最后,科学共同体需要向公众声明所传播的科学成果可能存在的违背公众利益的行为,即利益冲突。在大科学时代,科学共同体基本丧失了从事科研的独立自主性,他们通常与各种不同性质的社会机构建立合作关系,甚至是雇佣关系。公共研究和私人研究往往相互交织,交织程度越深,涉及的利益冲突就越多,诸如科学事业本身的利益与科学家的其他(个人、群体或机构)利益之间的冲突,社会利益与经济利益之间的冲突,环境利益与个人利益之间的冲突,经济利益与生态利益的冲突,公共安全保障与个人隐私权利之间的冲突等。[22]然而,科学共同体通常以科学的客观性、"公有性""无私利性"为托辞来回避这些利益冲突。科学共同体在科学传播过程中不应对科学成果及其应用可能存在的利益冲突闭而不谈,应该客观公正地介绍这些利益冲突,才能让公众较全面地了解科学成果的相关信息,从而能客观地理解某项科技成果,只有切实保障公众科学素养水平的提高,才能使其在面临有关科技问题的相关决策时保持理性思考和选择。

3. 尊重公众实际理解能力,适度简化对科学知识的表述

科学的专业语言主要是数学和各种专业技术术语,其中许多词甚至不能直接翻译,而且其所指向的概念或整个过程都会很复杂。科学也因此被称为"经常用公众不熟悉的术语解释公众熟悉的事情"。[23]例如,物体置于桌上这一普通人再熟悉不过的简单现象:物体在桌上,桌子"支撑"着物体。但如果用科学原理来解释,牛顿会说,物体作用于桌子,因此,桌子一定给物体一个反作用力;物质原子理论则会考虑:为什么物体没有掉进桌子的虚空中去？针尖为何就能插入桌子中呢？于是原子模型理论作出解释:电子在核子与电子间的虚空中移动,这些带负电的电子互相排斥,因此,落在桌上的物体基本上"漂浮"在桌面的大量负电荷上。针能穿透桌子,是因为它很尖,针尖上无法携带足够多的电荷排斥桌子"。[24]还有诸如物质分子理论、分子热运动理论、基因遗传理论等人们的感官无法直接感知的概念,光子、基因、细胞、新星、黑洞、地质构造或通货膨胀等人们常识中没有的现象,这些都是普通公众所难以理解的。因此,科学共同体应该尊重公众的文化水平现状,尽可能避免使用技术术语,而使用一种公众易于理解的共同语言。在不得不使用专业术语时,如 DNA,应尽量把它们的意义解释清楚。因此,为了适应受众的需要、能力、欲望、期望,科学共同体应尽量让公众理解,讲公众希望了解的,否则公众会认为那些信息与他们无关,是他们所不关心的。基于此,为了尊重公众的理解能力,也为了获得科学传播的良好效果,要将科学知识进行简化处理。当然,也有人对此持反对态度,他们认为,科学专家向局外人表达科学时应该使用专业概念和修辞方法,对科学知识的"简化"是对真科学的歪曲。不过,S. 希尔加德纳(S. Hilgartner)则将类似观点批评为"具有某种政治用途:为了将真科学知识置于公众不能达到的领域,为科学家保留了唯一处所,以维护科学家的认识权威,对抗局外人的挑战"。[25]当然,对科学知识的"简化"应该有一定的度,应合理"简化",不考虑公众理解能力,或者无限度地迁就公众,都不符合科学传播伦理规范。亚里士多德曾经提出伦理德性的中值原理,伦理德性通常是介于恶的两极(过与不及)之间的中间值。但这个中值不是数学上的平均值或两个端点的中点,而是为了正确的动机,在正确的时候,以正确的方式,将正确的量组合起来呈现给正确的人。也就是说,伦理德性

的中值是因人而异,因具体的行为,它与人的地位、所处的特定情境、品格的强弱等有关。[26]因此,科学传播中对于科研成果的表述简化程度也应该遵循亚里士多德的中值原理,根据具体受众和具体目的而灵活把握。

总之,在科学传播过程中,科学共同体若能够本着诚实的态度,尊重事实真相,立足于受众的实际需求和理解水平,全面而透明地传达相关科学信息,客观公正地声明科学成果的价值和科研工作的社会意义,严格遵守伦理规范的话,则既会获得公众对科学家和科学事业的信赖,又能提高科学传播的效果,提高公众科学素养,增强公众参与科学问题决策的能力,进而促进科学文化发展。

参 考 文 献

[1] J. D. 贝尔纳. 科学的社会功能[M]. 陈体芳, 译. 北京:商务印书馆,1982.
[2] 周光召. 科学传播过程的三个层次[J]. 信息与电脑,1996(3):6.
[3] 吴国盛. 从科学普及到科学传播[N]. 科技日报,2000-09-22.
[4] 刘华杰. 科学传播的三种模型与三个阶段[J]. 科普研究,2009(2):10-18.
[5] Craig Cormick C, Nielssen O, Ashworth P, et al. What do science communicators talk about when they talk about science communications? Engaging with the engagers[J]. Science Communication, 2015, 37(2):274-282.
[6] Office of Science and Technology and the Wellcome Trust. Science and the public: A review of science communication and public attitudes toward science in Britain[J]. Public Understanding of Science, 2001, 10(3):315-330.
[7] Burns T W, O'Connor D J, Stocklmeyer S M. Science communication: A contemporary definition[J]. Public Understanding of Science, 2003, 12(2):183.
[8] Jucan M S, Jucan C N. The power of science communication[J]. Procedia - Social and Behavioral Sciences, 2014, 149:461-466.
[9] Fischhoff, B. The sciences of science communication[J]. Proceedings of the National Academy of Sciences, 2013, 110(Supplement_3):14033-14039.
[10] Wikipedia. The free encyclopedia[EB/OL]. (2016-03-05)[2022-06-27]. https://en.wikipedia.org/wiki/Science_communication.
[11] B. C. 范·弗拉森. 科学的形象[M]. 郑祥福, 译. 上海:上海译文出版社,2002:9,6.
[12] 郑祥福. 范·弗拉森:一个辨证的反实在论者[J]. 自然辩证法通讯,1996,18(3):16-22.
[13] 郭贵春,成素梅. 当代科学实在论的困境与出路[J]. 中国社会科学,2002(2):87-97.
[14] R. K. 默顿. 科学社会学[M]. 鲁旭东,林聚任,译. 北京:商务印书馆,2003:365-376.
[15] 赵万里. 科学的社会建构[M]. 天津:天津人民出版社,2002:118.
[16] 李正伟,刘兵. 公众理解科学的理论研究:约翰·杜兰特的缺失模型[J]. 科学对社会的影响,2003(3):1-4.
[17] 曹昱. 科学传播民主模型的现实意义[J]. 科学技术哲学研究,2009,26(4):108-112.
[18] Eurobarometer. TNS Opinion & Social Special Eurobarometer 224/Wave 63.1: Europeans, Science and Technology[EB/OL]. (2005-06-30)[2022-06-27]. https://europa.eu/

eurobarometer/surveys/detail/447.
[19] Johannesen R L, Valde K, Whedbee K E. Ethics in human communication (6th Ed.)[M]. Grove: Waveland Press, 2008: 1.
[20] Carrada G. Communicating science: "A scientist's survival kit"[M]. Luxembourg: Office for Official Publications of the European Communities, 2006.
[21] 祖述宪. 鲍林晚年的失误及其启示[J]. 自然辩证法研究, 1996, 12(6): 30-34.
[22] 曹南燕. 科学活动中利益冲突[J]. 清华大学学报(哲学社会科学版), 2003, 18(2): 50-55.
[23] Bultitude K. The why and how of science communication[C]//Rosulek P. Science communication. Pilsen: European Commission, 2011: 1-18.
[24] Shamos M H. The myth of scientific literacy[M]. New Brunswick: Rutgers University Press, 1995: 60.
[25] Hilgartner S. The dominant view of popularization: Conceptual problems[J]. Social Studies of Science, 1990, 20(3): 519-539.
[26] Stumpf S E. Socrates to Sartre[M]. New York: McGraw-Hill, 1993: 101.

附录G 西方科学传播的三种立场[①]

西方社会对于科学的重视最早可以追溯到文艺复兴时期。此后,英国哲学家弗朗西斯·培根(Francis Bacon)提出"知识就是力量"。他认为,科学的真正目的是"改变人的命运",而不是"愉悦精神",大多数非科学家最终会在科学中发现它的实用价值。因此,向大众传播科学是重要的。通常认为,真正的公众理解科学活动萌芽于1683年。是年,美国成立了第一个学术团体波士顿哲学学会,旨在推进哲学和自然科学研究与传播。1742年科学家托马斯·杰弗逊、本杰明·B.富兰克林等人在费城组建了科学爱好者俱乐部,后改为美国哲学学会,研究与传播科学。十八、十九世纪,科学革命与工业革命揭示了科学在人类未来事务中的主导作用,这使得公众理解科学显得更加重要,促进公众理解科学的努力也不断增强。1751年,富兰克林建立了费城科学院,开始科学教育。他认为,经过合理化的科学教育,农民可能会生产出更好的农作物;新入行的商人可能会更好地理解他们将要销售的商品;新工匠手可能学会使用新材料;刚入门的牧师应该能更好地理解上帝存在的证据。1795年,拿破仑(Napoleon)在巴黎建立了世界上第一所技术学校。他把科学看作改进战场军备力量的一种方式。19世纪早期,对大多数政治家来说,科学在战争和国民经济发展中都能发挥重要作用。因此,西欧和北美开始支持科学教育,科学成为中学和大学课程的必备内容。1818年起,美国开始重视全国科学普及工作,陆续成立了多种机构,发行了许多科普杂志,向公众介绍科学知识与科学动态。1855年,英国哲学家、教育家和伦理学家赫尔伯特·斯宾塞撰

---

① 此文发表于《安徽广播电视大学学报》2016年第4期。

文指出,在所有学科中,科学知识是人们生活中最有用、最有价值的知识储备,无论对于日常的自我保护、生命与健康,还是在维持生计方面。因此,应该对大众进行科学教育。1882年,英国诗人马修·阿诺德(Matthew Arnold)在里德演讲中呼吁把科学作为英国学校课程的一部分。不过,他认为,只需要让非科学家熟悉科学的事实结果,而不需要熟悉科学方法。这一时期,普通大众似乎也表现出了对科学的浓厚兴趣,他们阅读科学书籍,聆听科学家在公共场合的演讲,观看各种"科学秀"节目。

进入20世纪,随着科学的社会化程度日益提高,科学在社会发展中的作用日趋举足轻重,公众理解科学也因此备受关注。公众理解科学的活动数量更多,规模更大,很多国家都设置了一年一度的科学节或科学周活动,英美等国家还出现了"科学中心",是常规性公众理解科学场所。同时,在西方公众理解科学历程中,主体立场在不同历史时期有所侧重,概而言之,主要经历了科学共同体立场、政府立场和公民立场等三种类型。本文立足于此三种立场,对西方公众理解科学的历程进行梳理,以期为我国当前的全民科学素质提升运动提供相关借鉴。

G.1 科学共同体立场

公众理解科学活动中的科学共同体立场,主要指科学家从传播他们劳动成果的视角和目的出发,向公众宣传和扩散他们的科学发现,让公众分享其发现自然奥秘的喜悦,知晓他们的科研成就,同时希望其成果能为公众和社会所用,有益于社会。近代科学发展伊始,西方科学家从事科学研究通常有着浓厚的宗教情节,科学家探索自然的奥秘意在理解和颂扬上帝。因此,当他们有了新的科学发现,便及时公开发布,与公众分享喜悦。在科学家看来,科学在社会发展中的作用已愈发重要了,公众理解科学对于国家的发展和人民生活都极其重要。正如美国化学家哈佛大学校长詹姆斯·柯南特所言:"科学的应用在我们日常生活中发挥着如此重要的作用,公共政策实质上也受到高技术性科技考虑的深刻影响,不仅是那些左右舆论的人,还有那些身居权威和职能要害职位的人,对科学有一定程度的理解能造福于国家,因此也具有重要意义。"[1] 此外,当时的科学家也希望通过公开传播科学活动,遇到对自己研究感兴趣的"赞助商",以获取资助。因此,各类形式的科普活动比较活跃:城市公共场所的开放式巡回演讲,名目繁多的短期课程培训班,学园式讲座等;科学性书籍、活页文选相继问世,并不断吸引和扩大读者群;颇具活力的杂志应运而生,向公众介绍科学知识、科学成果与最新科学发现。与此同时,报社也发现,报道科学信息方面的话题非常有利于稳定和扩大中产阶级读者群。到了19世纪末期,科学成就与传播科学知识通常成为科学伟人出名的两个重要因素。那时的科学家都很热衷于开展让公众理解科学的活动,乐于在公开场合宣讲和传播科学。同时,这也留下不少脍炙人口的故事。18世纪90年代,英国化学家H.戴维(H. Davy)发现一氧化二氮(N_2O,俗称"笑气")能使人丧失痛觉,在科学家实验演示后,便有人将该气体拿到市井中去表演。1844年11月的一个晚上,在美国东北部哈特福德城表演时,一个药店小伙计在吸入该气体后,疯狂追逐观众,腿部受伤,却丝毫没有痛苦感觉。这一现象引起了牙医 H. 威尔斯(H. Wells)的注意,遂将一氧化二氮用于牙科临床。1812 年,迈克尔·法拉第(Michael Faraday)与戴维的邂逅,也是缘于戴维热衷科普活动。法拉第经常去聆听戴维在公共场合的科学讲演,得到戴维赏识后,成为其助手,遂得以走上科学殿堂。法拉第一生对科学一往情深,而且也非常热爱科普事业。1860 年,69 岁的法拉第以《蜡烛的化学故事》为题作了六次"圣诞科学讲座"。科学共同体热心从事的公众理解科学活动在 20 世纪前的小科学时期一直非常活跃,广大民众不仅了解了科学家的创新性工作,分享了人类揭示自然奥秘的喜悦,而且也从中获益匪浅。

G.2 政府立场

公众理解科学的政府立场是指立足于统治者视角,从国家发展与政府管理的立场出发,开展和推动公众理解科学运动,是一种国家或政府意志的体现。政府推动公众理解科学的动机主要基于三个方面:一是让公众支持国家资助基础科学发展的相关政策;二是提高劳动者素质;三是让公众正确理解科学技术的社会效应,理性对待科学技术事业。

首先,要促进公众理解科学,让公众支持基础科学发展的相关决策。在第一次世界大战后近 20 年时间里,科学的社会权威得到了空前提高。各种政治流派,无论激进的还是保守的,均利用科学作为政治活动筹码。科学技术的实际利益日益为社会所接受,尤其是 1919 年爱因斯坦相对论得到证实,1920 年量子力学的发展等,无疑增加了科学的轰动效应,公众理解科学也因此受到空前重视。1920 年,美国科学促进会、国家科学院、国家研究院三大科学机构共同发起并创立了科学服务会(Science Service),向公众传播科学信息。此后,传播科学的专门机构应运而生,代替科学共同体,及时向公众传播科学。1934 年,国家科学记者协会(NASW)成立,专门从事科学报道,促使人们理解科学、欣赏科学,了解科学产品和科学方法,并能在日常生活中应用它们。

政府主导的公众理解科学活动在第二次世界大战之后真正开始。二战期间,美国战时科学研究与开发取得空前成就,尤其是原子弹的成功研制,让美国人对科学有了无限想象的空间,认为贫穷、健康、住房、教育、运输、通信,甚至是失业问题,都可能通过发展科学得到解决。同时,"曼哈顿"工程也让美国政府认识到基础科学研究对于科学技术进步具有奠基性作用。为了让美国在二战后的和平时期也能迅猛发展科学,让科学技术造福于美国人民,罗斯福总统向美国科学研究发展局提出了四点要求:一是向全社会公众传播二战时的科学技术知识;二是设法在二战后继续战时的医学与科学工作;三是确立对公私科学研究组织的管理与资助;四是努力发展与培养青年科学精英。[2] 为了顺利实施罗斯福总统的科学发展战略,美国政府及国家科学基金会(NSF)等相关科学管理组织与研究机构极力推动科学宣传与传播活动,促进公众对基础科学的理解,使他们正确认识到理解基础研究与工程技术进步之间的关系,引导公众不因科学研究的早期功利而忽视基础研究的价值,从而能理性支持政府的相关科研决策,保证科学研究得到合理资助。

其次,要提高公众科学素养,为工业化建设培养高素质劳动者。20世纪50年代,英美等资本主义国家已经进入高度工业化发展时期。建设工业化国家需要大量科技与工程人才以及高素质的劳动者。美国开始加强学校科学教育,开展社会领域的公众理解科学活动,诞生了"大众科学节",以激发青年人学习科学和从事科学研究的兴趣,开发适应工业化建设的劳动力资源。

英国则明确提出,"工业发展和国家繁荣在很大程度上都以科学为基础""今天的基础科学是明天大部分技术的源泉"。同样,公众对科学的理解程度也影响着国家发展繁荣、公共事务和个人事务的决策水平以及个人生活质量。英国政府认识到,强大的制造业是国家经济强盛的基础,科学和技术又是制造业高速发展的支撑。技术开发与应用的设计者、操作者、管理者和决策者必须理解一定程度的科学技术。

最后,要引导公众正确理解科学技术的社会效应,理性监督科学事业。随着科学技术对社会负面影响的日益凸显,人们越来越关注科学技术的社会影响。20世纪60年代,蕾切尔·卡逊的著作《寂静的春天》问世,科学技术遭受空前质疑,科学研究也相应遭遇到不同公众的批评、拒斥和抗议,西方世界的环保运动就是在这样的背景下爆发的。到20世纪60年代末期,公众普遍质疑科学的主流地位、运行方式及其等级制度。生态学家和左翼运动者认为科学给社会文化发展和生态环境带来了严重不良影响。他们对科学的正当性提出了质疑。

此外,公众也将国际战争与军事危机、工人失业等联系起来,开始担忧科学技术的可控性及其对人类的潜在危害性。公众对科学技术的批评越来越激烈,甚至对科学产生了敌意。西方社会的政治精英们一致认为,公众对科学技术的质疑甚或敌视态度,会严重影响着科学的发展,也不利于科学正常社会效用的发挥,尤其在高科技开始成为综合国力竞争核心的20世纪下半叶,科技实力会最终影响国家的经济竞争力。无论是国际战略实施,还是国内经济社会发展,都需要强劲的科学研究来支持。于是,英美法等国家一方面通过科学传播吸引更多学生进入科学领域,另一方面极力向公众传播科学功用,期望公众正确理解科学发展(包括风险在内)带来的社会影响,并理性支持国家科技发展战略。"如果时代精神要有利于科学事业,包括学术和产业活动,那么,公众就必须具备一定程度的科学素养,至少应足以欣赏科学研究的一般本质及其对改善生活方式的潜在贡献。"[3]没有科学素养的人不太可能支持科学投资,相反,他们有可能会采取措施限制科学研究。

为了确保提高公众理解科学的水平,各国相继在教育、社会管理等方面采取了一系列措施。科学教育均由原先的精英教育转变为大众化的科学素养提升。1947年8月,美国科学研究与发展部设立联络委员会,1950年成立国家科学基金会,1951年国防局设立科学咨询委员会,1959年成立联邦科学技术委员会等,系统改革了从幼儿园到十二年级的科学教育课程。20世纪60年代初,英国的科学教育领域推出了"纳菲尔德计划"(Nuffield Plan)。70年代,德国的小学理科课程作了重大改革,结合儿童的实际生活经验与活动体验,引导儿童理解和掌握科学方法与有关的技能。加拿大、日本等国都相继进行科学教育改革,公众科学素养培养是科学教育的基本目标。

1994年,美国副总统艾伯特·阿诺德·戈尔(Albert Arnold Gore)提出,在这个"变化的时代""国家的安全取决于经济和技术的整体实力。加强全体公民的科学和数学教育",提高全体美国人的科学技术素养,则是这种整体实力所迫切需要的。[4]这段话体现了公众科学素养对提升一个国家在科学时代的国际竞争力具有重要意义。

G.3 公民立场

公众理解科学的公民立场指从公众切身利益出发,增进公众理解科学,提高公众参与社会管理的民主决策能力,增强公众在科技时代的生存与生活的能力。在欧美等发达国家,从自来水和空气质量的保护与改进,到森林、河流和海岸的保护与开发,从公路系统发展到矿物或海洋资源开采等,都要求公众参与决策。到了20世纪70年代中期,美国国会的立法议案中50%以上都与科学技术有关,健康、能源、自然资源、环境、食品与农业、产品安全、外太空、通信、运输等都涉及科学技术,都需要公众参与决策评议,尤其是涉及新兴科技问题的公共问题讨论。然而,常常局限于对科学的理解缺乏,有时立法者在面对专家建议时也难以判断,普通公众也因自己知识能力的局限而无法恰当表达自己的见解。因此,在高度科学化的社会生活中,参与国家政治生活和公共决策的公众,必须具备一定的科学素养水平,才能保障民主制度的正常运行与健康发展。

全球性生态环境恶化也需要公众理解科学。20世纪中叶以来,科学技术空前发展,人类对自然资源大肆开发,使得生态环境全球性恶化。"深入而广泛的环境危机,对国家的安全,甚至生存造成威胁……在拉丁美洲、亚洲、中东和非洲的部分地区,环境退化正在成为政治动乱和国际局势紧张的根源。"[5]我们只有一个地球,人类该如何掌握未来命运,很大程度上取决于人们利用科学和技术的智慧。"积极地追求科学可以为人类提供生物物理环境和社会行为的知识,人们需要运用这些知识找出解决全球问题和地方问题的方法。"[6]正如世界环境与发展委员会(World Commission on Environment and Development,WCED)所倡导的那样,提高个人、志愿者组织、企业界、研究机构和各国政府对问题的认识水平,能促使他们为采取行动承担责任。[5]公众广泛参与、共同合作,实现可持续发展是拯救人类命运的唯一出路。

此外,生活于高科技社会的公众,日常饮食起居、卫生保健、家庭安全、职业工作操作规范等都需要理解科学。科学素养水平的高低,会直接影响个人竞争高品质工作的机会,甚至是生存能力。1994年,美国总统克林顿将"提高全体美国人的科学和技术素养"确定为美国未来五大目标之一。他说:"我们必须改进美国的教育制度,赋予孩子们以科学的理解力和鉴赏力,使他们有机会成功竞争高品质的工作,过一种丰富充实的生活。……下一世纪以技术为基础的全球经济将高度倚重科学和数学教育、外国语言和文化知识,倚重技术设施……"[4]

为了进一步促进公众普遍理解科学,适应现代社会发展需要,促进民主制度建设,美国、英国及部分欧洲国家从20世纪80年代陆续启动了一些新的公众理解科学工程。

1985年,美国启动了"2061计划",全面改革美国基础教育阶段的科学教育,以提高未来美国公众在数学、科学和技术方面的素养。1986年,英国皇家学会、英国科学促进会和英国皇家研究院共同成立了公众理解科学委员会(COPUS),开展促进公众理解科学的相关活动与项目事宜。同时,在不同地方组织年度全国科学节,有大批各类机构致力于公众理解科学,成立科学馆和科学中心网络,还有由个人创办和地方首创的异彩纷呈的公众理解科学活动。通过以上诸多活动,改进科学不确定性与风险的传达,引导公众与科学家对话,以期公众能常规性参与公共政策制定。[7]欧洲晴雨表自20世纪70年代末以来,连续开展了"科学技术与欧洲人"特别项目,就能源、环境、癌症预防、农业与农业政策、生物技术、健康与保健、药物与药物滥用、吸烟与烟草、核废料与核安全、电子通信、信息技术与数据隐私、网络犯罪与危害、交通工具中的智能系统等专题进行公众调查与科学传播[8],促进公众理解科学,提高他们参与民主决策的能力。

G.4 结语

在西方科学发展历程中,依据科学发展状况和社会语境变迁,公众理解科学相继出现了三种立场。近代科学发展之初,科学家为了推广自己的科学发现,与大众分享发现自然奥秘的喜悦,也为了自己的科学成果能为社会了解,为社会所用,所进行的科学传播活动;20世纪中叶,科学技术的巨大社会功能愈加凸显,发达国家政府为了让纳税人支持基础科学发展,确保应用科学后继有力,掀起了轰轰烈烈的科学传播运动,以促进公众理解科学功用,理性看待科学的社会效应,最终支持国家相关发展科学技术的管理决策;20世纪70年代以后,科学技术社会化,社会科学技术化,无论是公众的私人生活与工作质量保障,还是参与社会管理的公共决策讨论,都要求人们必须理解科学,具备一定的科学素养。所以,公众理解科学运动重心转向保障公民行使权利和保护公众自身利益方面。当然,三种立场虽然在不同的历史阶段出现,却各具优势和不可替代的功效,发挥了应有的历史作用。然而,它们虽然先后出现,却并不能相互替代。在当前的科学技术与社会的发展历程中,三种立场仍会不时同时出场。然而,近年来,由于社会科学技术转化机制的完善,传播科学的原始动机已经不再需要,公众理解科学的科学共同体立场似乎在逐渐隐退,这无疑严重影响了科学传播的进程与实际效果。不仅如此,有的科学家偶尔会发出掺杂自利心理或政治诉求的声音,完全背离了科学共同体立场,这也会在一定程度上误导公众,这在当前是值得警醒与防范的。这可能也是政府立场的一种新型转变方式。事实上,在社会高度科学化的今天,政府立场、科学共同体立场和公民立场须有机结合,方可相得益彰。这也是进一步促进公众理解科学,正常发挥科学的社会功能,进而促进社会健康发展的必要保障。

参 考 文 献

[1] Bruce V. Lewenstein. The meaning of "public understanding of science" in the United

States after World War Ⅱ[J]. Public Understanding of Science,1992(1):45-68.
[2] 范尼瓦尔·布什,等. 科学:没有止境的前沿[M]. 范岱年,解道华,等译. 北京:商务印书馆,2004:42-43.
[3] Bybee R W. Achieving scientific literacy: From purposes to practices[M]. Portsmouth: Heinemann, 1997: 10.
[4] 威廉·J. 克林顿,小阿伯特·戈尔. 科学与国家利益[M]. 曾国屏,王蒲生,译. 北京:科学技术文献出版社,1999:9-10,36.
[5] 世界环境与发展委员会. 我们共同的未来[M]. 王之佳,柯金良,等译. 长春:吉林人民出版社,1997:9,474.
[6] 美国科学促进会. 面向全体美国人的科学[M]. 中国科学技术协会,译. 北京:科学普及出版社,2001: xix.
[7] 上议院科学技术特别委员会. 科学与社会[M]. 张卜天,张东林,译. 北京:北京理工大学出版社,2004: 41-50.
[8] 陈发俊. 社会语境与公众科学素养测评[D]. 合肥:中国科学技术大学,2009:54.

后　　记

　　博士毕业后,我一直想把读博士期间的研究成果进一步深入拓展下去,加以充实后再出版。然而,由于工作调动,来安徽大学哲学系(2021年改称哲学学院)工作后,教学和科研完全转向,之前对公众理解科学的研究方向无法继续深入。为弥补缺憾,我决定将前期在该领域的相关成果集结出版,对学术生涯进行阶段性总结。本书以我在读博士期间的研究成果为主体,将后期刊发的相关期刊或会议论文作为附录的形式出版,一方面可保持研究成果的原貌,另一方面也可呈现出本书各部分的原始完整性和各理论的独立性。

　　整理完书稿,心中不禁对学术路上的良师益友充满感激之情。首先感谢指导我顺利完成博士学业和学位论文的两位导师——中国科学技术大学的史玉民教授和徐飞教授。上天垂青,让我在攻读博士学位期间能同时获得两位老师指导,我为此倍感荣幸。我的博士论文第一指导老师史玉民教授在我的论文资料查阅、博士论文选题、论文撰写与修改,直至最终完善的整个过程中都倾注了大量心血。衷心感谢史老师在整个写作过程中给予的鼓励、悉心指导、耐心教诲和严格要求。史老师严谨的治学态度,渊博的学识,字斟句酌地修改学位论文的认真负责精神,一直激励着我。博士毕业后,史老师也时常关心我的工作和科研。在此,特向史老师致以诚挚的敬意和由衷的感谢!

　　我的博士论文的第二位指导老师徐飞教授是我多年来的良师益友。1996年,我有幸师从徐飞教授攻读硕士学位,是徐老师将我领进了科学技术哲学的学术殿堂,传授我学术研究方法,培养我科学研究能力。硕士毕业后,无论我在学术还是工作上遇到问题或困难,向徐老师请教与求助时,他总能及时给予耐心指导与热心帮助。在我攻读博士学位的5年里,徐老师虽然是我的第二导师,但从未放松过对我的指导与鼓励,我攻读博士学位期间发表的所有学术论文几乎都留下徐老师精心修改的印迹,尤其是发表在 Public Understanding of Science 上的论文。在收到用稿函和审稿人的修改意见后,徐老师热心指导我如何处理论文中存在的语言技术问题以及如何回复审稿人的修改意见,考虑周到、细致入微。在写后记的此时此刻,徐老师悉心指导我的情形还历历在目,行文至此,感激与敬佩之情难以言表。在博士论文撰写与修改过程中,徐老师帮助我开拓研究思路,热忱鼓励,给予宝贵的指导意见和建议。在此,衷心感谢徐老师一直以来的指导、鼓励与关怀。徐老师学识博大而精深,治学严谨,思维敏捷,洞察力敏锐,胸襟开阔,具有执着的钻研精神和干练高效的工作作风,为我终生之楷模。博士毕业后,徐老师多次关心我博士论文的出版问题,但我搁置许久才让本书付梓,自觉愧对恩师。

　　回顾步入科学技术哲学学术生涯的历程,我要特别感谢栾玉广教授。栾老师是引领我走进科学技术哲学专业领域的启蒙老师,他激发了我学习科学技术哲学的兴趣。自从我进入科学技术哲学专业领域后,栾老师一直给予我鼓励,极大增强了我的学习与科研自信。在给我们授课过程中,栾老师还叮嘱我和洪进师兄要时刻注意锻炼身体和均衡饮食。他一再强调,身体健康是做科研的基本前提。栾老师持之以恒的拼搏精神,多年来一直激励着我。如今他老人家因病致瘫,晚生倍感忧伤。在此祝福老人家早日康复,健康长寿。

　　同时,还要感谢我在北京大学哲学系访学期间的指导老师吴国盛教授。吴老师睿智博学,见解独到,思想深刻,幽默风趣,为人热忱、无私。在北京大学访学一年,我在吴老师的"博士生前沿"和"科学技术史文献选读"课上耳濡目染,学到了很多为学之道。亲身感受到国内顶尖学府北京大学浓厚的学术氛围与特定的教学和科研方式,令我耳目一新。本书附录中有两篇论文都在吴老师的"博士生前沿"课上得到了吴老师的指导以及吴门师兄弟们提出的宝贵修改建议。在吴老师门下的一学年里,我受益匪浅,在此向吴老师献上深深的谢意!也感谢张卜天、刘胜利、胡翌霖、刘利和王哲然等师兄弟给我的论文提出的宝贵建议!

　　在我的学术生涯中还得到其他很多老师、师兄弟姐妹、同事、亲友和家人的鼓励、帮助、关心和支持,在此一并致谢!尤其要感谢师兄孙启贵博士!孙师兄在英国访学期间不厌其烦地帮助我查阅大量外文资料,助我得以顺利完成博士论文的撰写。

本书的出版得到了安徽大学哲学学院"固本强基"计划的资助及张能为院长的支持,在此谨致谢意。